문재인의 혼밥 박근혜의 혼밥

한국의 역사는 밥상에서 이루어진다!

구로다 가쓰히로(黑田勝弘) 지음

조양욱 옮김

조갑제닷컴

목 차

01 판문점 만찬의 정치 쇼

02 김정은의 냉면은 어째서 검었을까?

\# 본문 등장인물의 경칭(敬稱)은 생략함

1970년대 처음으로 한국에 왔을 무렵, 한국인들로부터 일상(日常)의 인사로 "식사하셨습니까?" 또는 "밥 먹었어?"라는 질문을 받노라면 놀랍고 당혹스러웠다. 식사를 했는지 하지 않았는지는 극히 개인적인 프라이버시에 속하는 일로, 그걸 남에게 묻는다는 것은 일본에서는 상상할 수 없었기 때문이다.

또한 한국에서 기자로서 활동하기 시작한 이래, 한국 텔레비전에서 정치가들이 식사하는 장면이 너무 자주 등장하는 것을 보면서 놀라지 않을 수 없었다. 일본에서도 정치가들이 식사하면서 정치를 이야기하기도 하지만, 그것은 항상 비공개여서 뉴스가 되는 경우가 거의 없다. 특히 한국에서는 대통령의 '혼밥'이 정치 문제로서 종종 화제에 오르지만, 이 또한 대단히 한국적인 현상이다.

한국에서의 이 같은 '식사에 관한 특이한 풍경'은, 한국인의 일상생활에서 식사가 얼마나 중요한지를 말해준다고 하겠다. 그 결과 한국인들이 아주 좋아하는(?) 정치 역시 식사와의 연관이 깊어서, 한국 정치의 모습 자체가 식사를 통해 여실히 드러난다.

이 책에는 역대 대통령과 나 사이에 있었던 '식사의 인연' 외에도, 북한의 3대(代) 독재자까지를 포함한 여러 정치가들의 이름이 등장한다. 나는 40년 가까운 한국에서의 기자 생활을 통해 "한반도의 정치를 알고 싶거든 한반도의 식문화(食文化)를 알아야 한다"는 사실을 실감했다. 이 책은 그 체험적 기록이다.

'문화'란 학문적으로 말하자면 인간 생활에서의 '전승(傳承)'을 가리킨다. 사람들이 예로부터 이어 받아온 것이 문화라는 뜻이다. 이런 관점(觀點)에서 보자면 문화는 생활이며, 생활의 핵심은 '먹는 일', 즉 식사이니까 결국 "식사는 그 나라 사람들의 문화의 핵심"인 셈이다.

따라서 외국인 기자로서 한국과 한국인을 알기 위해서는, 한국의 음식문화 체험이 불가결(不可缺)하다. 나는 다행히(?) 한국에서 내내 독신생활을 해왔기 때문에, 식사를 거의 밖에서 해결했다. 그 덕분에 한국의 식문화에 접할 기회가 아주 많았다. 이 책은 그 같은 오랜 한국 음식 체험을 통한 한국문화론(韓國文化論)이자 한국인론(韓國人論)이기도 하다.

나는 지금까지 일본에서 한국 및 한반도에 관한 40여 권 이상의 책을 썼다. 한국에서도 그 번역서(飜譯書)를 포함하여 10권의 저서가 출판되었다. 그중 음식에 관한 것으로는 『구로다 기자가 한국을 먹는다』(2001년, 월간조선 발간)와 『맛있는 수다! 보글보글 한일 음식 이야기』(2009년, 지식여행 발간)에 이어 이번이 세 번째다.

이번의 테마인 '한국인의 정치와 식문화'는 여태 한국에서 누구도 쓴 적이 없었던 것으로 안다. 충격적이고 엽기적(獵奇的)인 부분이 있을지도 모르지만, 한국 생활이 긴 '최장수(最長壽) 서울 주재 외국인 특파원'의 특권(?)으로 이해해주시기 바란다.

글 내용에는 오해나 편견(偏見), 또는 모자라는 부분도 많으리라 여긴다. 독자 여러분의 기탄없는 의견과 비판이 있기를 기대한다(kurodak99@yahoo.co.jp).

이 책은 일본에서는 『가라(韓)메시(=밥) 정치학』(KADOKAWA)이라는 이름으로 금년 봄 출간되어, 아사히신문(朝日新聞)과 마이니치신문(每日新聞), 산케이신문(産經新聞) 등 여러 신문에 소개되어 호평을 받았다. 한국어판 번역은 재작년에 역시 조갑제닷컴에서 번역 출간된 나의 회고록 『날씨는 맑으나 파고는 높다』와 마찬가지로, 일본어에 능통한 일본 전문가 조양욱(曺良旭) 씨의 신세를 졌다.

그는 1980년대 초의 베스트셀러 『한국인 당신은 누구인가』(모음사 발간) 이래, 내 저서 대부분을 번역해주었다. 조갑제(趙甲濟) 대표와 더불어 1980년대로부터의 지인(知人)이다. 40년에 걸친 변함없는 우정(友情), 진심으로 감사드린다.

2019년 여름, 서울에서
구로다 가쓰히로(黑田勝弘)

글 머 리 에

한국 음식을 대표하는 이미지는 김치가 상징하는 고추의 '붉음(赤)'이다. 따라서 일본인을 비롯한 외국인들은 "한국 음식은 빨갛고 맵다"는 인상을 지니고 있다. 그러나 뜻밖에도 이 고추는 16세기에 일본의 도요토미 히데요시(豊臣秀吉)가 일으킨 임진왜란 때 일본에서 반입되었다는 것이 한국에서는 정설(定說)처럼 여겨진다. 따라서 그 이전의 김치와 한국 요리는 빨갛지 않았던 것이다.

그런데 한국에서는 도요토미가 '나쁜 일본인'의 대표선수로, 반일 감정의 원점(原點)이나 다름없다. 그렇게 밉살스러운 일본에서 들어온 고추가 한국인의 음식에 없어서는 안 될 식재료가 되어, 한국 음식을 대표하는 이미지를 던지게 된 것이다. 반일(反日)을 내세우려면 그 같은 역사를 지닌 빨간 김치는 멀리해도 좋을 텐데…. 도요토미는 미우나 고추에는 죄가 없다?

일본뿐만이 아니다. 미국에 관해서도 비슷한 이야기가 있다. 한국의 대중(大衆)요리 '부대찌개'와 연관된 일이다. 부대찌개를 일본어로 직역하면 '부타이나베(部隊鍋)'다. 그러니까 부대찌개는 6·25전쟁 이후 한국에 주둔하게 된 미군(美軍) 기지에서 나오는 식재료를 모아 냄비로 끓인 것이 그 뿌리라는 유력한 설(說)이 있다.

이런 역사적 배경은 한국인으로서는 그야말로 민족적인 자존심과 결부되는 썩 내키지 않는 이야기다. 그래서 그 같은 마이너스 이미지를 지우느라 '부대'라는 단어를 뺀 다른 명칭으로 바꾸자는 움직임이 있었으나 실패로 끝났다. 1990년대 이후의 이른바 '민주화'로 좌익(左翼)·혁신(革新) 정권이 잇달아 탄생하고, 사회적으로 반미(反美) 감정이 공공연해졌음에도 불구하고, 기피해야 할(?) 부대찌개의 인기에는 전혀 변화가 없다.

그러니 한국의 반일, 반미 감정은 대관절 그 정체가 무엇인가? 아니, 한국인들이 자주 입에 올리는 민족적 자존심이라는 것은 무엇을 뜻할까?

내가 겪은 '음식 사건' 중에는 '비빔밥 소동(騷動)'을 잊지 못한다. 이명박(李明博) 정권 시절 '한국요리 세계화 캠페인'이 펼쳐졌을 무렵의 일이다. 비빔밥과 관련된 내 개인적 의견을 신문 칼럼에 썼더니 '한국 음식문화에 대한 모독(冒瀆)'이니 '망언(妄言)'이니 하는 비난이 빗발쳤던 것이다. (상세한 내용은 본문에 따로 소개해둔 글을 읽어주시기 바란다.)

여하튼 내 사무실로는 비난과 협박 전화가 쇄도하는 바람에 경찰이 순찰까지 하기에 이르렀다. 그것은 마치 '비빔밥 테러' 같은 위협이었다.

그런데 한편으로는 반일·애국운동을 하는 학생들이 일부러 사무실 앞쪽의 길 위에 포장마차를 차려놓고, 여봐란듯이 비빔밥을 만드는 '비빔밥 사랑'의 퍼포먼스도 벌였다.

고작 비빔밥을 하나를 두고 어째서 이런 소동을 벌이는 것일까?

내가 이 책을 쓰고자 마음먹은 계기는, 트럼프 대통령을 맞이한 한미(韓美) 정상회담의 공식 디너(晚餐)에 '독도(獨島) 새우'가 등장한 것이었다. 일본과 관련된 문제를 미국 대통령에게 어필하려는 문재인(文在寅) 대통령의 '고자질 외교'였는데, 아무리 그래도 그렇지 "그런 식재료(食材料)까지 용케 찾아냈구나!" 하는 정치적 집념에는 놀람과 감탄을 금할 수 없었다.

정상끼리의 만찬 메뉴에 당사국과는 아무 관계가 없는, 흡사 모략(謀略) 비슷한 '정치적 공작(工作)'을 벌이는 것은 세계의 정상 만찬회 역사상 유례를 찾아보기 어려우리라. 게다가 그걸 한국의 국내 여론도 기꺼워하면서 즐기는 분위기였다. 도대체 왜들 이러는 것일까?

언젠가는 미국 뉴욕의 중심가에서 '비빔밥과 위안부(慰安婦)'라는 옥외(屋外) 광고가 한국인의 손에 의해 제작되었다는 뉴스가 들렸다. '비빔밥과 위안부'라는 합작(collaboration)은 어딘가 괴담(怪談)스럽다. 하지만 어째서 이 둘이, 더군다나 해외에서 이어지는 것일까? 그 수수께끼에 대한 해답은 나중에 본문에서 다루기로 하자. 여하튼 한국인의 음식 문화는 대담하여 감히 견주기 어렵고, 게다가 놀라운 발상이 유감없이 발휘되곤 한다.

이 책은 결코 한국의 미식(美食) 소개서가 아니다. 나의 오랜 한국 생활에서 체득한 일상적인 음식 기행이기도 하지만, 그 이상으로 음식을 통한 한국·한국인론(論)이다. 이번에는 특히 '음식과 정치'에 초점을 맞추었다.

한국인들은 먹을거리에 대한 의미 부여를 대단히 즐긴다. 나아가 정치에 대한 관심 역시 상당히 높다. 이 책을 통하여 새삼 '놀라운 한국·한국인'을 발견하고, 한국·한국인을 대하는 법에 관한 하나의 참고로 삼아 주시길 기대한다.

2019년 봄, 구로다 가쓰히로

01

판문점 만찬의 정치 쇼

"밥 먹었어?"는
한국인끼리의 전통적인 인사다

　서울의 북쪽에 있는 판문점은 북한과의 군사 경계선에 위치하며, 격동 (激動)의 한반도 현대사(現代史)를 상징한다. 평상시에는 관광 명소이기도 하면서, 그 배후에서는 남북이 중무장(重武裝) 상태로 대치하고 있다.

　바로 그 판문점에서 이제까지 적대(敵對)해온 한국과 북한의 최고 수뇌, 문재인(文在寅)과 김정은(金正恩)이 사상 처음으로 만나 함께 식사를 했다. 그 결과 국제사회를 엄청나게 괴롭히고, 한때는 "전쟁이 터지나?" 하는 긴장까지 안겨준 북한의 핵(核) 문제에도 무언가 변화가 생길 듯하다.

　남북 두 수뇌(首腦)가 함께 판문점에서 밥을 먹었으므로, 어쩌면 정세가 드라마틱하게 변할지 모른다!

　이 땅에서는 예로부터 "밥 먹었어?"가 일상적인 만남의 인사말이었다. 인간으로서 당연하다면 당연하겠으되, 먹는다는 것이 그토록 중요했으리라. 특히 대륙에서 축 늘어진 반도(半島)인 '나라의 지정학적 위치'는 이곳의 식문화(食文化)에도 커다란 영향을 미쳤다.

그들은 역사적으로 우리 일본인들처럼 바다에 에워싸인 열도(列島)의 인간과는 달라서, 여러 민족이 흥망(興亡)을 되풀이해온 대륙적인 정치적 격동을 송두리째 받아왔다. "우리는 역사적으로 이제까지 900번이나 외부로부터 침략을 당했다"고 자랑스럽게(?) 말할 정도였다. 그런 역사적 경험으로 인해 사람들의 심층 심리에는 "언제, 어디서, 무슨 일이 일어날지 모른다"는 불안감이 잠재(潛在)해왔다.

그런지라 사람들은 마주치면 우선 "밥 먹었어?"라고 묻지 않을 수 없었다. 사람들은 밥을 먹고 나면 일단 차분해지고 안심하게 된다. 이 땅에서는 밥을 먹고 나서야 매사(每事)가 시작되는 것이다.

일본에는 "배가 고프면 싸우지 못한다"는 속담이 있다. 이곳에서는 여기에 해당하는 말로 '금강산(金剛山)도 식후경(食後景)'이라는 게 있다. 금강산은 한반도 동해안의 북측 지역에 있는 명승(名勝)이다. 사람들 사이에서는 예로부터 "죽기 전에 한번은 가보고 싶은 곳"으로 일컬어질 만큼 미경(美景), 절경(絕景)으로 알려져 왔다. 바로 그 금강산을 구경하려 해도 "우선 밥을 먹고 난 다음이다"고 할 지경이니까, 무엇을 하건 밥이 먼저인 것이다.

그런데 문재인과 김정은이 처음으로 밥을 먹은 판문점은, 제2차 세계대전 후 유럽에서 동서독을 분단한 '베를린의 벽(壁)'에 비견되는 곳이다. 역사적으로는 '베를린의 벽'이나 '판문점'이나 똑같이 자유주의 진영과 공산주의 진영을 대표하는 미·소(美蘇) 대립의 상징이었다. 하지만 '베를린의 벽'을 사이에 둔 동서독이 전쟁을 벌이지는 않았다.

그러나 한반도의 남과 북은 3년간에 걸쳐 처절한 동족(同族) 전쟁을 치렀다. 판문점은 그 휴전회담이 행해진 곳이며, 휴전협정의 조인 장소였다. '베를린의 벽'은 동서 '냉전(冷戰)'의 상징으로 불렸으나, 판문점은 동서 냉전 시대에 실제로 전쟁이 벌어진 '열전(熱戰)'의 현장이었다.

'베를린의 벽'은 소련 붕괴에 앞서 1989년 해체되었고, 이듬해 동서독은 통일되었다. 그렇지만 판문점은 지금도 여전히 존재하며, 한반도의 남북 분단은 이어지고 있다. 그 판문점에서 처음으로 남북 수뇌가 만나 식사를 한 셈이므로, 분명히 역사적이었다.

남북 수뇌회담은 지금까지 언제나 한국 대통령이 북한의 홈그라운드인 평양을 찾아가 이뤄졌다. 이번에 남북 군사 대결의 상징적 장소인 판문점에서 행해진 두 수뇌의 디너(dinner)는 "어쩌면 남북 화해로 이어질지 모른다", 혹은 "염원인 남북 통일로 이어질지 모른다"면서 사람들의 기대가 부풀어 오른 것도 무리가 아니었다.

이 땅에서는 '금강산도 식후경'인지라 밥을 먹은 다음에 남북 화해나 남북 통일, 아니 북한의 비핵화(非核化)라는 즐거운 '금강산 구경'이 기다리고 있을지 몰랐던 것이다. 즉 남북 화해도 식후경?

정치적인 메뉴로
가득 채워지다

판문점에서 남북 수뇌회담이 행해진 것은 2018년 4월27일. 판문점 공동경비구역(JSA)에는 남북 쌍방의 시설이 있고, 회담은 김정은이 한국 측 시설인 '평화의 집'으로 건너와 이뤄졌다. 그 후 다시 한 번, 이번에는 문재인이 북한 측 시설인 '통일각(統一閣)'으로 찾아갔다.

일정은 당일치기였다. 그럼에도 남북 친밀 무드를 연출하느라 양쪽 수뇌는 밤까지 판문점에 머물렀고, 디너를 함께 했다.

남북 대립의 최전선(最前線)인 JSA는 본래 군사 지역이다. 시설은 대단히 실무적이고, 제대로 된 주방(廚房)도 없어 디너를 할 만한 곳이 아니다. 게다가 경비상의 관점에서 야간에 행사가 치러지는 곳도 아니다.

JSA는 비무장 지대이지만, 실제로는 남북 쌍방이 다 유사시에 대비하여 비밀리에 '중무장(重武裝)' 상태를 유지한다. 야음(夜陰)을 틈타 무슨 일이 벌어질지 알 수 없는 '위험 지대'인 것이다.

따라서 거기서 만찬까지 한다는 것은 실로 이례적인 일이었다. 두 수뇌에게는 "일단 밥부터 먹고 보자"는 생각이 있었으리라.

이날 점심은 쌍방이 각자의 시설에서 따로 했다. 하지만 저녁은 회담이 행해진 '평화의 집'에서 한국 측이 주최했다. 공개된 메뉴를 보고 나는 놀랐다.

문재인은 대통령 취임 이래 대중적인 이미지의 퍼포먼스로 지지율을 올려왔다. 그런데 역시 연출을 잘하는 좌익(左翼)·혁신 정권답게, 이날의 '판문점 디너' 메뉴 또한 온갖 신경을 다 쓴 것이었다.

요리 자체는 구운 것, 삶은 것, 튀긴 것, 무친 것, 밥 등으로 유별나지 않았다. 하지만 요리에 사용된 식재료가 실로 정치적(!)으로 엄청나게 신경을 쓴 것이어서, 나도 모르게 "이렇게까지 할 줄이야…" 하고 혀를 내두르고 말았다.

가령 이런 식이었다. 과거에 북한과 수뇌회담을 한 적이 있는 두 대통령, 즉 북한과 인연이 있고 정치적으로 친북(親北)·혁신계의 선배에 해당하는 김대중(金大中), 노무현(盧武鉉)을 의식하여, 그들의 고향에서 일부러 식재료를 가져온 것이었다.

김대중의 경우, 고향인 전라남도 목포 앞바다 하의도(荷衣島)에서 잡은 민어(民魚). 노무현의 경우는 경상남도 김해에서 수확한 유기농 쌀이었다.

우선 민어는 회뿐 아니라 국으로도 인기가 있다. 분명히 김대중의 고향 바다에서 곧잘 잡히는 생선이긴 하다. 그러나 김대중의 고향으로서의 이미지는 목포이고, 목포를 대표하는 생선은 오히려 홍어다.

요리로서의 홍어는 주로 묵혀서 발효(醱酵)시킨 것을 쓴다. 그렇게 발효

된 것을 회로 하여 굵은 소금에 찍어 먹는 홍어회나, 졸여 놓은 홍어찜이 정석(定石)이다. 둘 다 지금은 향토(鄕土) 요리의 경계를 넘어서서 전국구(全國區)가 되었는데, 그 특징은 발효에 의해 강렬한 암모니아 냄새를 풍긴다는 점이다.

음식에 대한 비유로는 다소 망설여지지만, 그 냄새는 재래식 화장실이랄까, 밭에 쌓아둔 분뇨의 그것과 흡사하다. 일본의 '구사야'(=배를 가른 뒤 소금물에 절여서 말린 갈고등어. 옮긴이)에 견줄 바가 아니다.

구워서 먹는 '구사야' 역시 구린내가 난다. 홍어는 회는 물론이고, 찜도 입에 넣고 씹으면 강렬한 암모니아 냄새가 코를 톡 쏜다. 때로는 머리가 띵할 지경이다. 나도 수십 년 전에 처음 먹었을 때는 바로 토해냈다. 한국을 대표하는 '세계적인 혐오 식품'인 것이다.

그러니 제아무리 '김대중 선생님과의 연분'이라곤 해도, 이걸 수뇌회담의 디너에 내놓을 수는 없었으리라. 더구나 홍어 요리는 한반도 북쪽에는 없다고 한다.

그럼에도 불구하고 '북한 타도(打倒)!'를 외치는 나의 보수파 지인(知人)은 "모처럼의 기회였으니 김정은에게 발효시킨 홍어를 실컷 맛보게 해주었으면 좋았을 텐데…" 하고 아쉬워했다.

그런데 한국인들은 일본인에게 곧잘 홍어를 먹이고 싶어 한다. 그렇게 먹도록 만든 뒤 "어때?" "어때?" 하고 반응을 살핀다. 나 역시 그랬지만, 처음에는 대개 '왁!' 하고 만다. 그런 모습을 확인한 뒤 흡족한 표정을 지으면서 "일본에는 이런 음식이 없죠!"라고 한다. 그러니 이것은 한편으로 한국인의 자랑거리(?) 식품인 셈이다.

따라서 '김대중=홍어'가 아니라 '김대중=민어'라는 발표가 있자, 대다수 여론은 의외였던지 그다지 흥이 일어나지 않았다. 민어는 어느 쪽이냐 하면, 살이 흰 미식(美食) 계열의 고급품이다. 최근에는 어획량이 줄어 값이 비싼 이유도 있고 해서, 대중성이 떨어진다.

그에 비해 또 한 사람인 노무현의 유기농 쌀에 대해서는 일순 "어째서?" 하고 어리둥절해졌다. 잠시 뜸을 들이고 나서야 깨달았지만, 노무현은 대통령에서 물러난 다음 고향인 김해의 논에서 제초용(除草用)으로 오리를 기르는 유기농법을 취미로 해왔기 때문이다. 그래서 김해로부터 유기농 쌀을 판문점까지 실어왔던 것이다.

정주영(鄭周永)의
소고기까지 등장

　두 사람의 전직 대통령 외에도, 역시 북한과 인연이 있는 저명인사가 판문점 디너에 대한 의미 부여를 위해 등장했다. 한국의 대재벌인 현대그룹 창업자로, 북한이 고향인 고(故) 정주영(1915~2001년)에서 유래된 소고기가 그것이다.

　정주영은 생전에 금의환향(錦衣還鄕)을 위해 북한에 대한 경제협력에 적극적이었다. 그 일환으로 1998년에 북한을 방문하면서, 선물로 1001마리의 소를 산 채 트럭에 실어 판문점을 경유하여 북한으로 보낸 적이 있었다. "먹을 게 모자라 낭패를 당하고 있는 북녘 동포들에게 소고기를!"이라는 뜻이었다. 하지만 후일담(後日譚)을 소개하자면, 이 소들은 그 후 사료(飼料) 부족 탓이었는지 몇 해 지나지 않아 거의 다 죽어버렸다는 정보가 흘러나왔다.

　그러나 정주영의 '판문점 경유 소 1001마리'라는 파격적 퍼포먼스는, 남북 교류 역사상 기억에 남는 것이었다. 그 같은 정주영을 현창(顯彰)하느라 판문점 디너에 현대그룹이 경영하는 충청남도 서산(瑞山) 목장에서 사육한 소고기도 들여왔다는 것이다.

한국의 재벌은 무엇이건 경영한다. 이것을 '문어발 경영'이라고 하지만, 자동차와 조선(造船)으로 유명한 현대그룹이 한때는 회전초밥집까지 운영했었다. 그야 어쨌든 '정주영의 소고기'라니 실로 엄청 신경을 썼다!

나아가 판문점 디너에 동원된 북한 관련 인물 가운데, 독일 등 유럽을 무대로 활동한 현대음악 작곡가 윤이상(尹伊桑, 1917~1995년)이 있었다. 그는 남쪽 출신이었으나, 생전에 독일에서 생활하면서 북한 신봉자로서 김일성(金日成)과 친교가 있었다. 그로 인해 평양에 '윤이상 음악연구소'까지 세워졌다.

당연히 한국 정부의 기피 인물이었고, 한때는 북한 스파이로 체포된 적도 있었다. 독일에서 거주했으므로 투옥(投獄)은 면했으나, 그 뒤 당국으로부터 입국 금지 조치가 내려져 죽을 때까지 고향으로 돌아오지 못했다.

그런데 최근 들어 한국에서는 좌익·친북 사상에 대한 해금(解禁)이 이루어졌다. 그 바람에 과거의 사상적 수난자(受難者)가 도리어 대접받는 시대로 바뀌었고, 덩달아 윤이상도 복권(復權)되었다. 그가 태어난 고향인 경상남도 통영에는 기념관이 들어섰으며, 기념 국제음악제까지 정기적으로 개최되기에 이르렀다.

나는 예전에 무슨 일인가로 통영시의 의뢰를 받아 관광 자문단 멤버가 된 적이 있다. 현지에서의 '윤이상 띄우기'는 그 훨씬 뒤에 일어난 일이지만, 언젠가 윤이상 기념 국제콘서트에 초대를 받아 그의 작품 연주를 들었다.

세계적이라고 일컬어진 그 현대음악은 참으로 난해하여, 내가 학창 시절인 1960년대에 살짝 빠져들었던 일본 작곡가 다케미쓰 도오루(武滿徹, 1930~1996년)를 연상시켜 주었다. 동양적인 감각으로 소리를 명상(冥想)한다는 느낌으로, 굳이 말하자면 철학적이랄까?

그야 어쨌거나 지역 일으키기를 위한 관광 자원으로서는 대중성이 없었다. 북한 스파이라는 혐의마저 있었던 윤이상을 떠받드는 것에 보수파들은 분노했지만, 한국 사회는 사상적으로 분위기가 바뀌고 말았다. 문재인의 부인(夫人)이 음악대학 출신으로 윤이상에게 대단한 집념을 가져, 크게 한몫했다는 이야기도 들려왔다.

바로 그 윤이상의 고향 통영은 다도해(多島海)에 면한 어항(漁港)이다. 양식(養殖) 굴의 최대 산지(産地)이기도 한데, 이번의 판문점 디너에는 '통영 문어'가 나왔다. 김정은을 앞에 두고 할아버지 김일성이 아낀 윤이상을 현창한다는 뜻으로 '통영 문어'를 등장시킨 셈이다. 그렇지만 제대로 하자면 '통영 굴'이 맞지 않을까 하고 여론은 고개를 갸웃거렸다. 그야 어쨌든 이것저것 여러모로 잔뜩 신경을 쓴 것은 분명했다.

문재인은
오뎅을 냈어야 옳았다

이 대목까지 와서, 가장 중요한 호스트 역(役)의 문재인과 연관된 이야기가 나오지 않았다는 사실에 의아했을지 모르겠다. 아니 실제로는 문재인의 고향 식재료도 분명히 등장했다. 하지만 너무 무의미하여 나로서는 그다지 마음이 내키지 않았을 뿐이다.

판문점 디너에서 사용된 식재료 가운데 문재인과 결부된 것은 '달고기(月魚)'였다. 그의 고향인 부산 앞바다에서 잘 잡히는 고급 생선이라고 했다. 청와대에서 발표한 메뉴에서 생선으로 이 이름을 발견했을 때, 생선을 여간 좋아하지 않는 나로서도 잘 알 수 없었다.

비장(秘藏)의 '일한어명집(日韓魚名集)'(주한 일본대사관 작성)을 꺼내보고서야, 비로소 일본어로 '마토다이(的鯛)'라는 사실을 알았다. 보통의 한국인들도 '달고기'라는 이름을 아는 사람은 거의 없었다.

덧붙이자면 이 생선은 몸체에 동그란 문양(文樣)이 있다. 그것이 일본에서는 화살의 과녁(的)처럼 보인다고 해서 '마토다이'라고 했고, 한국에서는 그것을 달(月)에 견주어 '달고기'라고 부른 것으로 짐작된다.

그러니 아무도 잘 모르는 생선을 식재료로 쓰면서 문재인과 연결시켰던 셈이다. 식사를 하면서 김정은이 문재인으로부터 달고기에 관한 설명을 들었는지 어쨌는지는 알 수 없다. 그렇지만 요리사를 비롯한 청와대 참모들의 지나친 배려, 독선적(獨善的)인 과잉 사고(思考)는 너무 도를 넘어섰다. 이런 것 역시 권력에 대한 일종의 '과잉 충성'이리라.

본래 문재인은 부산에서 성장했고, 지역구(地域區)도 부산이다. 하지만 태어난 곳은 거제도(현재는 거제시)로 되어 있다. 태어난 고향이라는 의미로는 거제도인지라 식재료로서는 이 섬의 앞바다에서 잘 잡히는 숭어나 농어, 멸치 쪽이 나았을지 모른다.

단지 나중에 다시 이야기하겠지만, 거제도는 전(前) 대통령 김영삼(金泳三, 1927~2015년)의 고향이며, 그의 본가(本家)에서 멸치잡이를 크게 하는 것으로 알려져 왔다. 따라서 김영삼은 멸치로 우려낸 칼국수를 아주 좋아했고, 우리들 기자단에 보내준 추석 선물도 멸치가 많았다.

그런 이유로 해서 문재인으로서는 '거제도의 생선'을 들먹이면 김영삼 이미지로 이어지고 만다. 따라서 식재료로서는 '부산의 달고기'로 독자성(獨自性)을 발휘하려고 했는지 모를 일이다.

이처럼 내 마음대로 상상력을 발휘하면서 언뜻 뇌리를 스치는 것이 있었다. 문재인이 부산을 고향으로 친다면, 판문점 디너에는 반드시 '오뎅'을 내놓았더라면 하는 아쉬움이 그것이다. 나는 얼마 뒤 신문 칼럼에서 실제로 그렇게 쓰기도 했다. 판문점에서의 그 요란한 '남북 정치 쇼'에 대한 은

근한 비아냥을 담아서….

여기서 왜 오뎅이냐고 하면, 부산을 대표하는 음식은 뭐니 뭐니 해도 오뎅이기 때문이다. 한국인이라면 남녀노소를 가리지 않고 그렇게 생각한다. 지금이야 전국으로 퍼져나가 가장 대중적인 음식의 하나로서 한국인의 일상 식생활에 완전히 뿌리내렸다.

그렇다면 일본에서 출발한 오뎅이 어째서 부산의 대표 음식이 되었을까? 한국인들에게 부산 음식에 관한 이미지는 곧 생선이고, 그 가운데에서도 생선살을 으깨어 만든 오뎅은 부산만의 이미지를 떠올리게 해주었다.

그리고 그것이 왜 일본어 그대로 '오뎅'인가 하면, 한반도 남단(南端)의 항구 도시 부산은 거리적으로 일본과 가깝고, 역사적으로도 일본의 영향을 가장 강하게 받아온 도시다. 그 결과, 일본에서 흘러든 식문화의 흔적으로 오뎅이 정착되었던 것이다.

나는 1970년대 중반 무렵 부산의 민가(民家)에서 한 달 동안 생활한 적이 있다. '아시아 잠입 취재'라는 명칭 아래, 평범한 한국인의 일상적인 삶을 소개하기 위해서였다. 당시 처음 부산에서 오뎅을 보았는데, 내 기억으로 그 무렵 부산에서는 오뎅이라고 하지 않고 '간토'라고 불렀다.

이런 명칭의 수수께끼(?)는 금방 알아차렸다. 나는 소년 시절을 오사카(大阪)에서 보낸 적이 있었기 때문이다. 옛날 오사카에서는 오뎅을 '간토다키(關東炊き)'라고 했다. 지금은 오사카에서도 오뎅이라고 부르는 사람이 많지만, 예전에는 '간토 지방에서 들어온 음식'이라는 의미에서였는지 그렇게 불렀던 것이다.

따라서 부산의 '간토'는 오사카의 '간토다키'가 그 뿌리임에 틀림없다는 판단을 내릴 수 있었다.

부산은 일본과 가까워 일본과의 왕래도 잦은 곳이다. 재일(在日) 한국인은 지금도 오사카를 비롯한 관서(關西) 지역 거주자가 가장 많다. 다시 말해 부산은 전통적으로 관서(혹은 西일본) 문화권의 영향을 받아왔다. 그 증거로 한국에서의 일본 음식 맛은, 우동이건 미소시루(味噌汁, 일본식 된장국)이건 본래 관서 계통의 맑은 맛이 주류(主流)였다.

그 같은 사연으로 부산 명물이 된 오뎅이지만, 한국에서의 정착과 대중화 과정에서 독자적인 변화를 이루었다. 국경을 넘어 전해지는 음식 문화의 교류가 언제나 그렇듯이, 오뎅 역시 항구 도시 부산에서 뿌리를 내린 뒤 전국으로 퍼져나갔다는 역사로 볼 때, 한국에서의 오뎅은 한결같이 '지쿠와(竹輪)'(=으깬 생선의 살을 길쭉하게 빚어서 꼬챙이에 꿰어 굽거나 찐 음식. 옮긴이)나 '한펜(半平)'(=다진 생선살에 마를 갈아 넣고 반달형으로 찐 음식. 옮긴이)처럼 생선을 이기거나 으깬 음식의 대명사가 되고 말았다.

따라서 한국의 오뎅에는 무나 곤약(菎蒻=구약나물), 두부, 삶은 계란 등은 들어가지 않는다. 오로지 생선살을 으깨어 조리한 것뿐이다. 그 결과 이런 종류의 음식을 몽땅 오뎅으로 부르게 되었다. 나중에 가서는 '어묵'이라는 한국어가 퍼져가지만, 그래도 여전히 오뎅이라는 명칭이 친근하다.

덧붙여서 말하자면, 한국에서도 오뎅을 포장마차 등에서 삶아서 팔 때에는 반드시 꼬챙이에 꿰어서 내놓는다. 그런데 이 꼬챙이가 엄청나게 길다. 30센티미터는 족히 되지 않을까? 그러니 꼬챙이를 손에 쥐고 먹을 때에는 원격조작(遠隔操作)이 필요하다. 익숙하지 않은 일본인은 오뎅이 제대로 입안으로 들어가지 않는다!

판문점 이야기로 돌아가자. 내가 김정은을 앞에 둔 문재인에게 '부산의 오뎅'을 떠올린 까닭이 있다. 2002년, 부산에서 아시안게임이 개최되었을 당시의 에피소드가 머리를 스쳤기 때문이다.

당시 북한에서도 선수단과 취재진이 부산을 찾아왔다. 예의 응원단이라는 이름의 '미녀 군단(美女軍團)'도 들이닥쳐 화제를 불러일으켰다. 그때 북한 취재진과 한국 기자들의 대화에서 서로의 자랑거리를 들먹이게 되었다.

어느 북한 기자가 "부산의 명물이 뭐냐?" 하고 물었다. 그에 대한 한국 기자의 답이 오뎅이었다. 그러자 북한 기자는 의아스러운 표정을 지으며, "오뎅이 무어냐?"고 반문(反問)했다는 것이다.

평소 그토록 반일적이며 애국심을 발휘하고 싶어 하는 한국 기자가, '주체(主體)'니 '자주(自主)'니 하면서 민족주의를 내세우고자 안달하는 라이벌 북한 기자를 상대로 "우리의 자랑은 오뎅이다"고 공언(公言)해주었으니, 일본인으로서는 상당히 유쾌한 일이었다.

그런 기억이 있었던지라 문재인도 판문점에서 김정은을 상대로 오뎅을 내놓았더라면 좋았으리라는 생각이 든 것이다. 물론 이것은 비유이지, 리얼리즘 차원의 이야기는 아니다.

비빔밥으로
남북통일

그런데 판문점 디너의 식재료에 관해, 한국 측이 자신들만의 '의도(意圖)'를 김정은에게 이건 어때, 저건 어때 하는 식으로 밀어붙인 것은 아니다. 김정은에 대한 배려도 있었던 것이다.

일부러 '스위스 스타일의 감자 요리'도 차려냈다고 한다. 왜 '스위스 스타일'이냐고 하면, 잘 알다시피 김정은은 소년 시절에 스위스 유학을 한 경험이 있기 때문이다. 단지 이 감자 요리를 안주 삼아, 김정은과 문재인 사이에서 스위스 유학 시절의 이야기가 화제에 올랐다는 정보는 흘러나오지 않았다.

게다가 민족, 민족이라면서 '남북 화해'를 주거니 받거니 하는 자리에서 김정은의 해외 유학을 연상시켜 주는 감자 요리는, 김정은으로서야 마음 따뜻한 배려라기보다 오히려 기분 나쁜 일이었을지도 모른다. 역시 과유불급(過猶不及)인가?

나아가 판문점 만찬에서는 비빔밥도 나왔다. '한국 음식 세계화 캠페인'의 넘버 1 후보였으니까, 한국으로서는 세계가 주목하는 화려한 무대에 비빔밥을 빼놓을 리 없었다. 비빔밥의 식재료로서 쌀은 앞서 이야기한 '노무현의 유기농 쌀'이 사용되었다. 또 다른 식재료인 야채의 경우, 남북 비무장 지대에서 채취한 산채(山菜)가 포함되었다니 여간 놀랍지 않다.

"비빔밥을 먹고 남북통일로!"이런가?

이 같은 심모원려(深謀遠慮)도 대단하지만, 메뉴에 비빔밥이 포함됨으로 해서 생각의 과잉(過剩)이 한 걸음 더 나아갔다. '비빔밥 신화(神話)'에 관해서는 나중에 다시 언급하겠으나, 본시 한국인의 비빔밥에 대한 생각은 특출한 면이 있다.

밥과 식재료를 고추장으로 비벼서 먹는 비빔밥을, 예컨대 한국 최고의 지성(知性)으로 나하고도 친한 이어령(李御寧) 선생(작가이자 초대 문화부장관, 일본에서도 롱셀러가 된 名著『축소 지향의 일본인』의 저자)은 "그것은 음식의 교향곡이다!"고 갈파했다.

또한 일본인을 상대하는 관광 가이드는 비빔밥 한가운데 얹혀 있는 계란 노른자를 태양에 빗대어, "비빔밥은 한국인의 우주관(宇宙觀)의 상징이다"면서 '비빔밥 우주론'을 역설할 정도다.

이처럼 한국인으로서는 비빔밥이 철학적(!)인지라, 판문점에서 남북통일의 염원을 실어 내놓는다고 해서 전혀 불가사의한 일이 아니다. 여하튼 상세한 비빔밥 이야기는 일단 뒤로 미루기로 한다.

판문점 디너 메뉴의 마지막, 차를 마시기 전에 내놓은 디저트가 이 또한 걸작(?)이었다. 그것은 '망고 무스'였는데, 일부러 '민족의 봄'이라고 명명(命

名)했다. 봄 꽃잎으로 장식한 하얀 망고 무스 위에, 푸른색의 이른바 '한반도기(韓半島旗)'가 그려져 있었다. 더군다나 그것을 두 개의 주발(椀)처럼 꾸민 장식의 한가운데 배치하여, 껍질을 깨고 봄(=통일?)이 찾아왔다는 콘셉트로 되어 있었다.

처음부터 끝까지 "이건 어때, 이건 어때…?" 식으로 밀어붙인 풀코스였다. 외국인이 쓴 한국인론(論)에 종종 등장하는 한국인의 '다정함'이랄까, '지코추'(=자기 중심적이라는 말을 '自己中'으로 줄여 일본에서 쓰이는 은어. 옮긴이)랄까, 가히 놀랄 만한 배려라고 하지 않을 수 없었다.

이와 같은 메뉴 사이에 김정은이 북에서 가져온 냉면이 등장하는데, 그 부분은 다음 장(章)에서 자세히 소개하고자 한다.

지금 떠올린 끝말 맞추기로 빗대자면, 한국에서의 음식은 그처럼 '아지(味=맛)보다 세이지(政治=정치)'인 것이다.

실제로는 문재인이나 김정은이나, 필경 판문점에서의 첫 남북 수뇌회담이라는 화려한 무대에 흥분하여 차려진 요리를 맛볼 여유는 없었으리라. 하물며 식재료에 관한 온축(蘊蓄=깊게 쌓은 지식) 따위는 논외(論外)였을 것임에 틀림없다. 그렇긴 하지만 이토록 잔뜩 신경을 쓴 식재료와 메뉴에 대한 지극한 정성은, 정치를 대하는 한국인의 집착을 이야기해주고도 남지 않을까?

02

김정은의 냉면은
어째서 검었을까?

기껏해야 냉면,
그래도 냉면

김정은과 문재인의 판문점 디너는 남북 화해의 정치적 퍼포먼스로서, 이례적이자 특출했다. 한국 측은 멋진 찬스가 왔다는 듯이 잔뜩 신경을 쓴 '북한 띄우기'의 메뉴를 펼쳐냈다.

그렇게 어마어마한 자기만족(?)의 상차림이긴 했으나, 그 화려한 메뉴 가운데 도통 어울리지 않는 냉면이 등장하여 눈길을 끌었다. 일본에 빗대자면 궁중(宮中) 만찬의 코스 요리에 라멘(=한국의 즉석 라면에 비교하여 라멘으로 표기함. 옮긴이)이나 우동을 내놓은 셈이었다.

문제의 냉면은 실은 김정은이 평양에서 일부러 가져온 것이었다. 수뇌회담의 만찬에 초대받은 손님이 스스로 요리를 챙겨온다?

그런데 한국인은 곧잘 "냉면 들어갈 자리는 따로 있다"고 말한다. 아무리 다른 요리로 배를 채워도, 냉면 들어갈 여유는 있다는 뜻이다. 찬 음식인 데다 입안에서의 촉감(觸感)이 좋아서일까? 칼로리도 그다지 높지는 않다. 그렇긴 하더라도 당시의 판문점 디너는 이례적인 장소였음에도 불구하고, 메뉴는 알코올에서 차(茶)까지 포함하여 모두 열 가지 품목에 이르렀다. 꽤 가짓수가 많았던 것이다.

살짝 멋을 부린 비빔밥도 있는가 하면, 불고기도 나왔다. 순서대로 말하자면, 서양 스타일의 전채(前菜)인 '문어 냉채'에서 시작하여 볶은 것, 구운 것, 찐 것 등 네 가지가 나온 다음 비빔밥, 불고기에 이어 냉면 차례가 되었다. 그 뒤가 디저트였다.

'불고기 다음에는 냉면'이라는 게 한국 미식가(美食家)의 정석(定石)이긴 했다. 하지만 예의 금속제(놋쇠?) 그릇에 담겨 나온 '김정은의 냉면'은 역시 이채(異彩)를 띠었다.

수뇌회담은 한 치의 양보도 없는 정치적 전쟁터이다. 디너 역시 허허실실(虛虛實實)의 줄다리기 자리다. 앞 장에서 소개한 것처럼 문재인은 아첨에 가까운 '친북(親北) 식재료'로 김정은의 환심을 사고자 했으나, 김정은으로서는 들뜬 문재인에게 '평양냉면'으로 응수하려고 했던 것일까? 혹은 항상 버티고 우기는데 이골이 난 자존심의 나라 북한의 김정은으로서는, "차려준 밥을 먹기만 해서야 체면이 서지 않는다"고 생각했던 것일까?

대난히 정치적인 수뇌회담 만찬에, 손님 쪽에서 요리를 가져오는 것은 이례(異例) 중의 이례다. 경우에 따라서는 외교적 결례(缺禮)로서, 싸우고 헤어질 요인이 될 수도 있다.

다만 당시 청와대의 설명에 의하면, 냉면은 먼저 문재인의 발상으로 제안했다. 그걸 김정은이 흔쾌히 오케이 하여 실현되었다고 한다. 판문점이라는 이례의 현장에서 가진 이례의 만찬이라는 점도 작용하여, 격식을 차리지 않기로 했던 모양이다.

김정은은 문재인의 부탁이 있었다고는 하지만, 만들기 여간 성가시지 않은 그 냉면을 순순히 받아들인 셈이다. 젊은 독재자로서 '두둑한 배짱'을 과시하고 싶은 김정은으로서는, '불감청(不敢請)이언정 고소원(固所願)'의 심경으로 '파격적 디너'를 연출해 보였다고나 할까?

나이 30대 중반으로 세습 3대째인 김정은은, 선대(先代)와 달리 아직 '위대한 지도자'로서의 카리스마가 모자라는 것이 사실이다. 이대로는 권력 유지에 필수적인 대중의 충성심 확보에 지장이 생겨나지 않을 수 없다.

그 돌파책(突破策)이 신격화(神格化)되어 있는 창업자 할아버지 김일성의 모습, 목소리, 몸단장, 헤어스타일, 패션… 이 모두에서 '판박이'가 되는 것이었다. 여기에 또 한 가지, 지도력과 결단력을 과시하는 '파격적 퍼포먼스'가 있다.

과거 선대(先代)의 누구도 하지 않았던, 아니 하지 못했던 군사적 최전선 판문점에서의 수뇌회담 자체가, '파격의 무대'로서 절호의 기회였다. 거기에 덧붙여 극히 대중적인 냉면의 등장이었으니, 남쪽의 한국 매스컴을 위시한 여론이 크게 반길 것이라는 계산까지 했음에 분명하다.

김정은으로서는 파격적인 모습을 연출함으로써, 한국과 외부 세계에서 알려진 자신과 북한에 대한 여태까지의 부정적인 이미지를 불식하고 싶었을 것이다. 한국에서는 그 작전이 예상 그대로(?) 크게 효과를 발휘했다.

대중적인 냉면을 가져온 것에서부터, '정직하게 말할 줄 아는 지도자' '까놓고 털어놓는 두둑한 배짱' '젊은이가 멋지게 해낸다' 등 긍정적인 이미지가 한국 사회에 퍼져나갔던 것이다.

서울의 평양냉면집에 몰려든 인파(人波)

이 남북 화해를 위한 이미지 작전은 문재인과의 2인3각(二人三脚)이었는데, 한국 매스컴에서는 김정은이 숙부(장성택)를 숙청하고 이복형(김정남)을 독살한 '잔인한 독재자'라는 과거 따위는 이미 잊히고 말았다. 김정은의 이미지는 이제 '좋은 사람'으로 대역전(大逆轉)되었다.

그런 가운데 김정은이 판문점 디너에 냉면을 가져온 것이 호의적으로 다루어지면서, 한국에서는 때아닌 '평양냉면 붐'까지 일어났다. 판문점 디너가 있었던 이튿날부터 서울의 냉면집, 특히 '평양냉면'이라는 간판이 달린 곳으로 사람들이 밀려들었다.

냉면은 앞서 이야기한 대로 '별복론(別腹論)'(=밥을 먹은 후에도 뱃속에 들어갈 자리가 있다는 의미)이 있긴 하다. 그렇지만 식사로서는 보통 점심으로 가볍게 먹는 경우가 많다. 그래서 나는 냉면집으로 손님이 몰려든다는 뉴스를 들은 이틀 뒤의 점심시간에, 서울 중심가의 유명 평양냉면 전문점으로 달려가 보았다.

과연 긴 줄이 늘어서 있었다. 오후 1시가 지났음에도 아직 50여 명이 차례를 기다리는 중이었다. "어이쿠, 틀렸군!" 하고 다른 식당을 찾아가 다른 음식을 먹고 돌아왔다.

그랬지만 이참에 일단 한 번 맛보지 않고는 좀이 쑤셔 견디기 어려웠다. 그래서 날을 다시 잡아 이번에는 저녁에 다른 식당을 찾아갔는데, 여기서도 사람들이 장사진(長蛇陣)을 치고 있었다.

이곳은 불고기를 함께 파는지라 저녁에는 대개 먼저 불고기를 든 다음, 나중에 냉면을 먹는다. 따라서 손님들이 금방 자리에서 일어설 리가 없으므로 기다릴 수 없었다. 역시 포기하고 돌아섰다.

그 후로도 '손님 쇄도' 뉴스가 이어졌다. 어떤 가게에서는 하루에 600그릇, 700그릇이 나갔느니 하면서 난리법석이었다. 매스컴에서는 이때를 놓칠까보냐면서 '평양냉면 특집'을 꾸며 시시콜콜 소개해놓았다. 덕분에 새삼 냉면의 역사와 유래(由來), 제조법, 맛있게 먹는 법, 맛있는 가게 등 각종 정보에 접할 수 있었다. 그러니 나로서도 더욱더 군침이 돌았다.

판문점 디너가 있었던 날은 4월27일, 그로부터 한 달쯤 지난 5월 중순이었다. 중심가를 살짝 벗어난 외곽에 있으며, 내 집에서 버스로 세 정류장 가량 떨어진 곳에 자리한 전통 있는 가게가 떠올라 찾아갔다. '을밀대(乙密臺)'라는 평양의 지명(地名)을 간판으로 한, 평양냉면의 대표 주자로 반드시 명단에 오르는 식당이다.

그래도 만전을 기하여 오후 1시가 지난 뒤 들렀는데, 역시 아직 기다리는 손님이 다섯 명이나 있었다. 하지만 냉면만 들고 일어서는 사람이 많아 회전이 빨랐다. 골목길에서 잠시 기다렸다 냉면을 얻어먹게 되었으나, 혼자서 갔던지라 묵묵히 젓가락질을 했을 뿐 이렇다 할 감개(感慨)도 느끼지 못한 채 돌아왔다.

그처럼 화제에 오른 음식의 경우에는 여러 명이 몰려가서, 판문점 디너나 매스컴에 오르내린 냉면의 정보에 관해 이러쿵저러쿵 왁자하게 떠들며 먹는 게 아무래도 나을 듯했다.

냉면은 남북 분단의 상징

그런데 냉면에는 한반도의 역사와 정치가 깃들어 있다고 한다. 특히 평양냉면이 그렇다. 왜냐하면 냉면이라는 것은 어느 쪽이냐 하면, 남쪽보다 북쪽의 음식이라는 인식이 있다. 그것이 남쪽으로까지 전해져 '평양냉면'으로 알려지게 된 배경에는 바로 그 전쟁, 6·25전쟁(1950~1953년)이 크게 작용하고 있기 때문이다.

어느 나라이건 어느 시대이건 그렇긴 하지만, 전쟁은 그 땅의 음식 문화에 결정적인 영향을 끼친다. 전쟁에 의한 사람들의 이동(移動), 이산(離散)으로 지역적인 음식 문화의 이동·교류·변화가 생겨나는 것이다.

내가 아는 나이 예순 가까운 한국인은 초등학생 무렵, 명찰(名刹) 해인사(海印寺)가 있는 가야산 언저리의 고향을 떠나 가족이 모두 서울로 왔다고 한다. 그런데 서울에 와서 처음 냉면을 먹어보았다는 것이다. 그러고 보니 냉면을 파는 식당은 서울을 중심으로 분포되어 있는 것 같고, 또 '평양냉면'은 어딘가 서울의 명물이라는 분위기까지 풍긴다.

이것은 전쟁통에 북에서 내려온 피난민(지금으로 치자면 탈북자)들이 대량으로 서울로 유입되어, 호구지책(糊口之策)으로 냉면집을 시작했다는 역사적 경위에서 비롯되었다. 그래서 손님의 대다수도 피난민으로, 고향에 대한 향수(鄕愁)로 인해 냉면 가게로 발걸음을 옮긴다고 한다. 전쟁 당시의 탈북 피난민을 한국 사회에서는 '실향민(失鄕民)'이라고 부른다.

이 같은 북한 출신 실향민의 음식 비즈니스로는, 다 북한에 뿌리를 둔 것이지만, 냉면 외에도 만두와 족발집이 있다. 족발집은 지금도 서울의 별 다섯 개짜리 신라호텔 근처의 뒷골목에 전문점이 몰려 있으나, 그 발상(發祥)은 북으로부터의 전쟁 피난민이 그곳(장충동) 언저리에서 생계 수단으로 시작한 것이었다. 최근에 와서 탈북자 가운데에도 냉면으로 성공을 거둔 이가 더러 있으며, 개중에는 일본으로 진출한 사람도 있다.

다시 말해 냉면은 한반도 현대사에서 최대의 비극인 남북 분단의 상징인 것이다. 그 같은 국토 분단은 사람들을 갈라놓아 수많은 이산가족이 생긴다. 이번의 판문점 디너에 김정은이 가져온 냉면을 계기로 하여 서울에서 때아닌 냉면 붐이 일어난 배경에는, 동족(同族) 전쟁~남북 분단~고향 상실이라는 민족적 고난에 대한 새삼스러운 상념(想念)이 있었던 게 아닐까?

이산가족이나 실향민들은 냉면으로 고향에 대한 그리움을 새로이 하고, 그렇지 않은 사람들 역시 평소 잊었던 국토 분단의 아픔과 애환을 다시금 떠올렸을지 모른다.

이 땅의 사람들은 단견적(短見的)으로 감히 짓궂게 말하자면 감정적이고, 달리 표현하자면 정서(情緒)가 넘치는 사람들이다. 그리고 감정을 솔직히 털어놓고 서로 '공감(共感)'하는 것을 아주 좋아한다. 그런지라 판문점 디너에서 냉면이 나왔다는 뉴스를 접하자마자, 다들(?) 이튿날부터 부리나케 냉면집으로 밀려드는 것이다.

　기분을 함께 나누는 '공감'이 중요하므로, 냉면집 앞에서 장사진을 치는 것도 즐겁다. 늘어선 줄이 길면 길수록 냉면이 맛있다?

검은색 판문점 냉면의 수수께끼

그런데 판문점 디너에 등장한 '김정은의 평양냉면'을 텔레비전에서 본 사람들은 한결같이 깜짝 놀라 고개를 갸웃거렸다. 면(麵)이 새까만 색깔이었기 때문이다. 아니 정확하게 말하자면 짙은 다갈색(茶褐色)으로, 몹시 거무스레했다. 거무튀튀한 면 위에 붉은 김치와 절반으로 자른 삶은 계란이 얹힌 채, 놋쇠 그릇에 담겨 있었다. 솔직히 말해 그건 정말 맛이 없을 것 같았다.

나를 포함하여 한국인들은 죄다 "평양냉면이 원래 저렇게 까만색이었나?" 하고 의아해 했다. 서울에서 먹는 평양냉면은 모두 훨씬 하얗다. 아니, 메밀을 연상시키는 묽은 갈색이랄까? 그러나 일본 메밀보다는 희다. 단지 일본 메밀과 달리 식감(食感)은 반들반들, 쫄깃쫄깃하여 대개 가위로 잘라서 먹는다.

예전에 북한을 소개하는 화보나 영상(映像)으로 본 평양냉면은 훨씬 하얬던 것으로 기억한다. 한국인들도 다들 그런 기억을 갖고 있었으므로, 이번의 검은색 냉면은 뜻밖이었던 것이다.

"언제부터 저리 변했지?"

"왜 그런가?"

"김정은의 특별 지시로 만든 냉면이라서…?"

"아무리 그래도 색깔이 저래서야 맛이 없겠는걸!"

이런 식으로 의혹(?)이 널리 퍼져갔다.

이 '김정은의 검은 평양냉면'에 관한 수수께끼 풀이에 들어가기 전에, 판문점 디너에 내놓은 냉면이 어떤 식으로 준비되었는지를 소개해두기로 한다.

앞서 말한 것처럼 판문점은 살벌한 군사지역인지라 남북 쌍방이 '평화의 집'이나 '통일각'에 제대로 된 주방 설비가 없다. 당시의 만찬 역시 부랴부랴 설치한 부엌에서 준비했다. 그런 가운데 김정은이 어떤 식으로 냉면을 만들게 했을까? 단적으로 말해, 그 냉면을 대관절 어디서 무슨 수로 제조했을까 하는 의문이다.

냉면은 면을 차게 하여 먹으니까 냉면이라 부르는 것으로, 면 그 자체로서는 다른 면과 유별나게 다른 점이 없다. 기본은 메밀가루로, 거기에 끈기를 주기 위한 재료로서 각종 분말을 섞어 바탕을 만든다. 섞는 분말에는 밀가루 외에 감자나 녹두(綠豆), 옥수수 등 각종 전분이 있다. 그중에서도 감자 분말이 가장 자주 쓰이는 모양이다.

냉면이 반질반질한 느낌을 주는 것은 감자 전분 때문이다. 그 결과 면이 딱딱해지므로 가위로 잘라서 먹게 된다. 일본 메밀과 마찬가지여서 메밀 분말이 많아지면 메밀의 향기가 나서 고급스러우나, 메밀 분말은 원료로서 값이 비싸다. 그래서 싸구려 냉면집일수록 감자 전분의 비율이 높아진다. 그러면 반질반질한 느낌이 강해져 면발도 빳빳하여, 때로는 씹는 데 애를 먹기도 한다.

여기서 문제는 무슨 수로 면을 가늘게 만드느냐는 것이다. 판문점 디너에 관해 맨 처음 냉면 이야기가 나왔을 때, 이내 머리에 떠오른 것이 "김정은의 냉면은 대관절 어디서 누가 면을 뽑을까?" 하는 의문이었다. 설마 200킬로미터 가까이 떨어진 평양에서 면을 실어 올 리는 없었다.

그리고 이어서 떠오른 것은 "그러고 보니 냉면에서는 수타(手打)라는 소리를 들은 적이 없는데…"라는 생각이었다. '두드리다(打)'는 것은 면봉(麵棒)이라 불리는 막대기를 쓰니까 두드리게 된다. 그렇지만 냉면은 분말을 반죽한 뒤에 그걸 넓적하게 펴서 면으로 만들 때, 면봉이나 손을 쓰지 않으니까 '수타'도 있을 수 없다.

그렇다면 어떻게 하는가? 먼 옛날 이야기는 모르지만, 적어도 요즈음은 북한에서나 남한에서나 반죽한 면 덩어리를 바닥에 조그만 구멍이 여럿 뚫려 있는 압착기(壓搾機)에 넣어서 면을 뽑아내는 식으로 되어 있다. 그렇게 뽑혀 나온 면을 직접 솥에 넣어 끓는 물에 삶은 다음, 즉시 찬물로 씻는다.

수타(手打) 냉면은 없다?

다시 말해 냉면은 한국(혹은 한반도)의 전통적인 음식임에도 불구하고, 사람이 직접 손으로 반죽하고 펼쳐서 가늘게 썬 다음 데친다는 소위 '수타'가 없는 것이다.

이 '수타'에 관해서는 여담(餘談)이 있다. 사실 한국에서는 면이라고 하면 냉면보다 오히려 짜장면이나 칼국수 쪽이 일반적이고, 식당에서의 메뉴 역시 더 많다. 짜장면은 중화요리에 그 뿌리가 있으나, 한국에서 독자적으로 발전한 '국민식(國民食)'의 하나가 되었다.

동네 가는 곳마다 눈에 띄는 '중국집' 판매액의 절반 이상이 짜장면으로 채워진다고 하며, 인기가 높은지라 실패할 확률이 없다. 한국의 중국집에서 짜장면을 시키면 무난하다는 이야기가 들려올 만큼 정착된 음식이다. 그런데 이 짜장면에는 '수타'가 있어서 그걸 자랑거리로 내세우는 가게도 있다.

내가 맨 처음 중화요리점에서 그걸 발견했을 때, 간판에 '수타면'이라고 한글로 적혀 있어서 일순 당황했다. 일본에서 만들어진 한자어(漢字語)인 '데우치(手打)'를, 설마 한국의 중화요리점에서 사용한다는 것은 상상조차 하지 못했던 것이다.

나중에 알게 된 사실이지만, 또 하나의 한국 스타일 우동인 칼국수에도 '수타' 가게가 있었다. 칼국수의 칼은 말 그대로 밀가루를 반죽하여 편 다음, 칼로 잘라 면으로 쓴다.

따라서 짜장면이나 칼국수에 수타가 있는데도, 냉면에는 그것이 없다는 것이 여간 이상하지 않다. 반죽한 면 덩어리를 넣고, 냉면을 뽑아내는 압착기에 뚫린 구멍은 금속으로 되어 있다.

그러니 이건 오랜 옛날로부터의 제조법으로 여겨지지는 않는다. 금속제 압착기가 등장하기 전에는 어떻게 했을까, 역시 수타였지 않을까? 이 같은 의문이 고개를 내밀지만, 그에 대한 추적은 뒷날로 미루고자 한다.

여기서는 우선 현재의 냉면에는 수타가 없다는 사실을 확인한 다음, 판문점에 나온 '김정은의 평양냉면'도 판문점 현장에서 수타로 만든 것이 아니라는 점을 밝혀둔다.

결론적으로 말하여 청와대의 발표에 따르자면, 북한은 평양에서 제면기(製麵機)를 가져와 판문점의 북측 시설인 '통일각'에서 냉면을 만들었다고 한다. 제면기는 압착기를 뜻한다.

내친 김에 다소 일본인적인 내 개인의 감각으로 이야기해보자. 김정은이 일부러 북한의 자랑거리(?)인 평양냉면으로 수뇌회담 디너에 내놓은 면은, 평양에서 현장으로 반입한 제면기, 즉 기계로 만든 것이었다는 사실에 나는 여간 낙담(落膽)하지 않았다. 똑같은 메밀을 원료로 한 '일본 메밀'의 이미지 탓이었는지, 기왕이면 수타 냉면으로 만들었더라면… 하는 아쉬움을 떨치지 못했던 것이다.

물론 냉면에는 수타가 없다는 사실을 알면서도 가져본 감개(感慨)였으니, 이것은 어디까지나 '생떼'에 지나지 않는다.

수타에 대한 아쉬움에 이어서, 앞서 지적한 것처럼 압착기를 이용한 기계화(?) 이전의 냉면은 대관절 어떤 식으로 만들었을지에 관해 생각한 점을 살짝 적어두기로 하자.

한국에는 메밀 요리로서, 보통의 냉면과 달리 국물이 없는 막국수라는 것이 있다. 서울에서 가까운 강원도 춘천의 명물인데, 국물 없이 고추장으로 비벼 먹는 메밀국수다. 일본인들로서는 '자루소바'(=대발이 깔린 네모난 나무그릇에 국물 없이 담겨 나온 메밀국수. 옮긴이)가, 놋쇠그릇에 고추장과 함께 담겨 나왔다고 생각하면 상상이 가리라.

국수는 앞서 칼국수에서도 등장했으나, 순(純) 한국어로 면을 의미한다. 막국수 역시 메밀 분말을 중심으로 한 면으로, 맛본 경험으로는 메밀 함유량이 많게 느껴졌다. 국물이 없다는 점도 작용하여 어딘가 소박하고 시골스러웠다.

이 막국수도 냉면과 마찬가지로 압착기를 이용하여 가느다란 면을 뽑아낸다. 오랜 전통(!)을 뽐내는 식당에서는 목제(木製)로 된 낡은 농기구 같은 압착기(구멍을 뚫어 면을 뽑아내는 부분만 금속제)를 여봐란 듯이 가게 앞에 전시해놓기도 한다.

그런데 막국수의 '막'의 뜻이 무척 흥미롭다. 이것은 순 한국어로 '조잡

하다'거나 '아무렇게나' '손질이 가지 않은' 등의 의미가 있다. 면의 경우, 시골 농가(農家) 등지에서는 자가용(自家用), 자가제(自家製)로 메밀을 반죽하여 늘어뜨린 다음, 손쉽게 손으로 뜯거나 칼로 썰어서 가지런하지 않은 채 뜨거운 물에 데쳐 먹었던 것이다. 그와 같은 '소박한 면'이라는 의미에서 막국수라고 불렀다고 한다.

필경 냉면 역시 압착기가 등장하기 전에는 그런 식으로 소박하게 썰어서 만든 면이었음에 분명하다.

'고난(苦難)의 행군(行軍)'과 평양냉면

여기서 판문점 디너에 나온 평양냉면의 색깔에 대한 수수께끼로 돌아간다. 본래는(?) 훨씬 하얬을 냉면이 어째서 그토록 새까맣게 변했을까? 여기에는 두 가지 설이 있다. 그 하나는 나와 친하게 지내는 탈북자로부터 들은 이야기다.

그 지인(知人)은 서울 중심부에서 북한 요리 전문점 '능라밥상'을 경영하는 이애란(李愛蘭) 씨. 능라(綾羅)는 평양에 있는 지명이다. 그녀는 북한 대학에서 식품공학(발효학)을 전공한 뒤, 일본에 있는 조총련(朝總聯)이 북한에 세운 맥주 공장에서 근무한 적이 있다. 그 인연으로 탈북한 다음 식품에 대한 지식과 관심으로 북한 요리점을 개업하고, 북한 요리연구소도 열었다. 북한 계통 요리의 새로운 메뉴를 고안하느라 여념이 없다.

한편으로는 대북(對北) 인권 활동가이기도 하다. 미 국무성의 '국제 용기 있는 여성상(賞)'을 수상했을 때, 워싱턴에서 오바마 미국 대통령의 아내인 미셸 부인과 함께 찍은 사진이 가게에 걸려 있다.

말이 나온 김에 덧붙이자면, 그녀는 대북(對北) 강경파다. 오래 전부터 가게의 카운터 옆에 '김정은 암살 현상금 1억 달러 모금'이라고 쓴 아슬아슬한 모금 상자가 놓여 있었다. "김정은을 없애주는 사람에게 1억 달러를 드린다"는 것이다. 다소 블랙유머 같은데, 단골손님인 나로서는 일본의 신문 칼럼에 소개하는 것으로 협력(?)했다.

그런데 문재인 정권 아래에서 김정은과의 판문점 수뇌회담이 열리는 등 대북 융화(融和) 무드가 퍼져가는 가운데, 모금 상자는 종이로 덮이고 말았다. '김정은 암살'은커녕 한국에서는 거꾸로 그녀와 같은 대북 활동가가, 친북파에 의해 테러를 당하지 않을까 우려되는 무드인 것이다. 탈북자 비즈니스에 '겨울의 시대'가 도래했다.

이야기가 빗나갔으나, 판문점의 평양냉면이 검정색이었던 것에 대해 그녀에게 물어보았다. 그랬더니 딱 잘라서 "메밀 열매의 껍질이 검어서 제분(製粉)할 때 그 색깔이 남았어요. 제분 방법이 잘못되었을 거예요"라고 말했다. 분명히 일본의 메밀 중에도 '시골 메밀'은 거무튀튀하긴 하다.

그러나 아무리 그렇더라도 판문점의 냉면은 너무 검었다. 거기에서는 시골 메밀의 분위기를 찾을 수 없었다. 메밀 껍질의 검은색이 남은 정도의 것이 아니었다. 게다가 그 평양냉면은 평양에서 가장 유명한 대형 고급 레스토랑 옥류관(玉流館)의 요리사가 달려와 준비한, 이른바 궁정용(宮廷用) 냉면이 아니었던가?

이 옥류관의 검은 냉면에 관해서는 일본인 기자의 체험적 증언이 있다. 2014년, 납치 문제 관련 일본 정부 방북단에 동행한 아사히신문(朝日

新聞) 여성기자가 컬러 사진과 함께 "면이 검었고, 너무 거칠었다"고 썼다 (2018년 4월27일자 아사히신문 디지털). 이때 벌써 옥류관의 평양냉면은 까맣게 변해 있었던 것이다.

왕(王)이나 다름없는 김정은에게 바칠 냉면에, 제분이 잘못된 메밀을 쓸 리가 없다. 제분에 문제가 있다면, 조총련에 지시하여 일본제 최신 제분기를 보내도록 하면 될 일이었다. 그건 아무래도 제분 문제가 아닌 것으로 여겨졌다.

그렇게 의문은 계속 남아 있었다. 그런데 한국 매스컴의 때아닌 평양냉면 특집 보도 가운데, 예전에 평양의 옥류관에서 일한 적이 있다는 탈북자의 증언이라는 것이 실려 있었다. 나는 나도 몰래 무릎을 쳤다.

증언에 의하면 메밀이 검어진 것은, 면의 끈기를 유지하기 위해 반죽하면서 식용 소다(탄산나트륨 소금?)를 쓰기 때문이라고 했다.

그래서 왜 식용 소다를 썼느냐고 하니, "어느 시기로부터 메밀 분말에다 끈기를 살리려 감자 분말(澱粉)을 많이 넣게 되었다. 그 결과 딱딱해지는 면을 부드럽게 하고, 식감을 좋게 하기 위해서다"고 답했다. 그리고 어째서 감자 분말을 많이 쓰게 되었는지, 그 배경이 예사롭지 않았다.

북한에서는 김정은의 아버지 김정일(金正日) 시대였던 1990년대 중반, 식량난으로 대량의 아사자(餓死者)가 생긴 이른바 '고난의 행군' 시절이 있었다. 그 일로 해서 메밀 생산을 줄이고 감자와 옥수수를 증산하게 되어, 메밀이 유통되지 않기에 이르렀다.

그 결과 냉면에도 이제까지보다 감자를 비롯한 다른 분말이 많이 쓰이게 되었다. 그 바람에 면이 딱딱해졌던지라 식용 소다를 넣지 않을 수 없었다고 했다.

"평양냉면은 '고난의 행군'으로 색깔이 검어졌다."

즉 그것은 북한이 괴롭던 시절의 산물이었던 것이다.

나로서는 탈북자의 증언이 어디까지 정확한지 보증할 재간이 없으나, 실로 그럴싸한 이야기이긴 했다. 그리고 그렇게 생각하고 싶다. 게다가 한 걸음 나아가, 그 같은 역사적이고 정치적인 배경이 있다면, 색깔이 검은 것이 도리어 평양냉면에 걸맞지 않은가!

냉면이랄까 메밀에 관해서는, 한국에서 귀동냥한 소중한 이야기를 마지막으로 소개해두고자 한다. 한국에서 흔한 '일제 모략 신화(日帝謀略神話)' 같은 것인데, 진위(眞僞)에 얽매이지 말고 재미있게 들어주었으면 좋겠다. 다름이 아니라 "메밀에는 고사리와 마찬가지로 정력(精力) 감퇴 효과가 있다. 일제(=일본 제국주의)는 한반도에서 한국인을 근절(根絶)시키고자 메밀 재배와 식용(食用)을 장려했다"는 것이다.

한국 작가로부터 여흥(餘興)으로 들었다. 예전에 나는 한국 방송작가 세미나에 초대받은 적이 있었다. 회의장이 한국 현대문학의 명작으로 꼽히는 '메밀꽃 필 무렵'의 소설가 이효석(李孝石)의 고향인 강원도 평창군 봉평이었고, 현지에서는 해마다 열리는 '메밀 축제'의 시기와 겹쳤다.

호텔의 점심식사로 나온 메밀 요리를 먹으면서, 어느 원로 작가가 내 안색을 살피다가 빙글빙글 웃으면서 그런 이야기를 했던 것이다. 그런데 거기에 대해 다른 작가가 "그 이야기는 사실 일제가 아니라 고려(高麗) 시대에 한반도를 지배한 몽골(=원나라)이 한 거야!"라고 반론(反論)을 폈다.

나아가 또 다른 작가는 "그런 속설(俗說)에는 뒷이야기가 있다니까!"라면서 이렇게 말하는 것이었다.

"한국인은 머리가 좋아서 메밀의 정력 감퇴 성분을 제거하는 데 무가 효과적이라는 사실을 알아냈고, 그 바람에 메밀에는 반드시 무를 곁들이게 되었어!"

그러고 보면 냉면에는 반드시 무가 빠지지 않는다.

그래서 나 역시 지지 않고 "메밀은 본시 소화가 잘 되지 않아, 일본에서도 옛날부터 '오로시소바'(=무를 갈아서 곁들인 메밀국수. 옮긴이)처럼 무와 함께 곧잘 먹었어요"라고 과학적(?)으로 반박함으로써 메밀 논쟁에 종지부를 찍었다.

당시의 메밀 기행에서 현지의 메밀 띄우기 목록을 훑어보았다. 그런데 메밀말이, 메밀구이, 메밀우무묵 스타일 등 전통적인 메뉴 외에 심지어는 메밀커피까지 있었다. 그럼에도 불구하고 유독 냉면은 없는 게 아닌가! 한국에서는 냉면이 그다지 전통적인 음식이 아닐지도 몰랐다.

03

트럼프에게 먹인
'독도(獨島) 새우'의 모략

문재인의
고자질 디너 외교

판문점에서의 문재인·김정은 디너의 '정치성'은, 사실 그보다 약 6개월 전 서울에서 개최된 한미 정상회담의 만찬에서부터 예상할 수 있는 일이기는 했다. 그것은 2017년 11월, 취임 후 처음으로 한국을 공식 방문한 트럼프 대통령을 위한 환영 만찬이었다. 한국 측이 엄청나게 신경을 쓴, 그래서 흡사 '권모술수(權謀術數)'와 같은 메뉴를 제공함으로써 국내외를 놀라게 만들었다.

더군다나 이때는 한미 외교 무대였음에도 불구하고, 한일 관계를 의식한 '반일(反日) 메뉴'를 트럼프에게 먹였던 것이다. 한일 간에 오랜 세월 영토 분쟁이 벌어지고 있는 독도(獨島), 일본명 다케시마(竹島) 문제와 결부하여 한국 측이 일부러 '독도 새우'라 불리는 식재료를 사용한 메뉴를 준비했다. 또 그걸 사전에 내외신(內外信) 매스컴에 홍보한 뒤, 공식 디너에 내놓았다.

외교로서 선의(善意)로 해석하자면, 동맹국 최고 수뇌에게 자신의 입장을 이해해달라고 어필하고 싶었던 것이리라. 하지만 그런 자리에서 제3국과의 현안을 들이미는 것은 국제적으로는 추태(醜態)나 다름없다.

더군다나 그것을 은근슬쩍 '뒷문'으로 들여와 공식 디너의 메뉴에 빗대는 식의 행동은, 아마도 세계 외교사(外交史)랄까 정상 만찬의 역사상 그 예를 찾을 수 없으리라.

미국으로서 일본은 유력 동맹국이다. 게다가 트럼프는 아베 신조(安倍晉三) 총리와 사이가 좋다. 한국은 그런 사실을 파악한 뒤에 어필 외교를 펼 작정이었을 것이다. 그렇지만 국제외교에서 그것은 해서는 안 되는 금기(禁忌)에 속한다. 일본에 대해서라기보다 손님인 미국에 대한 외교적 결례(缺禮)다.

한국 사회에는 예전부터 "일본에 대해서는 무슨 행동을 하건, 무슨 말을 하건 괜찮다"는 어리광 비슷한 심리가 있다. 일본이 상대라면 법이나 규칙을 무시해도 그냥 넘어갈 수 있다는 것으로, 일본인들은 이를 두고 곧잘 '반일 무죄(無罪)'라며 비꼬아 말해왔다.

일본에 의한 지배와 통치로부터 해방된 지 70년 이상이 흘렀다. 그럼에도 지금껏 '일본 벗어나기'를 못하고 있는 이런 풍경을 대할 때마다, 일본인들은 늘 고개를 갸웃거리며 질려 한다.

그래서 한국 외교에 관해서는 최근 들어 '고자질 외교'라느니 '트집 잡기 외교'라느니 하며 비아냥거리는 소리가 들려온다. 당사자도 아닌 제3자인 외국에 나가서 행해지는 정상회담에서, 위안부 문제나 역사 인식 등 일본에 대한 험담(險談)을 하는 것이다.

이번 문재인·트럼프 디너에서의 '독도 새우' 역시 바로 그런 케이스였다. '고자질 외교'를 디너 석상에서 한 것이므로 너무 도가 지나쳤다.

글머리에서 소개한 판문점 디너에서의 정치적인 안배(按配) 쪽은, 어딘가 퍼포먼스 같은 귀여움(?)도 있어서 살짝 비꼬는 정도로 넘어갔다. 하지만 한미 공식 만찬에서의 '독도 새우' 등장에는 솔직히 말해 "이렇게까지 해야 하나!" 하고 약간 질려버렸다. "과연 그런 식으로까지 하여 반일을 어필하지 않으면 안 되는 것일까?"라는 '진절머리'를 포함하여….

그래서 나는 놀라움과 불쾌감으로 산케이신문(産經新聞) 칼럼(2017년 11월11일자)에서 '도를 넘은 못된 장난'이라는 제목으로 이렇게 썼다.

[(독도 새우라는 것은) 매스컴을 포함하여 국민 대다수가 누구도 모르는 새우다. 그런 새우를 일부러 찾아내어 외교 행사에 등장시키는 따위의 못된 꾀는 지독하다.]

그런 새우가 있는 줄은 나도 물론 몰랐다. 나는 해산물을 무척 좋아하여 외국인 치고는 어류(魚類)나 새우, 게, 문어, 오징어 등 해산물의 한국 이름에 관해서도 꽤 정통하다고 자부해왔다. 하지만 '독도 새우'의 존재는 그때 처음 알았다.

여담(餘談)이지만 나는 1970년대의 서울 어학 유학 시절, 하숙집 근처에 있던 시장을 거의 날마다 찾아가서 어물전 진열대에서 "이건 뭐죠?" "저건 뭐죠?" 하고 집요하게 물어보며 생선 이름을 외운 경험이 있다.

'독도 새우'의 존재에 관해서는 한국 매스컴들도 금시초문(今始初聞)인 모양이었다. 청와대로부터 정상회담 직전에 만찬 메뉴가 발표되었을 때, 부랴부랴 취재에 나서서 '독도 새우'의 정체(!)를 소개하고 있었다.

누구도 몰랐던 '독도 새우'

나 역시 그런 보도를 통하여 문제의 새우의 정체를 알게 되었다. 결론적으로 말하자면 '독도 새우'라는 이름의 새우는 본래 존재하지 않는다는 사실을 알았다. 그것도 그러리라. 원래부터 있던 것이라면, 내 귀에 들어오지 않을 리 없었다.

'독도 새우'란 독도 근해에서 잡히는 새우를 어부나 중매인들이 통칭(通稱) 그렇게 부르는 것뿐이고, 원래는 다른 제대로 된 이름이 있는 것이다. 유난을 떨 일도 아니다. 일본에서는 가령 '이세(伊勢) 새우'니 '에치젠(越前) 게'니 하면서, 그것이 잡히는 지역 이름을 붙여 널리 통용되는 해산물이 있다. 그러나 '독도 새우'는 그저 업계 내부의 은어(隱語) 비슷한 명칭이었다. 그렇지만 그걸 뒤져내어 정상회담 만찬의 메뉴용으로 가져다 썼으니, 그 집념은 정말이지 대단하다!

한국 매스컴의 추적에 의하면, 독도 근해에서 잡히는 새우에는 세 종류가 있다. 일본의 '아마에비(甘蝦)'에 해당하는 '꽃새우' 외에 일본에서는 무어라 부르는지 알 수 없는 '닭새우'와 '도화새우'가 그것이다. 이 모두를 '독도 새우'라고 부른다고 하는데, 만찬 디너에 사용된 것은 그중에서 '도화새우'였다고 한다.

'도화새우'는 앞서 이야기한 비장(秘藏)의 '일한어명집(日韓魚名集)'에도 나오지 않았다. '도화'라는 명칭이 붙은 도미나 볼락, 망둥어 계통은 실려 있었으나 새우는 없었다.

따라서 '도화새우'는 새우로서는 시장에서 널리 유통되는 일반적인 게 아니라, 극히 일부 지역에서 소량으로밖에 잡히지 않는다는 뜻이리라. '도화'라는 이름이 달린 다른 생선의 일본에서의 명칭에는 모두 '아카(赤)'가 붙여져 있었다. 그래서 내 마음대로 한글 발음을 따서 한자로 '桃花'라 적고 있음을 밝혀둔다.

신문에 실린 컬러 사진을 보니 역시 붉은 색깔이었다. 펼친 어른 손바닥을 살짝 넘었으므로 새우로서는 꽤 큰 편으로, 20센티미터 전후로 여겨졌다. 독도 근해에서 잡히는 세 종류의 '독도 새우' 가운데에서는 가장 크고, 색깔도 선명하면서, 윤기가 흐른다고 했다. 어획량은 보잘 것 없었다. 값은 '독도'라는 이름 덕을 보는지 소매에서는 한 마리에 3만 원이나 나간다고 한다.

고도(孤島) 독도에 가장 가까운 곳이 90킬로미터 떨어진 울릉도이다. 어부들은 거기서 고기잡이에 나선다. 잡은 새우는 울릉도에서 정기항로(定期航路)로 200킬로미터 이상 떨어진 본토의 포항으로 싣고 간 다음, 서울을 비롯한 각지로 보내진다고 한다. 그러니 운송비도 만만치 않아 값이 비쌀 수밖에 없다.

한국 매스컴에 의하면 정상회담 디너에 나온 이 '독도 새우'는, 서울 근교의 수산물 시장에 검정색 승용차를 탄 넥타이 차림의 사나이들이 와서 구입해갔다고 한다.

청와대에서의 문재인·트럼프 공식 디너의 메뉴는, 마지막 디저트로 초콜릿 케이크 등 서양 스타일도 있었지만, 기본은 한국 요리였다. 보도에 따르면 청와대의 요청으로 요리를 총괄(總括)했다는 유명 레스토랑 '콩두'의 여성 경영자는, '모던 한식(韓食) 요리'의 개척자로 잘 알려진 인물이라고 했다.

덧붙이자면 이 레스토랑은 서울시청 앞에 위치한 고궁(古宮) 덕수궁(德壽宮) 뒷켠의 한적한 골목에 있다. 접대를 포함하여, 그럴만한 민관(民官)의 알만한 이들이 단골로 다닌다. 오래된 전통 가옥 내부를 고쳐 언뜻 전통 미술관 스타일로, 가게 간판도 걸지 않는다. 이런 분위기가 '콩두'의 부가가치(附加價値)가 되었다.

여기서 차려내는 요리는 큰 접시에 예쁘게 담은 멋진 현대 스타일로, "한국 요리는 빨갛고 엄청 맵다"고 생각하는 'B급 미식가'들은 당혹스러워할지 모른다. 하지만 한국 요리도 최근에 와서 여러모로 변화되고 있는 것이다.

게다가 부자들을 비롯하여 나름대로 격식을 갖춘 집안의 가정 요리는 원래 빨갛지 않다. '빨갛고 매운 것'은 대중 요리다. 왜냐하면 짜거나 매우면 그것만으로도 밥을 먹게 되기 때문이다.

여담이지만 '콩두'라는 가게 이름의 유래는 '콩'은 한국어로 '콩', '두'는 한자로 '豆', 그러니까 '豆豆'인 셈이다. 이러니 한번 들으면 잊을 수 없다?

반일 메뉴의 무대 뒤쪽

한미 정상회담의 만찬 메뉴는 '한·양(韓洋) 퓨전 요리'였다. 메인은 한국 스타일의 소반에 차려졌다. 일본의 가이세키(懷石) 스타일? 소반 위에는 갈비구이와 송이버섯이 든 솥밥 등과 함께, '독도 새우'를 사용한 잡채가 얹혀 있었다.

당시 디너에 동석(同席)했던 어느 고위 관리에게 나중에 '독도 새우'의 맛이 어땠는지 물어보았다. 그랬더니 "아니, 어디에 어떤 새우가 있었는지 잘 몰랐다"고 시치미를 뗐다(?). 하지만 잡채에 뒤섞여서 나왔으니 터무니없이 거짓말을 한 것은 아니었을지 모른다.

나아가 훗날 만찬 메뉴의 콘셉트를 고안한 '콩두'의 여성 오너에게 직접 이야기를 들을 기회가 있었다. '콩두'에서 회식이 있었을 때, 일부러 테이블로 그녀를 불러 인사를 나누는 김에 '독도 새우'의 진상(?)을 규명했던 것이다.

그래서 알게 된 사실은, 앞서 소개한 고위 관리의 이야기와 통했다. 디너에 내놓은 것은 새우 그 자체가 아니라, 잡채에 포함된 식재료의 하나로 새우살이 들어간 것에 지나지 않는다는 것이다.

"새우 모양이 아니니까 잡채에 새우가 들어간 사실을 몰랐던 사람도 있었을지 몰라요"라는 대답이었다. 당시의 신문 보도에서는 껍질 채의 새우 사진이 실려 있었던 것을 기억한 내가 "매스컴에 보도된 사진에는 새우 모양이 그대로 나와 있었지 않습니까?" 하고 더 파고들었다. 그에 대한 그녀의 대답은 이랬다.

"아니, 그 사진은 청와대가 사전에 보도진들에게 디너를 설명할 때 요리에다 사용할 식재료를 함께 소개한 것으로, 디너에 실제로 내놓은 소반의 음식은 그렇지 않아요."

과연 디너에서는 새우가 자취도 없었던 것이다. 그렇다면 트럼프라고 해서 유별나게 새우를 먹었다는 기분은 들지 않았을지 모른다. 하물며 '독도 새우'라는 이름 따위야….

그래서 다시금 "그렇다면 어째서 일부러 '독도 새우' 이야기가 나온 건가?" 하는 의문이 일었다. 여기에 대해 그녀는 이렇게 말했다.

"트럼프 대통령이 바닷가재(lobster)를 좋아한다는 사전 정보가 있었던지라 그것을 식재료로 쓰려고 구상한 것은 사실이고, 그 결과 국산 새우 가운데 비교적 큰 '도화새우'를 쓰기로 했지요. 그걸 '독도 새우'라고 발표하여 강조한 것은 청와대였지, 나로서는 그럴 마음이 전혀 없었어요…."

이상이 굳이 밝히는 '반일 모략'으로서의 '독도 새우' 사건의 전말이다. 하지만 청와대가 일본에 대한 짓궂은 장난 같은 일처리에서 맛보았을 쾌감(?)이야 그렇다 치자. 그런데 주인공인 트럼프, 즉 미국에 대한 외교적인 어필의 효과는 과연 있었을지 궁금해진다.

보기에 따라서는 고작 새우 이야기였음에도 불구하고, '한미 정상의 만찬에 독도 새우가 등장!'이라는 뉴스는 당연히 일본을 자극했다.

'독도 새우' 또는 '도화새우'는 잡채에 섞여 있었으므로 잠자코 있으면 아무도 모를 일이었다. 그걸 한국 당국이 사전에 독도, 독도… 하면서 PR 했으니까 당연히 뉴스가 된다. 아니, 뉴스가 되리라는 사실을 계산하고 벌인 일이리라. 실제 요리에서는 눈에 띄지도 않는 '껍질 붙은 새우 전신(全身)'까지 사진으로 찍어 매스컴에 뿌리면서, '독도 새우'를 강조한 것이 그 증거다.

그렇지만 '독도 새우 사건'은 한국보다 일본 쪽에서 더 큰 화제가 되었다고 할 수 있다. 한국에서는 이런 유의 '일본 도발'은 일상다반사(日常茶飯事)라고 하겠지만, 한미 정상의 디너에 '독도 새우'까지 동원(!)한다는 반일 퍼포먼스에는 일본의 여론도 "그렇게까지 한단 말인가!" 하고 경악했기 때문이다.

말하자면 '어린애 속임수'와 같은 일을 국가적인 차원에서 펼쳤으니, 놀람과 더불어 정나미가 떨어지는 것이다. 일본 매스컴에서 한국을 비꼬기에 안성맞춤인 재료였다. 특히 텔레비전의 '뉴스 스테이션' 프로그램 등에서 요란하게 다루었다.

단지 '독도'는 한국인으로서야 최대의 애국 심벌인지라, 그 정치적·사회적 이용은 일상적이다. 국민들은 "독도는 우리 땅!"이라고 외치고(그런 제목의 대중가요도 있다), 일본의 주장에 반대하는 것만으로도 애국자가 된다. 정치가나 여러 단체들로서는 섬으로 건너가 만세를 외치기만 하면, 반드시 언론에 소개되어 애국자 대우를 받는다.

현대 한국에서의 '독도 신드롬(症候群)'을 이야기하자면 한이 없다. 본래 바위산인 이 고도(孤島)에는 해변이 없다. 거기에다 무리를 해서 설치한 선착장에서는 패션쇼로부터 콘서트, 전통무용, 농구 등 온갖 이벤트가 펼쳐져 종교적이라고까지 말할 수 있는 '애국 체험'에 흠씬 젖어든다.

덧붙여 밝히자면, 일본과 오랜 세월에 걸쳐 외교 분쟁을 빚어온 독도, 일본명 다케시마에 민간인들이 수시로 드나들어 대중화, 관광화가 이루어진 것은 문재인 대통령의 스승에 해당하는 노무현(盧武鉉) 정권(2003~2008년) 이후의 일이다. 그 후 독도 열기가 높아지게 된다.

위안부를 상징하는 소녀상(少女像) 문제나 일본의 해군 깃발인 욱일기(旭日旗) 문제도 그렇지만, 한국에서 이런 종류의 '반일·애국 퍼포먼스'가 예로부터 있었던 것은 결코 아니다. 일본 지배를 경험해본 적이 없는, 과거를 모르는 세대가 다수를 차지하게 된 근년(近年)의 현상인 것이다. 여기에 관해서는 다른 기회를 봐서 따로 분석해나갈까 한다.

독도를 에워싼 여러 일들은 한국에서는 일상적(日常的)이라는 느낌이 든다. 그러므로 이번의 '독도 새우 사건' 또한 한국인으로서는 유별난 일도 아니었다. 일과성(一過性) 화제에 지나지 않았는데, 거꾸로 일본에서 상당한 자극을 받아 큰 화제를 불러일으켰다.

도가 지나친
외교의 나쁜 장난질

그러나 일본 측의 이 같은 감정적 흥분은, 결과적으로 일본이 한국 측의 책략에 말려든 것인지도 모른다.

이 일에 관해서 일본 정부는 그 후 베트남에서 개최된 APEC(아시아·태평양 경제협력회의)에서 고노 다로(河野太郎) 외무장관이 한국의 외교부장관에게 항의를 했다. 나아가 스가 요시히데(菅義偉) 관방장관도 회견에서 "한미일의 대북 협조에 악영향을 끼치는 듯한 행동을 해서는 곤란하다"고 지적함과 동시에, 주한 일본대사관을 경유하여 한국 정부에 공식 항의를 제기하기도 했다.

다시 말해 일본 정부는 '독도 새우 사건'을 외교 문제로 삼았다. 여기에 대해 한국 외교부는, "국빈(國賓) 만찬의 메뉴는 여러 요소를 종합적으로 감안하여 결정한 것으로, 거기에 문제 제기를 하는 것은 적절하지 않다"고 맞섰다.

이를 받아 한국 매스컴에는 이내 '일본은 다른 나라 정상회담 만찬의 메뉴까지 트집을 잡는가?'는 제목의 사설이 등장했다(2017년 11월10일자 동아일보).

국제적인 상식을 무시한 이런 논조는 "언제나 일본이 나쁘다"는 식의 익숙한 '지코추(自己中)'이긴 하다. 그런데 한국 매스컴에는 일본 정부 당국자가 "한국의 외교적 센스를 의심한다"고 말했다는 대목도 나와 있었다. 그래서 굳이 센스라는 관점에서 이야기하자면, 일본 정부의 항의에도 센스가 모자랐다.

일본 정부의 항의는 너무 곧이곧대로 대응한 것이어서, 아무런 흥미를 자아내지 못했다. 그야말로 형식대로의 반발뿐이었던지라 그다지 화제가 되지 않았고, 기억에 남지도 않은 대응이었다.

그것은 국제적, 외교적으로는 '고식적(姑息的)이고 도가 지나친 장난기'에 속하므로 야유를 담아 조롱하는 투의 유머로 대응할 수 없었을까? 그렇게 하는 편이 국제적으로는 훨씬 더 관심과 공감을 불렀으리라.

무슨 말인가 하면, 우선 '독도 새우' 따위는 앞서 밝힌 대로 대다수 한국 국민들도 모르는 이른바 조작된 새우와 같다. 그러니 가령 항의를 하면서 "국제적으로 통용되지 않는 이름의 새우까지 등장시킨 못된 장난과 같은 외교적 도발이다"고 빈정거리는 것이다.

아니, 이것 역시 너무 곧이곧대로일지 모른다. 그래서 이런 식으로 비꼬아도 괜찮겠다.

"그곳은 한국에서는 자연보호구역으로, 법적으로 '천연기념물'로 지정되어 있는 모양이다. 그렇다면 그 근해에서 서식하는 새우도 당연히 천연

기념물임에 틀림없다. 그렇지 않아도 어획량이 적은 귀중한 새우를 잡아 먹다니 자연보호에 반하는 일이 아닌가! 이번 기회에 그 섬과 자연을 일한(日韓) 공동으로 유네스코 세계자연유산으로 등록할 것을 제안하고자 한다."

이 마지막 대목의 유네스코 운운하는 것은 오래 전부터 내가 주장해온 내용이다. 한국에 의한 경비대 상주(常駐)와 관광지가 됨으로써, 섬의 자연이 파괴되어 만신창이(滿身瘡痍)로 바뀌었다. 이런 실력(實力) 지배(實效 지배가 아니다!)의 모순된 실태를, 내외에 어필할 절호의 테마라고 생각한다.

'독도 새우'를 계기로 이 정도의 유머랄까, 역습(逆襲)을 가할 순 없었을까?

사실 문재인 정권의 정치적 연출력은 정평(定評)이 나 있다. 나중에 다시 언급하겠지만, 박근혜(朴槿惠) 전 대통령은 회식(會食)을 싫어하여 오로지 '혼밥'을 즐기는 등 폐쇄적인 정권 운영으로 평판이 나빴다. 그것을 염두에 두고, 박 정권과의 차별화를 겨냥하여 대중들에게 잘 먹히는 연출을 수시로 펼쳐왔던 것이다.

정권이 스타트된 직후에는 와이셔츠 차림의 문재인 대통령이 종이컵의 커피를 들고, 청와대 뜰에서 비서관들과 담소를 나누면서 산책하는 장면이 공개되어 화제가 되기도 했다.

그 뒤로도 대통령에 대한 친근감과 대중성을 여론에 어필하려는 연출이 두드러져, 보수파를 위시한 비판 세력들을 질리게 만들었다. '독도 새우'도 그 같은 대중용 포퓰리즘 연출의 일환이었다.

그런 의미에서는 국내용 애국 퍼포먼스였다고 해도 무방하다. 하지만 일본 정부가 과잉 반응(?)함으로써 외교 문제화되었다. 그것은 당연히 미국 측에도 전해졌을 것임에 틀림없다.

청와대의 연출자로서는 계산대로 "우리나라의 독도에 대한 애정과 관심(집착)을 트럼프에게 크게 어필했다"면서 득의만면(得意滿面)했으리라.

내가 굳이 "일본이 한국에 말려들었다"고 하는 이유이다.

위안부 할머니까지 동원된
한미 디너

한미 정상회담 디너에서의 '독도 새우 사건'은 일본을 겨냥한 '짓궂은 장난기'로서, 그 황당함에 쓴웃음을 지을 수밖에 없었다. 그런데 당시의 디너에서는 청와대의 반일 연출이 사실 하나 더 있었다.

어쩌면 이쪽이 더 심각했던지 모른다. 한국 측이 공식 만찬 자리에 위안부였던 할머니를 참석시켰던 것이다.

정상 만찬에는 주최국의 요인(要人)도 초대된다. 그중에는 상대국과 깊은 인연이 있는 예술가나 스포츠 선수 등이 포함되기도 한다. 디너를 화사하게 만들기 위한 것으로, 말하자면 금상첨화(錦上添花)의 의미가 있기 때문이다.

한국의 대통령 관저는 바로 그 '정상 만찬의 꽃' 가운데 한 사람으로 위안부였던 할머니를 등장시킨 것이다. 이것은 '독도 새우'보다 훨씬 세다!

더군다나 문재인은 만찬석상, 주요 게스트로 할머니를 트럼프에게 일부러 직접 소개했다. 그 장면은 한국의 텔레비전과 신문에 크게 보도되었다.

그때 위안부였던 할머니가 갑자기 두 팔을 벌리고 트럼프에게 안겼다. 키가 큰 트럼프는 엉겁결에 상반신을 숙여 할머니의 어깨에 손을 얹었지만, 그 표정은 당혹감과 흡사한 고소(苦笑)를 머금은 것으로 비쳤다. 문재인에게 떠밀리는 것처럼 트럼프에게 안긴 위안부 할머니의 기쁜 듯한 웃음 띤 사진은, 만찬의 주요 장면으로 매스컴을 장식했다.

문재인은 트럼프에게 할머니를 무어라고 소개했을까? '일본군을 상대했던 위안부였던 사람'이라고 했을까, 그렇지 않으면 '반일 여성 인권 활동가'라고 했을까? 그 점은 한국 매스컴에도 소개되지 않은 수수께끼다.

다만 최근 들어 한국에서는 위안부였던 이들이 흡사 '국민적 영웅'처럼 되어 있다. 각지에 위안부 소녀상이 세워지고 있는 것은 주지의 사실이지만, 그 외에도 여러 이벤트에 빈객(賓客)으로 초대되며 외유(外遊)도 잦다. 예컨대 섣달그믐에 해마다 서울시가 주최하는 '제야(除夜)의 종' 타종(打鐘) 행사에 시민 대표로 참가하며, 프로야구 시구식(始球式)에 나서기도 한다.

2018년에는 급기야 정부에 의해 '위안부 기념일'(8월14일)이 제정되었다. 이 기념일을 한국어로는 '기림의 날'이라고 한다. '기림'이란 원래 훌륭한 일이나 좋은 일을 한 인물 등을 칭송하여 현창(顯彰)하는 것을 가리킨다.

그런 위안부 할머니들이니까 최고의 외교 이벤트인 정상회담 만찬에도 한국 대표(!)로서 당당히 초대받는 것이다.

문재인이 권하는 것처럼 트럼프에게 안긴 할머니의 모습에, 대다수 일본인들은 "두 나라 정부의 합의에 의해 위안부 문제는 이미 국제적으로 들고 나오지 않기로 약속했던 게 아니었어?" 하고 의아해했을 것이다. 한국에서는 "위안부 문제는 여성 인권 문제이고, 그녀는 국제적인 인권 활동가다"고 말할 게 틀림없다. 문 정권은 위안부 합의를 깨트리는 데 열심이다.

그야 어쨌든 트럼프를 맞이한 한미 정상회담 디너를 일본인으로서 돌이켜보면, '독도와 위안부'의 이미지밖에 남아 있지 않다. 북한의 비핵화(非核化)를 에워싼 한·미·일 협력도, 한미 동맹의 재확인도 기억에 없다. 일본에 대해서는 "해치웠어!"이더라도, 가장 중요한 정상회담 파트너인 트럼프로서는 "뭐야 이게?"였으리라.

맛은 뒷전이었던
정치적 메시지

당시 트럼프 대통령은 일본 방문을 마치고 한국으로 왔다. 한국에서는 1박(泊)이었으나 일본에서는 2박이었으므로, 정상 디너가 두 차례 있었다. 도착한 첫날은 아베 총리와 골프를 치고, 점심은 골프장 클럽하우스에서 미국산 소고기를 사용한 햄버거였다.

트럼프는 소고기를 즐기는 것으로 알려져 있다. 그래서 일본 측은 소고기 공세 작전에 나섰다. 첫날은 점심의 햄버거에 이어, 디너에도 긴자(銀座)의 철판구이 가게에서 와규(和牛=일본 소) 스테이크 코스를 제공했다. 철판구이 스테이크는 역사적 루트를 더듬어 가면, 일본인이 미국에서 유행시킨 미일 퓨전의 일본 요리이다.

2일째 디너는, 각계 요인들도 초청하여 영빈관(迎賓館)에서 베풀어졌다. 메뉴는 전채와 디저트를 제외하면 '송이버섯 차완무시'(茶碗蒸し=그릇에 계란을 풀고 버섯 등 몇몇 식재료를 넣고 찐 요리. 옮긴이), '이세(伊勢) 새우 샐러드’ ‘사가(佐賀) 소고기 스테이크’ ‘고모쿠고한’(五目ご飯=닭가슴살, 우엉, 당근 등을 넣고 지은 밥. 옮긴이) 등의 라인업이었다. 그런데 응?

‘독도 새우 사건’이 일어나기 전의 일인데, 실은 일본에서도 새우가 나왔던 것이다. 그렇다면 총리관저나 외무성에서는 ‘이세 새우’가 아니라 ‘다케시마(竹島) 새우’를 떠올리지 않았던 것일까? 아니, 그 섬은 한국이 실력 지배하고 있는지라 일본 어선이 다가갈 수 없으므로, 내놓고는 싶었지만 잡지 못했던 것일까?

트럼프의 일본 방문에 즈음하여, 총리관저를 위시한 일본 당국이 환영 디너의 메뉴에 유별나게 정치적인 메시지를 담은 흔적은 없었다. 굳이 들먹이자면, 첫날 점심에서 미국산 소고기를 사용한 미국식 햄버거에 대미(對美) 무역에의 배려가 있었을지 모른다. 혹은 미국산 소고기와 비교·대항하여 일본산 사가(佐賀) 소고기 등 와규의 맛을 어필하려고 했던가?

설령 그랬다고 하더라도, 그것은 어디까지나 상대의 기분을 좋게 해주려는 마음씀씀이다. 그것이 일본인으로서의 손님 대접인 것이다. 거기에는 한국에서의 ‘독도 새우’처럼 억지로 떠안기는 정치적 ‘지코추(自己中)’ 발상은 없다.

그토록 좋아한다는 스테이크를 도쿄에서 실컷 먹은 트럼프는, 그 후 서울로 가서 ‘독도 새우와 위안부’라는 대단히 정치적인 식사 대접을 받은 셈이 된다. 일본에서는 밥을 입으로 먹었으나, 한국에서는 머리로 먹은 모양새다. 트럼프로서는 이 같은 ‘한국식 손님 대접’이 어떤 맛이었을까? 보통 이런 경우에는 “밥이 어디로 들어갔는지 모르겠다!”인데….

한국 문화론으로 이야기하자면, 한국의 이 같은 식사 풍경 또한 한국인들이 스스로 곧잘 말하는 '다정함'의 일면일까? 이 '다정함'은 한국인의 인간관계에서의 커다란 미점(美點)이다. 그와 동시에, 그들은 이따금 상대의 형편과는 상관없이 자신들의 기분(情)을 밀어붙인다.

따라서 일본인은 음식을 권할 때 툭하면 "맛없는 것입니다만…"이라든가 "입에 맞을지 어떨지…"라고 한다. 그에 비해 한국인은 "이건 참 맛이 좋답니다"라든가 "이거 맛있지요?"라고 다짐하듯 묻는다.

문재인은 트럼프에게 '독도 새우'를 먹이면서 "독도를 잘 부탁해요. 일본이 하는 소리를 들어서는 안 됩니다. 알겠지요?"라며, 맛은 뒷전(?)인 채 끊임없이 정치적 메시지를 밀어붙였던 것이다.

▼
▼
▼

04

박근혜는 '혼밥' 탓에
쫓겨났다?

박근혜와의
기적적인 점심식사

지금 돌이켜보면 한국 정치사상 처음으로 박근혜 전 대통령이 탄핵되어 사임으로 몰렸던 것은, 결국 '혼밥' 탓이었지 않을까 여겨진다. 직접적으로는 당연히 정치적인 이유, 즉 한 나라 최고 지도자로서의 정치적 실패 때문이었다. 그러나 그 실패의 배경에 사실은 '식사의 문제'가 존재했었던 것이다.

구체적으로 말하자면, 그녀는 남과 어울려 식사하는 회식을 좋아하지 않아 대통령 관저에서 '혼밥'을 먹는 일이 잦았다. 이 혼밥으로 상징되는 인간 불신, 고독, 인간관계의 협량(狹量)이 결과적으로 정치가로서의 실패와 몰락을 초래한 셈이 된다.

한국 최초의 여성 대통령으로서, 한국에 '한강의 기적'이라 불리는 근대화와 경제발전을 안겨준 박정희(朴正熙)의 딸로서, 크게 기대를 한몸에 모았다. 그러나 도중에 대통령 자리에서 물러나는 불명예스러운 결과로 끝나고, 그 배경에 식사 문제가 있었다는 것은 대단히 흥미롭지 않은가? 이제까지 한국인을 포함하여 그 누구도 지적하려 들지 않았던 이야기를, 내가 이 자리에서 한번 해보고자 한다.

그러기에 앞서 나와 박근혜와의 개인적인 '인연'을 소개하고 싶다. 거기에도 불가사의하게 '식사'가 결부되어 있다.

내가 그녀를 처음으로 직접 만난 것은 1980년대 전반의 일이었다. 당시는 산케이신문으로 옮기기 전으로, 교도통신(共同通信)의 서울지국장으로 근무하고 있었다. 장기 정권이었던 아버지 박정희가 측근에게 암살당한 1979년 10월26일의 사건이 발생한 지 아직 그리 시일이 흐르지 않았고, 그녀로서는 실의(失意)의 시절이었다.

다 아는 것처럼 그녀는 1974년에 일어난 재일(在日) 한국인에 의한 대통령 암살 미수 사건 때, 유탄(流彈)에 의해 이미 어머니를 잃었다. 20대에 부모를 다 정치적인 비업(非業)의 죽음으로 여의었다는, 고독한 '비극의 히로인'이었다.

만난 정확한 시기가 도무지 떠오르지 않는데, 1983년인가 그 이듬해였다. 그녀에 관해서는 이전부터 신경이 쓰였는데, 어느 순간 격려를 해주고 싶은 마음이 불쑥 일어나 어느 인사를 통해 점심 식사에 초대하고자 한다는 뜻을 전했다. 그랬더니 뜻밖에도 비서를 통해 승낙의 답장이 왔다.

중간에서 연결시켜 준 인사가, 내가 한국 유학 경험이 있고, 한국어가 통하는 이른바 '친한파(親韓派)'라면서 띄워준 것이 효과를 발휘했는지 모를 일이었다.

일본인인 내가 초대했으므로 식사는 '와쇼쿠(和食)'가 좋으리라 여겨졌다. 그래서 내가 단골로 가는 조용하고 개별 룸이 있는 일본 요리점이 어떻겠느냐고 물어보았다.

한국에서는 예로부터 일본 요리점을 '일식(日式)'이라고 부른다. '일본식 요리'를 줄인 말이다. 따라서 한국요리는 한식(韓式), 서양요리는 양식(洋式), 중화요리는 중식(中式)이다.

그러나 최근에 와서 본격적인 일본 요리점이나 일본 스타일의 '이자카야(居酒屋, 대중 술집)' 등 와쇼쿠 붐으로 인해 이 일식이라는 표기는 줄어들고, 대개는 일본요리나 일본요리점으로 부르기에 이르렀다.

당시는 아직 일식이라 부르던 시절이었다. 하지만 본토 스타일, 혹은 본격적인 일본요리를 내세우는 가게도 등장하여 서울에 사는 일본인들 사이에 화제가 되기도 했다.

내 단골집은 관광 거점으로 유명한 명동(明洞)의 대각선 방향인 남산 기슭의 골목 안에 있었다. 가게 이름은 분명히 '무학(舞鶴)'이었던 것으로 기억한다. 거기가 어떠냐고 제안한 것인데, 이번에는 "본인이 호텔 쪽이 낫다고 한다"는 답이 돌아왔다. 길거리의 일식에서는 사람들 눈에 뜨인다는 이유에서였다.

결국 '무학'은 포기하고, 고급인 신라호텔의 일식으로 정했다. 아버지 사후(死後) 그녀는 외국 매스컴과 인터뷰를 한 적이 없었다. 그래서 단순한 식사 자리로 하기로 했다. 그렇지만 룸에 두 사람만 있으면 분위기가 딱딱해질 테고, 또 모처럼의 기회를 독차지하기도 과분하여 특파원 동료인 다른 언론사 기자 두 명에게 손짓을 했다. 마침 4인용 테이블이어서 안성맞춤이었다.

요리는 평범한 와쇼쿠 코스였는데, 어찌 된 영문인지 당시 나눈 대화의 내용이 거의 기억에 남아 있지 않다. 당시 그녀는 30대가 되었으며, 품위 있는 미소로 사람을 대하는 행동거지가 뛰어났고, 말이 신중했다. 우리는 처음부터 끝까지 껄끄럽지 않은 화제를 골라 이야기를 나누었던 것 같다. 부모가 돌아가셨을 때의 일이나, 일본에 대한 관심이 어떤지 등의 이야기를 들었던 것 같은데 도통 떠오르지 않는다.

다만 껄끄러운 이야기로는 유일하게 기억에 남는 것이 있다. 아버지 박정희의 오른팔로, 후계자로 지목된 적이 있는 보수 정계의 실력자 김종필(金鍾泌)에 관한 것이었다. 박정희 사후, 그는 새로운 정치적 행보 속에서 '박정희 벗어나기'의 태도를 취했다. 그 바람에 거기에 불만인 그녀와의 사이가 좋지 않다는 소문이 들려왔다.

그래서 나는 "김종필 씨와는 화해를 하는 편이 나으리라 봅니다만…" 하고 권했다. 그녀는 슬쩍 쓴웃음을 지으면서 "예, 뭐…" 하고 말끝을 흐릴 뿐이었다.

이것을 굳이 소개하는 이유는 다음과 같은 배경이 있기 때문이다. 훗날 그녀는 정계로 진출하여 대통령 자리에까지 올랐으나 처참한 실패로 끝났다. 그 실패의 배경에는 앞서 이야기한 대로 '혼밥'으로 상징되는 인간 불신과 고독이 있었다.

그런데 그녀는 아버지 타계 직후 아버지의 신세를 진 많은 사람들이 곁에서 떠나는 것을 목격했고, 그 충격이 인생의 트라우마가 되어 있었다. 측근이었던 김종필에 대해서는 유난히 더 그 같은 불신감이 있었고, 정치가로서 상담(相談) 혹은 조언(助言)을 구하는 일은 끝내 없었다.

나중에 김종필에게도 그녀와의 일을 질문한 적이 있었다. 그는 "오해가 생겨서 말이지. 게다가 그녀는 고집쟁이니까…"라고 답했다. 나는 이 두 사람이 사이가 나빠 마지막까지 서로 협력하지 않았던 것이, 박근혜 및 보수 정치의 몰락을 가져온 한국 현대 정치사의 하나의 화근(禍根)이었다고 생각한다.

박근혜에게 선사한
음식 에세이

　정치 이야기는 그걸로 그쳤지만, 박근혜와는 '음식'과 연관된 또 하나의 인연이 있었다. 훨씬 세월이 흐른 다음, 정치가로서 무게감을 드러낸 뒤의 일이다.

　나는 지금까지 한국 음식과 관련된 두 권의 책을 썼다. 그중 한 권이 『구로다 기자가 한국을 먹는다』(월간조선사 발간)는 자극적인(?) 타이틀로 2001년 한국에서 번역 출판되었다.

　왜 자극적인가 하면, 한국어로는 '한국을 먹는다'가 '한국을 침략한다'는 의미를 연상시키기 때문이다. 한국에서 나에게 '일본을 대표하는 극우(極右) 언론인'이라는 식의 고맙지만 그다지 달갑지 않은 오해(!)가 나돈다는 사실을 이용하여, 출판사가 이목을 끌 만한 타이틀로 삼았던 것이다. 이 절묘한 아이디어에 나 역시 흡족했는데, 결과적으로 책도 많이 팔려 증쇄(增刷)를 했다.

한국에서는 음식에 관한 또 하나의 책을 냈다. 한국의 잡지에 연재한 음식 에세이를 모아 『맛있는 수다! 보글보글 한일 음식 이야기』(지식여행 발간)라는 제목으로 2009년에 출판되었다. 이것은 잡지 연재 때부터 내가 한국어로 썼다.

한 꼭지가 3페이지 가량의 짧은 수필 스타일이었다. 서툰 한국어였다고 생각하지만, 출판사 측은 하드커버(양장)의 멋진 책으로 만들어주었다.

나는 이 책을 편지와 함께 한국 지인들에게 보냈다. 그중의 한 사람으로, 국회의원이 된 박근혜도 포함되어 있었다.

그녀와는 1980년대의 그 점심 식사 후로는 전혀 접촉이 없었다. 나 또한 1984년 10월에 일단 일본으로 돌아가 있었다. 그 4년 뒤인 1988년 연말에 산케이신문으로 옮겨, 서울지국장으로 다시금 서울로 부임한 것이 1989년 1월이었다.

이해가 박정희 서거 10주년이었던지라 그녀를 만나 아버지에 대한 추억담을 인터뷰했다. 그 외에도 박정희가 심혈을 기울인 한일 국교 정상화 30주년을 맞이한 1995년에도 인터뷰를 했다. 또 1998년에 국회의원이 된 뒤에 의원회관에서 만나기도 했다.

그녀는 정치가가 되기 전에는 부모를 기리는 장학재단의 이사장이었다. 그런데 이 재단 사무소가 산케이신문 서울지국이 입주해 있는 경향신문사 빌딩 10층의 바로 위인 11층이었다. 그래서 때로는 엘리베이터에서 그녀와 마주치는 그런 인연도 있었다.

그녀로부터는 수필집인 『내 마음의 여정』(한솔미디어 발간)을 비롯, 자필 사인이 들어간 저서 2권을 받았다. 그리고 인터뷰를 할 때 그녀로부터

"사실은 수필가가 되는 게 꿈이었다"는 이야기를 들은 적이 있었다. 그래서 졸저(拙著)가 나오자 그 기억을 떠올려, 예전에 받은 저서에 대한 답례를 겸하여 보냈던 것이다.

그녀는 이내 휴대전화로 잘 받았다는 인사를 했다. 마침 내가 볼 일이 생겨 일본으로 일시 귀국했을 때였다. 긴 통화는 아니었고, "재미있을 것 같으니 잘 읽겠다"는 내용이었다. 그녀가 진짜로 전부 다 읽었는지 어떤지는 모른다.

박근혜와는 그런저런 인연이 있었던지라 밉지 않게 여기고 있었다. 정치가로서 기대를 했고, 대통령 선거(2012년) 때는 원고 등을 통해 꽤 띄우기도 했다.

당시의 한국 정치 정세로 봐서, 보수파 일본인 기자인 나로서는 좌익·혁신 계열 야당 후보였던 문재인에게 이길 만한 보수 계열 후보는 그녀밖에 없다고 판단했기 때문이다. 결과는 예상대로여서, 근소한 표차였으나 여하튼 문재인을 누르고 대통령이 되었다.

마리 앙투아네트가 된 박근혜

박근혜가 재임 중의 정치 스타일에 관해 여론의 가장 큰 불평, 불만을 산 것은 '불통(不通)'이었다. 말이 통하지 않는다는 것이다. 즉 주변과의 커뮤니케이션이 불충분하다든가, 대화가 부족하다는 뜻이었다.

사람들과 잘 만나려 하지 않는다거나, 남의 이야기를 들으려 하지 않는다. 대통령이 각료들을 포함하여 1대 1로 만나는 것을 '독대(獨對)'라고 하는데, 그녀에게는 그것이 아주 적었다.

그 결과 정책 결정이나 수행에 필요한 커뮤니케이션 수단은, 주로 전화와 팩스가 되고 말았다. 그녀는 보내져 오는 방대한 자료를 끌어안고 밤이면 밤마다 탐독(耽讀)했다고 한다. 저녁에 회식을 하지 않으니까 시간은 있다?

따라서 흉금을 터놓고 남들과 이야기를 나누는 일이 거의 없었고, 측근을 포함하여 다른 사람들과는 서로 깊숙한 대화가 없었다. 정치가로서는 여간 낭패가 아니다.

한국인은 평소 신랄한 정치적 유머에 뛰어나다. 여기서 등장한 그녀에 대한 블랙 유머의 걸작(傑作)에 '마리 앙투아네트'라는 것이 있다.

마리 앙투아네트는 잘 알다시피 군주제를 무너뜨린 프랑스 혁명 당시의 왕비(王妃)로, 혁명 세력에 의해 처형된 세계 역사상의 인물로 알려진다. 그런데 한국인들은 조롱하는 뜻으로 박근혜를 마리 앙투아네트에 빗댔다. '불통'이 한국어로 '말이 안 통한다'이니까 그것을 발음이 비슷한 '마리 앙투아네트'에다 끌어다 붙여버린 것이었다.

거기에는 또 하나의 조롱이 함유되어 있었다. 그녀는 부모가 건재할 무렵부터 항간(巷間)에서 '공주'로 불렸다. 그것은 지지자들로서야 그녀의 품격 있는 모습과 분위기에서 호의적인 애칭(愛稱)이었다. 그러나 비판자들로서는 거꾸로 너무 결벽(潔癖)하여 친근감이 없는 '불통'을 가리키는 일종의 멸칭(蔑稱)이었다.

대통령이 된 뒤에는 급기야 '얼음 공주'라는 비판적인 비유까지 나오고 말았지만, 마리 앙투아네트에는 바로 이 '공주 이미지'도 당연히 반영되어 있다.

그리고 박근혜는 정권 도중에 문재인을 위시한 좌익·혁신 세력이 주도한 '촛불 데모'에 의한 탄핵으로 대통령 관저에서 추방되었다. 새로운 정권을 잡은 문재인 등은 이를 두고 '촛불 혁명'이라 자칭(自稱)한다. 박근혜는 실제로 마리 앙투아네트처럼 '혁명'에 의해 추방, 투옥되어버린 것이다. 한국인들의 유머는 대단하다!

음식 이야기로 돌아가면, 대통령이 된 박근혜의 불통의 상징이 '혼밥'이었다.

고고(孤高)하게
'혼밥'을 지킨 이유

　동서양을 막론하고 "정치가는 사람들과 밥을 먹는 것이 장사다"는 이야기를 곧잘 듣게 된다. 따라서 일본에서는 '요정(料亭) 정치'라는 말조차 있다. 정계 요인들이 밤이면 밤마다 요정에서 식사를 하면서 나누는 밀담(密談)이 정치, 아니 나라를 움직인다는 것이다.

　어쩌면 한국에서도 더하면 더했지 못하지는 않았다. 그 결과 정치가들이 식사하는 회식 장면이 매스컴에 수시로 등장했다. 내가 한국에 처음 왔을 당시에는 한국 매스컴의 그 같은 정치 보도가 도무지 이해되지 않았으나, 나중에는 알아차렸다. "밥 먹었어?"가 인사말인 나라이니까 식사는 그만큼 중요한 일상의 이벤트(?)이며, 특히 정치의 주요 장면에서는 그것이 필수(必須)였던 것이다.

　더구나 "한국 사회는 조직사회라기보다 인맥(人脈)사회다"는 말을 종종 듣는다. 전통적인 가족주의가 강하게 남아 있기도 하지만, 사람들은 사람과 사람의 연계(連繫) 가운데에서 존재감과 삶의 보람을 느낀다. 그로 인해 밥을 먹거나, 차나 술을 마시거나, 심지어 노는 것까지 여럿이 어울려서 한다.

혼밥, 혼술(酒), 혼차(茶) 따위는 한국에서는 전통적으로 남들과 잘 지내지 못하는 '결함(缺陷) 인간'이 하는 일이었다.

이와 관련하여 나는 늘 이런 의문을 품었었다. 도쿄의 가스미가세키나 마루노우치라고 할 수 있는, 서울 중심부 광화문에는 초대형 서점 교보문고가 있다. 그런데 일본에 견주어 점심시간에 넥타이를 맨 샐러리맨들로 붐비는 경우가 없다.

그래서 한국인에게 "왜 그렇지요?" 하고 물었더니 이런 답이 돌아왔다. "당연하잖아요! 다들 어울려 밥 먹으러 가니까 그래요. 식사 후에는 또 함께 커피숍이지요. 서점은 어울려 가는 곳이 아니잖아요?"

과연! 나는 무릎을 쳤다. 그는 이어서 이런 말도 했다.

"게다가 한국인의 정보원(情報源)은 사람과의 교제입니다. 점심 식사건 저녁 식사건 다 그 때문이에요. 책을 읽고 정보를 얻겠다는 그런 느려터진 일 따위는 하지 않지요."

최근에 와서는 스마트폰을 들여다보면서 식사하는 혼밥족(族)이 늘어나고 있으므로, 거기에 관해서는 나중에 다시 언급하기로 한다.

자, 이야기를 원점으로 되돌리자면, 밥을 먹는 것은 식욕(食慾)이라는 본능을 만족시키는 일이다. 그만큼 긴장이 완화되어 흉금을 터놓기 쉬우며, 본심을 드러내기도 쉽다. 그 같은 편안한 상태를 일본에서는 "가미시모(裃)를 벗는다"고 한다(=가미시모는 옛날 무사들의 예복. 옮긴이).

그런데 한국인들은, 특히 식사 자리에서는 거의 대부분이라고 해도 좋을 만큼 다들 윗도리를 벗는다. 그런지라 한국인들과 함께 회식할라치면 가장 먼저 "자, 윗도리를 벗고…"가 된다. 그럴 때 나는 "바지도 벗을까요?" 하고 너스레를 떨어 좌중에 웃음이 터지게 만든다.

회식을 싫어하고, 청와대로 사람을 불러 함께 식사하며 이야기를 들으면서 속을 툭 터놓고 의견 교환을 하는 일이 거의 없었던 박근혜는, 정치가로서는 어울리지 않았다. 그렇게 생각하면, 30년도 더 전에 내 점심 식사 초대에 응해주었다는 사실이 도무지 믿어지지 않아 그저 기적적(?)으로 여겨진다.

단지 '박근혜의 혼밥'에 관해서는 변명을 하지 못할 것도 없다. 그녀의 인간 불신은 대인(對人) 관계에서의 결벽(潔癖)의 표출이기도 하기 때문이다.

역대 대통령이 가족이나 친척 등 인맥 관계에서 오는 부정부패로 인해 나중에 수사를 받고, 불명예스럽고 불행한 일을 당한 사실을 그녀는 잘 안다. 그렇기에 자신은 사람들과의 접촉을 극도로 경계했다. 특히 식사를 함께 하면, 그것이 '권력과의 밀착'으로 악용되는 것을 피하려 했는지도 모른다.

"대통령과 식사를 함께 했다"고 과시하면 그것만으로도 사람들은 위세를 떨칠 수 있고, 그 효과로서 권력에 빌붙어 이익을 챙기려는 인간이 수두룩하다. 그걸 배제하려면 식사는 물론이고, 평소 만나는 상대에 경계심을 늦추지 못한다.

그 증거로 그녀는 가족조차 대통령 관저에 가까이 오지 못하게 했다. 젊어서 부모를 잃고, 미혼(未婚)으로 살아온 그녀에게는 이렇다 할 가족도 없었다. 손꼽을 정도의 가족인 남동생과 여동생도 청와대 출입을 시키지 않았다. 한국인으로서 이럴 정도로 가족에 대해 차가운 처사(!)를 내린 것은 이례(異例) 중의 이례였다.

한국인에게는 가족주의가 짙게 남아 있다. 가족이나 친척의 생일, 결혼 기념일, 입학이나 졸업과 같이 축하할 일이나 제삿날 등에는 반드시 다들 모여 식사를 한다. 그러나 박근혜는 그런 날이 오더라도, 동생들을 관저로 불러 식사를 함께 하지 않았다.

미혼의 그녀에게는 자녀가 없었으므로 남동생 부부 사이에서 태어난 조카를 귀여워했다고 한다. 그렇지만 그런 조카를 포함한 동생 가족과 관저에서 만나는 일도 전혀 없었다.

'마녀(魔女)사냥'으로
추방되다

그런 인간 결벽증으로 인해 사람에 대한 불신과 경계심이 강했던 박근혜. 그녀가 20대였던 1970년대로부터 알고 지내왔다는 최순실(崔順實)이라는 정체(?) 모를 의외의 여성에게 마음을 열었다가 발목이 잡혀, 대통령 자리에서마저 내몰리고 말았다. 이것은 무어라고 말하기 어려운 비극이랄까, 인간의 '업(業)' 같은 것을 느끼게 해주는 결말이었다.

박근혜는 최순실이 가족이 아니어서 안심했는지 모른다. 그러나 최순실은 박근혜와 가깝다는 사실을 사람들에게 과시하고, 마치 가족이 된 것처럼 행세했으리라.

최순실은 평소 거리낌 없이 청와대를 들락거렸다. 하지만 신문 보도에 의하면 그녀 역시 관저 요리사에게 부탁하여 김밥을 만들어 먹었다는 이야기는 있으나, 박근혜와 함께 식사를 했다는 보도는 없었다. 박근혜는 그토록 마음을 터놓았을 최순실과도 같이 식사를 하지 않고, 혼밥 스타일만은 지키고 있었던 것이다.

마침내 박근혜를 추방하고, 결과적으로 문재인 정권을 탄생시킨 정치적인 격동의 발단은 '최순실 스캔들'로 불렸다. 이야기를 풀어나가기 위해 그 경위를 간단하게 소개해둔다.

문제가 된 것은 박근혜가 오랜 세월의 여자 친구라 할 최순실에게 마음대로 청와대 출입을 허락하고, 나아가 그녀의 부탁으로 스포츠 재단을 설립하면서 재벌에게 금전적 지원을 받도록 해주었다는 것이다. 게다가 최순실이 승마를 하던 딸의 말(馬) 구입에 재벌의 도움을 받거나, 딸을 명문 이화여대에 뒷문 입학시키는 데도 박근혜의 위광(威光)을 이용했다는 따위의 이야기도 있었다.

반(反)정부파나 검찰 조사는, 박근혜가 그에 대한 보답으로 재벌에 사업상의 배려를 해주었다는 스토리를 유포했다. 그렇지만 그녀 자신은 단 한 푼도 챙기지 않았음에도 불구하고, 뇌물죄로 투옥되었다.

당시 매스컴들은 박근혜에 대해 있는 것, 없는 것을 다 긁어모아 흥미 위주로 기사를 써댔다. 대참사였던 여객선 '세월호' 침몰 때, 사고 대책은 뒷전으로 미루고 미용 성형 수술을 받았다거나, 남자와 데이트를 하고 있었다는 둥 루머는 극히 일부였다. 그러나 당시의 매스컴과 여론은 이른바 '공주'를 발가벗겨 채찍질하는, 그야말로 '마녀사냥'의 분위기였다.

그렇지만 박근혜 추방을 정치적으로 말하자면, 그것은 아버지 박정희 시대에 탄압받고 시달린 좌익계를 중심으로 한 야당과 反정부 세력의 정치 보복이었다.

한국의 현대 정치사는 이제까지 1960년~1970년대의 '박정희 시대'를 어떻게 평가할지를 두고, 좌우(左右)·여야(與野)가 시종 정쟁(政爭)을 되풀이해왔다. 박정희 시대에 억압당한 좌익·야당·반정부 세력으로서는 박정희가 일본군 장교 출신의 '가증스러운 친일파'이면서 고도 경제성장으로 나라를 풍요롭게 만들고, 대북(對北) 안보를 굳건히 했으며, 마침내 국력으로 북한을 능가했다는 사실이 견디기 어려웠던 것이다.

그런 '한(恨)'이 '최순실 스캔들'을 계기로 박근혜 추방의 촛불 데모가 되어 폭발했다. 그녀는 아버지 대신 두들겨 맞고, 추방·숙청된 뒤 투옥으로 이어진 것이다.

이것이 '최순실 스캔들' 및 박근혜 추방이라는 '정변(政變)'에 대한 나의 정치적 해석이다. 그런 의미에서 박근혜가 어딘지 안 됐다는 기분이 든다.

다만 이미 지적한 것처럼, 그녀의 정치가로서의 역량 부족과 한계는 분명했다. 그것은 '공주'의 한계이기도 했다. 그리고 거듭 말하지만, 인간 불신과 결부되어 남들과 식사를 하지 않아서야 역시 올바른 정치를 펼칠 수 없다.

식사 초대받지 못한
아베의 한(恨)?

밥 이야기로 되돌아가자. 박근혜의 혼밥 스타일로 인해 물벼락을 맞았다고 할까, 피해를(?) 당한 사람 가운데 사실은 일본 총리 아베도 있다.

아베는 2015년 11월, 서울에서 개최된 한·중·일 정상회담을 계기로 한국을 찾았다. 아베로서는 박근혜 정권 아래의 첫 방한이었다. 그때까지 위안부 문제의 미해결을 이유로 한일 정상회담을 거부해온(이 또한 그녀의 고집불통) 박근혜도, 홈그라운드였던지라 아베를 청와대로 초대했다.

청와대에서의 회담은 오진 11시부터 약 1시간 45분간 진행되었으므로, 끝난 것은 점심식사 전이었다. 보통은 이럴 경우 "회담 후 오찬을 함께 했다"여야 당연할 텐데, 그렇지 않았다. 박근혜는 점심 전이었음에도 식사도 내지 않고 아베를 그냥 그대로 보내버렸던 것이다.

여기에 대해서는 사전에 한국 측이 위안부 문제에서 일본의 양보를 전제로 한 오찬을 고려했으나, 일본 측이 거기에 응하지 않아 무산되었다는 설도 있다. 그야 어쨌든 박근혜가 손님인 아베와 점심 식사를 함께 하지 않았다는 것은 분명한 사실이다.

그래도 박근혜는 다소 미안한 기분이 들었던지 헤어질 때 "점심 식사는 어떻게 하실 겁니까?"라고 물었다고 한다. 거기에 대해 아베가 "가다가 불고기나 먹고 가지요"라고 대답했다는 이야기가 당시 우리에게 전해지기도 했다.

회담이 원만하게 마무리되지 않았다고 해서 손님인 아베에게 식사조차 내놓지 않고 돌려보냈다는 것에 대해서는, 한국의 매스컴도 "우리나라의 전통적인 예의에 어긋난다"며 박근혜를 비판하는 논평을 실었다. 아베 정권 발족 이래 한국 매스컴은 우경화(右傾化)라느니, 군국주의 부활, 과거 미화(美化), 역사 무시 등으로 시종 '아베 때리기'를 이어왔다. 그런데 이때는 이례적으로 아베에게 동정을 표했던 것이다.

당시 한국의 여론도 한결같이 "그건 옳지 않다"였다.

박근혜는 가는 길에 고기구이나 먹고 돌아가겠다는 아베의 대답에 다소 놀란 모습이었다고 한다. 하지만 손님에게 식사도 대접하지 않고 "가까운 음식점에서 먹고 가겠다"는 말을 들어서야 그녀 또한 멋쩍었으리라. 그날 박근혜도 아베도 결과적으로 '혼밥'을 먹은 꼴이 되었다. 당시 나는 신문 칼럼에 '먹는 것에 대한 한(恨)은 무섭다?'는 제목으로 이렇게 썼다.

"…멀리서 찾아온 손님을 그런 식으로 대하는 것은 한국인의 인정에서 벗어난다. 한국문화를 위해서도 아쉽기 짝이 없다."

아베에게 유난히 한이 남지는 않았다고 생각한다. 그러나 그 후 박근혜가 처참하게 몰락해버린 것은, 전통문화를 무시한 그와 같은 박근혜의 정치적인 미스, 아니 인간적인 미스의 영향이 있지나 않았나 하는 생각이 들곤 했다. '먹는 것에 대한 한'은 역시 무섭다?

그런데 그날, 아베는 청와대를 나와 일본대사관이 예약해둔 고깃집으로 향했다. 일본대사관은 청와대에서 자동차로 5분쯤 떨어진 곳에 있으나, 고깃집은 서울의 관광 명소 가운데 하나인 인사동 입구에 있었다. 대사관에서는 걸어서도 갈 수 있는 거리였다. 이 같은 거리감으로 봐서도, 아베가 박근혜에게 말했듯이 문자 그대로 "가까운 음식점에서 먹고 가겠다"였던 셈이다.

아베의 이 말에 밥도 주지 않은 것에 대한 빈정댐이랄까, 비아냥의 뜻은 없었다고 생각한다. 불고기를 좋아하여 일본에서도 '코리언 바비큐'를 종종 찾아가는 아베로서는, 도리어 이런 기회에 본고장의 고기구이를 맛본다는 사실에 은근한 기대가 있었을지도 모른다.

그가 들렀던 '경복궁'이라는 이름의 음식점은 룸이 따로 있어서 접대용으로 안성맞춤이었다. 값도 그리 싼 곳이 아니었으나, 체인점도 있어서 나도 이따금 들렀다. 이 식당의 고기는 맛이 괜찮다. 하지만 접대용 코스에는 육류 외에도 회와 샐러드, 튀김 등 쓸데없는 메뉴가 많이 나와 전문 고깃집의 인상과 멀어진다.

여담이지만 최근 한국의 고깃집, 특히 깨끗하게 꾸며진 대형 식당이나 고급 식당에 이 같은 코스 메뉴가 많다. 고급 소고기는 값이 비싸니까 많이 내놓지 못하므로, 고기 이외의 플러스알파로 눙치려는(?) 것이다. 외국 관광객들은 이런 점을 염두에 두는 게 낫다.

그래서 아베는 무엇을 먹었는가? 당연히 코스였다고 보는데, 고기의 양이 모자라 추가했을 것임에 틀림없다.

여기에 대해서는 나중에 알게 된 에피소드가 있다. 대사관 직원이 들려준 이야기인데, 아베가 찾아간 그 식당에 '아베 메뉴'라는 게 바로 등장했다고 한다. 그래서 확인을 위해 들렀더니, 현관에 '아베 메뉴'라고 적힌 간판이 걸려 있었다.

가격은 10만 원으로 보통의 코스 메뉴보다 갑절이나 비쌌다. 아베 일행이 고기를 추가 주문했던지라 양이 많았기 때문이라는 게 식당 측의 주장이었다. 하지만 이리 비싼 메뉴를 시식(試食)한다는 건 나에게는 무리였다.

다만 그 후 일본에서 손님이 찾아와, 그 사람이 한 턱 내겠다고 해서 '아베 메뉴'를 맛볼 기회가 있었다. 역시 고기보다 딸려 나오는 것이 많아 실망했다. 그것은 고기구이를 잘 아는 아베가 먹은 메뉴 그 자체는 아니었으리라. 그저 장삿속이 넘치는 '아베 메뉴'에 불과한 것 같았다.

05

백두산 찾은 문재인의
심모원려(深謀遠慮)

국빈(國賓) 문재인이
중국에서 혼밥

　앞서 '박근혜의 혼밥'에 관해 한바탕 설파(說破)했지만, 사실은 '문재인의 혼밥'도 여론의 몰매를 맞은 적이 있었다. 그게 박근혜처럼 '정치적인 죽음'으로까지 이르지는 않았지만….

　문재인은 2017년 5월, 임기 도중의 박근혜를 탄핵으로 몰아낸 다음, 급거 치러진 대통령 선거로 정권을 잡았다. 그해 12월, 그는 중국을 국빈 방문했다.

　과거 한국 대통령의 취임 후 외유는 우선 워싱턴, 그 다음이 도쿄였다. 그런데 최근에 와서는 두 번째가 베이징(北京)이고, 일본은 뒤로 밀렸다. 박근혜의 경우에는 끝내 일본을 방문하지 않은 채 대통령의 자리를 떠나고 말았다.

　한국 대통령이 취임 후 미국에 이어 일본이 아닌 중국을 방문하게 된 것은 박근혜 정권부터다. 문재인의 선배에 해당하는 노무현도 두 번째에는 일본을 찾았고, 그 다음의 보수계였던 이명박도 먼저 일본에 들렀다.

나를 포함하여 일본인들로서는 적잖이 아쉬웠다. 특히 박근혜의 경우는 더 그랬다. 어렵사리 한일 국교 정상화를 이룬 아버지 박정희의 딸로서, 일본을 거들떠보지도(?) 않으려고 한 것은 한국과 일본 양쪽의 선인(先人)들에 대한 예의가 아니지 않을까 하고 생각했기 때문이다.

게다가 문재인 역시 중국을 먼저 찾았다. 단지 이러한 변화는 한국으로서도 국제정세로 인한 불가피한 선택이었을 수 있겠다. 중국이 이미 경제력이나 군사력으로 일본을 넘어섰고, 국제적으로 이 지역에서의 영향력과 존재감이 훌쩍 늘어났기 때문이다. 이런 현실을 감안하자면 "일본에 앞서 중국으로 인사를 하러 가자"는 것이 외교적으로는 당연한 일이리라.

'혼밥' 이야기로 돌아가자면, 문재인의 중국 방문 일정은 3박 4일이었다. 체재 기간 중 식사 기회는 모두 열 번이었다. 그런데 이 가운데 중국 측이 식사를 제공한 것은 시진핑(習近平)에 의한 공식 만찬을 포함하여 두 번에 지나지 않았다. 나머지 여덟 번은 한국 측이 주최한 것을 포함하여, 자신들만의 '혼밥'이었다는 것이다. 이것이 한국에서는 커다란 문제가 되었다.

특히 중국 방문 이틀째 아침, 문재인 부부가 베이징 시내의 '대중식당'을 찾아가 아침 식사를 한 사실이 매스컴을 비롯하여 여론의 비판을 받았다.

문재인은 평소 국민들에게 대중성과 친근감을 어필하는 듯한 퍼포먼스를 연발하여 지지율을 올려왔다. 이때도 절호의 찬스라는 것처럼 '베이징 시민과 아침 식사를 함께 하는 대통령'을 연출하려고 했다. 아침 식사 장면을 사진으로 보는 한, 주변에는 중국인 손님이 많았다. 청와대 관계자도 '중국 서민들의 생활을 알기 위해'라는 식의 해설을 내놓았다.

그런데 한국 여론의 반응은 반대였다. 매스컴에서는 "중국은 권위주의 나라니까 '한국 대통령이 그런 곳에서 밥을 먹었다'면서 한국을 바보 취급하는 게 뻔하다"고 깎아내렸던 것이다. 그리고 외국으로 가서 자신들끼리 아침 식사를 했으므로, 그것은 '혼밥'이라며 비판의 목소리가 퍼져나갔다.

그 후 중국 방문을 총괄하면서, 3박(泊) 10식(食) 가운데 여덟 번이나 중국 측의 초대가 아닌 '혼밥'이었다는 사실로 해서 자존심이 예사롭지 않은 한국의 여론을 자극했다.

"국빈 방문이었음에도 쌀쌀맞은 대접이 아니었나. 중국으로부터 바보 취급을 당했다"는 것이었다. 그 결과 문재인, 즉 어설픈 한국 외교에 대한 비판과 더불어 중국의 오만함을 지적하는 비판이 매스컴에 넘쳐났다. 역시 먹는 것에 대한 원한은 무섭다?

단지 이 베이징에서의 '대통령 혼밥'에 관해서는 다른 이야깃거리도 있었다. 이 역시 당시의 한국 매스컴에 소개되었다. 식사를 끝낸 뒤 밥값은 안내를 맡았던 한국대사관 직원이 했다. 그런데 계산하는 방법이 테이블에 앉은 채로 테이블 위의 바코드에 스마트폰을 터치하는 것뿐이었다.

그걸 본 문재인이 "이걸로 계산이 끝났어?"라며 깜짝 놀라, 중국에서의 '기술 혁신' 진행 상황에 감탄했다는 것이다. 당시의 에피소드는 나중에 가서 이런 식으로 비유되었다.

"혼밥을 먹은 문 대통령의 마음은 결코 편하지 않았으리라. 힘없는 나라의 무력감을 곱씹었을지도 모른다. 그러나 역설적으로 말하자면 이건 다행이었다. 중국 측의 황당한 대접 덕분으로 대통령이 무엇을 생각했을까. 산업기술까지 중국에 뒤지면 나라가 어떻게 될지 상상했을까? 힘이 약한 나라가 받을 참담함을 거듭 가슴에 새기면서 대통령이 그것을 이를 악물고 참았다면, 우리에게는 아직 희망이 있다."

허풍이 심한 논평이긴 하나, 이처럼 '베이징에서의 혼밥'은 그 후로도 화제에 오를 만큼 인상적이었다. '기껏 혼밥, 그래도 혼밥'인 것이다. 역시 한국인에게는 식사의 의미가 예사롭지 않다.

평양의 혼밥에 분노한
한국인들

이처럼 식사와 결부된 정치적인 연관성에서 혼밥론(論)은 나아가 북한과의 남북 접촉에서도 등장한다.

한국과 북한의 남북 관계는 앞서 이야기한 '판문점 식사'가 있은 다음, 미북(美北) 수뇌회담(2018년 6월, 싱가포르)을 거쳐 계속 이어졌다. 그해 9월에는 문재인이 평양으로 건너갔다. 한국 대통령의 평양 방문은 2000년의 김대중, 2007년의 노무현에 이어 세 번째였다. 그런데 한국의 정치 지도자, 특히 대통령에게는 '평양에 가고 싶은 병(病)' 같은 것이 있다.

이 같은 병의 원인은 간단하게 말하자면, 정치 지도자로서의 겉치레나 다름없다. 여간해서는 만날 수 없는 초(超)독재자라고 할까, 이른바 '북한 왕조(王朝)의 임금님'을 만났다고 하면, 그것만으로도 자신의 정치적 역량을 평가받을 수 있다는 믿음(즉 착각)이 있는 것이다.

그와 동시에 이상론(理想論)으로 그럴싸하게 이야기하자면, 한국의 정치 지도자에게 종국적으로 최대 정치 목표는 남북으로 분단된 민족의 통일이다. 그것을 위해 노력했다는, 혹은 공헌했다는 업적을 역사에 남기고 싶다. 남북의 벽을 넘고, 부수고, 남북을 통일한 지도자야말로 참된 민족적 지도자라는 것이다.

북한의 독재자는 이런 남쪽 정치가의 '병(病)'을 잘 아니까 항상 만나주겠다, 초대해주겠다는 식의 고자세(高姿勢)를 취한다. 그 결과, 한국 측은 민관(民官)을 가리지 않고 밑천을 드러낸다. 대개 "만나줄 테니까 얼마나 낼래?"라는 식이 된다. 북한은 나름대로의 '선물'이 없으면 불러주지 않는다.

가령 처음으로 남북 수뇌회담을 성사시킨 김대중은 수억 달러의 '지참금(持參金)'이랄까, '회담료(會談料)'를 지불했다. 당시에는 달러 송금이 제대로 북한의 외화(外貨) 계좌에 들어가지 않았던지라, 김대중의 서울 출발과 평양에서의 일정이 직전까지 정해지지 않는 어설픈 일마저 벌어졌다.

김대중은 '첫 남북 수뇌회담 실현'이라는 공적으로, 그해의 노벨평화상을 수상했다. 하지만 보수파들 사이에서는 "어마어마한 대가(代價)를 치른 노벨상이었구먼!" 하는 빈정거림이 들려왔다.

이때의 '지참금'은 비밀자금이라고 하여 나중에 정치적인 문제가 되었다. 여기에 대해 김대중 정권은 "그건 대통령의 통치 행위에 관한 사항이다"고 주장하여 수사를 면했다. 통치 행위란 대통령의 초법규적(超法規的)인 재량권(裁量權)을 가리킨다. "민족을 위해 좋은 일에 쓴 것이다"는 셈이다. 한국의 정치는 법치주의로는 이해가 가지 않는 일이 종종 있다.

이번 문재인의 '평양 알현'에 어느 정도의 선물이 있었는지는 확실치 않다. 단지 겉으로 드러나는 이야기는, 국제사회의 대북 경제 제재에도 불구하고 문재인은 끊임없이 대북 경제 지원을 해주고 싶어 한다. 따라서 상당한 지원을 약속했을 것임에 분명하다… 등. 이번의 '회담료'는 사후(事後) 지불인 모양이다.

그런데 문재인의 평양 방문에는 당연히 사전 준비가 필요했다. 그로 인해 한국에서 먼저 대통령 측근들에 의한 특사단(特使團)이 평양으로 파견되었다. 하필 그 특사단이 평양에서 '혼밥'을 먹었다고 하여 문제가 되었다.

일행은 대통령 방문 2주쯤 전에 준비를 위해 평양을 찾았다. 사전 협의의 상대는 김정은의 측근으로, 한국을 방문한 적이 있는 김영철(金英哲) 당 중앙위 부위원장 등이었다. 일정은 1박 2일로, 현지에서는 점심과 저녁의 두 차례 식사 기회가 있었다. 식사로서는 낮보다 저녁 쪽이 중요한데, 핵심이라 할 그 만찬이 한국 측 일행만의 '혼밥'이 되어버렸다는 것이다.

서울의 청와대에서는 당초 "예정에 없던 만찬까지 했다는 것은 (협의) 분위기가 나쁘지 않은 모양이다"고 매스컴에 발표했다. 그 바람에 실제로는 한국 측 일행들끼리의 식사였음이 드러나자 물의를 빚기에 이르렀다.

한국 특사단은 평양에 도착한 뒤 오전 중에 김정은과 면담했다. 점심 식사에는 김정은이 나오지 않고, 협의 상대인 김영철을 위시한 측근들끼리 함께 했다. 그런데 협의가 끝난 후의 만찬에는 북한 측에서 아무도 나오지 않고, 북측이 준비해준 식사를 한국 특사단끼리 먹는 지경이 되었다는 것이다.

청와대 당국은 "협의가 길어져 식사 시간이 늦어졌기 때문"이라고 설명했다. 그렇지만 취재기자들로부터 "뭐야, 애초의 이야기와 다르지 않나!"

하는 말이 나왔다. 여기서 또다시 "평양에 가서 한국 대표단끼리 밤에 혼밥이라니, 여간 업신여긴 게 아니로구먼!"이라고 비판을 받았다.

이때에도 한국 매스컴에서는 베이징에서의 '혼밥 외교론'이 다시금 문제시되어, 2018년 9월8일자 조선일보는 다음과 같은 투로 '문재인 외교'를 비판했다.

[국가 간의 외교에서는 형식이 실질적인 내용을 반영하는 경우가 많다. 어쩔 도리 없이 '혼밥'을 먹도록 내버려 두는 것은 대화 상대에 대한 명백한 결례(缺禮)이다. 문재인 정권의 잇따른 '외교적 혼밥'은 대중(對中) 외교와 대북(對北) 정책에 대한 경고 신호가 될 수 있다. 문 정권은 이 일에 얼굴을 돌릴 것이 아니라, 상대의 본심을 냉정하고도 철저하게 가늠하는 계기로 삼지 않으면 안 된다.]

문재인의 대북 융화(融和) 자세에 비판적인 보수계 신문의 논평인지라 심술궂은 느낌이 들지 않는 것도 아니지만, 식사를 구실 삼아 외교 자세까지 논하고 있는 것이다. 이 기자는 "밥이 결부되어 있으니까 설득력이 있다!"고 생각하여 기사를 썼음에 분명하다. 기사의 문면(文面)에서 전해지는 매우 진지한 분위기는 한국에서의 밥의 중요성, 그 무게를 새삼 실감하게 해주지 않는가!

평양에서 냉면 먹다가
야단맞다

그런데 그 후 실제로 문재인이 평양을 방문했을 때의 '식사 외교'가 어땠느냐고 하면, 북한 측은 앞서 한국 매스컴의 비난을 의식했는지 상상 이상의 환대를 베풀었다.

일정은 9월18일부터 2박 3일. 손님인 문재인에 대해 김정은이 만찬 2회, 오찬 1회 등 모두 세 차례나 동석하여 크게 대접했던 것이다. 한국 기자단이 평양에서 보내온 공동 기자단의 풀 기사(즉 기자단 대표가 쓴 기사)에는, 문재인과 김정은이 세 차례나 함께 식사를 했다는 사실이 유난히 강조되어 있었다.

이와 같은 밥의 덕택만은 아니었겠지만, 문재인은 물론이고 매스컴에서도 이때의 남북 수뇌회담이 대성공이었다고 자화자찬하는 결과가 되었다. 평양 시내에서 연도에 군중을 동원한 카퍼레이드나, 매스게임이 펼쳐진 능라도 5·1경기장에서 문재인에게 연설을 하도록 함으로써 한국 측은 크게 감격했다. 그러나 끝나고 보니 가장 중요한 김정은의 비핵화 약속은 어디로 갔는지 알 수 없었는데….

평양에서의 세 차례의 식사를 되짚어보니, 도착한 날의 첫 만찬은 숙소인 백화원초대소에서의 이른바 공식 만찬이었다. 이튿날 점심과 저녁은 외부 레스토랑에서 행해졌다. 점심은 평양냉면으로 낯익은 '옥류관(玉流館)'에서 '평양냉면 코스 요리'를 먹었다고 한다. 요리에 관한 상세한 내용은 소개되지 않았는데, VIP용의 이른바 양식(洋食) 코스에 냉면이 곁들여진 것으로 여겨진다.

그 냉면도 신문에 실린 원경(遠景) 사진으로 보는 한 역시 검었다. 본고장에서의 '진짜' 또한 검다는 사실이 새삼 확인되었다. 그런데 옥류관 냉면이 나오는 장면에서 문재인 일행이 귀국한 다음, 또 하나의 소동이 벌어지게 된다.

문재인의 평양 방문에 트집을 잡고 싶은 야당 국회의원이, 국회에서의 질문으로 밝힌 '폭로 정보'가 발단이었다.

옥류관에서의 점심 식사에는 한국 측 일행으로 참가한 경제계 대표들도 동석했다. 문재인·김정은 부부 등이 앉은 메인테이블과는 떨어진 곳으로, 한국 최대 재벌인 삼성그룹의 톱을 위시한 재벌 영수(領袖)들도 냉면 대접을 받고 있었다. 그때의 이야기다.

이 자리에는 북한에서 대남(對南) 관계를 담당하는 중요 기관인 '조국평화통일위원회' 위원장이 동석하고 있었다. 이 사람이 냉면을 먹고 있는 한국의 재벌들을 향해 "냉면이 목구녕으로 넘어갑니까…" 하고 빈정거렸다는 것이다.

이 이야기를 어딘가에서 입수한 야당 의원이 그 진위(眞僞)를 국회에서 추궁했다. 여기에 대해 평양에 동행한 통일부 장관이 "그런 이야기를 들었다"고 인정했다. 그러면서 "나쁜 뜻이 있어서가 아니라 남북 경제협력이 좀 더 나아갔으면 좋을 텐데 하는, 재벌에의 기대감을 표명한 것이 아닐까" 하는 식으로 북에 대해 선의(善意)가 넘치는 설명을 했다.

그러나 밥이든 술이든 "목구멍으로 잘 넘어가느냐"는 말을 듣는다면, 그것은 명백히 가시가 있는 악의(惡意)의 빈정거림이다. 냉면도 다를 바 없다. 아니 어쩌면 그 발언은 "김정은 위원장님도 계시는 옥류관에서 본고장의 평양냉면을 먹도록 해주는 것이니까 더 이상 우물쭈물하지 말라"는 투의, 한층 더한 빈정거림을 담은 위협이었던 것인지 모른다.

한국 대통령의 중요한 외유(外遊)에는 곧잘 재벌 회장 등의 경제인이 수행한다. 비즈니스 외교의 필요성에서 보자면 당연하다. 과거의 역대 대통령들도 남북 수뇌회담을 위한 '평양 알현'에 경제인들을 데리고 갔다.

이번의 경우 재벌 회장들은 평양행(行)에 다소 소극적이었다고 한다. 왜냐하면 섣불리 남북 경제협력이니 하여 대북 지원을 약속하게 되면 낭패라고 생각했기 때문이다. 제재를 깨트렸다고 하여 미국으로부터 거꾸로 제재를 당하지 않을 수 없다.

그러나 그렇다고 해서 못 가겠다고 거절하면, 이번에는 문재인 정권으로부터 미움을 사게 된다. 한국에서는 정권에 밉보이면 세무 조사를 비롯한 이런저런 보복을 당한다. 그러니 재벌로서는 동행 요청을 거부하지 못한다.

그런 분위기여서 이번에는 말하자면 '길동무' 정도의 관광 유람 같은 평양 방문이었다. 북한 측은 그 같은 한국 재벌의 심리를 당연히 파악하고 있었다. 그래서 톡톡히 핀잔이라도 한번 해주자고 작정한 것으로 여겨진다. 자신들의 자랑거리인 냉면을 핑계로 '먹고만 있지 말고 대북 비즈니스라도 생각하는 게 어때?'라고 옆구리를 찌른 것이다.

너무나도 북한다운 집적거림이다. 실제로는 크게 곤경에 처해 있는지라 지푸라기라도 잡고 싶은 심정일 텐데도, 그들은 항상 거만하게 굴면서 상대에게 내놓으라고 요구한다.

아무리 그렇더라도 한국의 재벌 회장들에게 명물인 냉면을 먹게 해주었다고 해서, 그 같은 말을 던질 수는 없지 않을까? 다만 결과적으로는 그 바람에 한국 사회에서 평양냉면에 대한 '환상(幻想)'이랄까, 우호적이고 기분 좋은 무드가 다소 진정되는 효과가 있었을지 모른다.

애당초 사진에 찍혀 있던 냉면을 먹는 재벌 총수들의 표정은, 그렇게 봐서 그런지 별로 맛이 없어(?) 보였다. 그렇게 거무튀튀하고 면발도 거친 평양냉면은, 평소 서울에서 미식(美食)에 익숙한 그들의 입맛에 맞을 리 없었다. 냉면 역시 차라리 전통의 맛이 남아 있는 '서울의 평양냉면' 쪽이 더 나았으리라.

게다가 재벌 총수들도 지금은 거의 전후(해방 후)에 태어난 2세, 3세여서 북한에 대한 심정이 창업자 세대와는 달라 그다지 정에 끌릴 리가 없다. 평양냉면에 대해서도 유별나게 추억 따위를 가졌을 것 같지 않다. 지금까지의 이미지와는 전혀 다른, 검고 면발도 매끄럽지 않은 맛없는 냉면을 먹도록 하면서, 그 냉면을 트집 잡아 핀잔과 빈정대는 소리를 들어서야 한층 더 입맛이 떨어졌을 것임에 분명하다.

제주도는
김정은 혈통의 비밀

　다음은 문재인의 평양 방문 당시 식사의 화젯거리로, 재미 삼아 몇 가지를 소개해두고자 한다. 모두가 너무나 정치성이 넘쳐 식욕(?)을 자극했다.

　문재인은 북한 체재 마지막인 사흘째, 평양을 벗어나 일부러 중국과의 국경에 가까운 영봉(靈峰) 백두산(白頭山)에 올랐다. 이것은 그의 오랜 희망으로, 김정은이 그걸 받아들여 실현되었다. 문재인 일행은 아침 일찍 비행기로 평양을 떠났고, 백두산 기슭에서 바로 서울로 돌아왔다.

　바로 그 백두산에서의 식사(?) 에피소드가 흥미롭다. 그 이야기에 앞서 백두산이 던지는 의미를 먼저 알아두지 않으면 안 된다.

　백두산은 한반도 최고봉(2744미터)으로 북단(北端)에 위치한다. 중국과의 국경이어서 중국에서는 '장백산(長白山)'이라고 부른다. 산의 북쪽은 중국령(領)이고, 남쪽이 북한 영토가 되어 있다.

　한민족으로서는 예로부터 민족 탄생의 성지(聖地)와 같은 영봉으로 우러러 받들어 왔다. 해방 후 북한에 김일성 정권이 들어선 뒤로는, '정권의 뿌리가 백두산'이라는 새로운 건국 신화가 만들어져 더욱 더 성지화되어 있다.

이 신(新) 건국 신화라는 것은 북한의 '시조(始祖)'인 김일성이 일본 식민지 시대에 이 산 일대에서 항일 독립 무장 투쟁을 펼쳤다는 것이다. 또 아들인 2대째 지도자 김정일이 거기서 태어났다는 이야기로부터 시작하여, 그 가계(家系)를 '백두산 혁명 혈통'으로 권력 세습을 정당화하는 이유로 꾸며내고 있는 것이다.

세습 3대째인 김정은도 그 '성스러운 백두산 혈통'을 이어받은 것으로 되어 있다. 그렇지만 이런 신화와는 다른 사실로서의 역사는 이렇다.

김일성은 1920년 전후의 어린이 시절, 부모와 함께 옛 만주(현재의 중국 동북부)로 이주했다. 성장한 뒤에는 중국 공산당에 가담하여 조선인들이 많이 살던 남만주(南滿洲)의 장백산(백두산) 기슭 일대에서 활동했다. 그러나 그 후 일본군의 토벌에 쫓겨 소련으로 도망쳤고, 아들 김정일은 하바롭스크 교외의 소련군 캠프에서 태어났다(1942년).

1945년 8월, 일본의 패전으로 한반도가 일본 지배에서 해방되자 한반도 북쪽에는 소련군이 진주(進駐)했다. 김일성은 소련군 대위의 군복을 입고 소련군과 함께 북한으로 들어왔고, 소련에 의해 전후 북한의 최고 지도자로 떠받들렸다.

딱딱한 역사 이야기가 길어졌다. 백두산 이야기로 돌아가자면, 북한에서 국가(國歌)에 준하는 노래가 되어 있는 '김일성 장군의 노래'의 가사 서두에 등장하는 무대는 백두산이 아니라 장백산으로 되어 있다.

따라서 실제는 중국 공산당의 멤버로서 중국 땅에서 활동한 것이어서, 백두산과는 그다지 깊은 인연이 없었다. 그러나 '민족의 지도자로서의 경력'으로는 그게 마땅찮았던지라, 모든 것이 독자적임을 강조하느라 '백두산 혈통'을 창작(!)하였다는 것이다.

그 결과 지금은 백두산 일대에 무수한 '혁명 사적(史蹟)'이 만들어져 있다. 문재인은 이번에 그 백두산을 찾았고, 마지막에는 정상에 있는 천지(天池)를 배경으로 김정은 부부와 함께 기념사진을 찍었다.

나도 과거 세 차례 중국을 경유한 관광여행으로 백두산에 올랐다. 이 천지는 '연못(池)'이라는 이미지와는 한참 거리가 멀다. 의외로 어마어마한 호수여서 그 경관이 실로 신비적이고, 문자 그대로 절경(絶景)이다.

그리고 문재인은 백두산 정상에서 천지의 물가로 가서, 일부러 서울에서 가져간 페트병의 물을 거기에 부었다. 여기서 주목! 왠지 하나의 의식(儀式) 같기도 한데, 이 퍼포먼스의 진의(眞意)는 페트병에 담긴 물에 있었다.

한국의 남단(南端)에 있는 제주도에서 가져간 물이라는 것이다. 다시 말해 문재인은 한반도 남단의 물을 북단(北端)의 물에 섞어, 남북통일을 기원했다는 이야기가 된다. 스스로를 '남북통일의 사자(使者)'에 비겨 김정은 앞에서 그것을 보여주었던 것이다.

이 또한 실로 정교(精巧)하다. 문재인 정권 특유의 지나치게 치밀한 정치적 '지코추(自己中)'의 연출이었다. 북한의 조선노동당에는 '선전선동부(宣傳煽動部)'까지 있어서 선전 전술(戰術)이 탁월한 김정은도 여기에는 '졌다!'며 손을 들었을지 모르겠다.

말이 나온 김에 좀 더 정치적인 이야기를 하자면, 백두산 정상에서의 문재인의 퍼포먼스에는 사실 엄청난 '음모(陰謀)'가 담겨 있었다는 해설, 아니 '괴설(怪說)'이 있는 것이다.

그것이야말로 '김정은의 혈통'과 연관된 에피소드인데, 그의 어머니는 일본에서 태어난 재일 한국인으로 이름이 고영희(高英姬)다. 그녀는 소녀 시절 북한 계열인 재일 조총련에 의한 이른바 '모국(母國) 귀환 사업'으로 가족과 함께 북한으로 건너가서 자라나, 예술단의 무용수가 되었다. 이때 2대째 지도자 김정일의 눈에 들어 김정은이 태어났다.

어머니 고영희의 아버지는 사실 제주도 출신이었다. 따라서 그녀의 뿌리, 즉 '혈통'은 한국의 제주도인 셈이다. 그렇다면 그런 어머니의 피를 이어받은 김정은에게도 제주도의 피가 흐르지 않는가?

그 결과 김정은은 한반도 북단 백두산의 혈통과, 남단 제주도의 혈통을 이어받고 있는 셈이다. 그러므로 김정은이야말로 다가올 남북통일에서 '민족의 지도자'로 가장 걸맞은 인물이라는 스토리가 가능해진다. 이것은 일본의 조총련계 인사들과의 한담(閑談)에서 자주 듣는 이야기이고, 한국 내의 친북 인사들 사이에서도 흥밋거리로 말해지곤 한다.

문재인이 백두산 정상에서 김정은을 앞에 두고 보여준 '물의 퍼포먼스'는 그런 암시(暗示)였지 않을까 하는 것이 '괴설'이다.

여기에는 나도 탄복했다. 문재인에게 '남북통일 기원'의 발상이 있었던 것은 분명하다고 보지만, 김정은의 혈통까지 감안했을지 어떨지는 불분명하다.

이 '괴설'에 의하자면, 북단과 남단의 물을 섞음으로써 김정은의 남북 융합·통일의 혈통상의 정통성을 띄웠다는 이야기가 된다. 그러나 한편으로는 김정은의 한국 혹은 제주도 혈통, 즉 어머니 고영희의 존재와 그 혈통이 북한에서는 지금도 여전히 비밀에 속한다.

이 같은 '피의 비밀'은 김정은의 장래에 플러스가 될까, 마이너스가 될까? 공식적으로는 감추고 있으니까 적어도 지금은 마이너스로 판단하고 있는 셈이다. 하지만 초(超)독재의 왕조국가에서 대담함을 과시하고 있는 김정은인 만큼, 그것을 플러스로 대역전시킬 시기가 올지도 모른다.

단지 문재인의 퍼포먼스를 지켜보면서, 김정은이 자신의 혈통을 떠올렸는지 어떤지는 아무도 모른다. 괴설이 괴설인 까닭이 거기에 있다.

그건 그렇고, 독자들은 여기까지 읽으면서 좀체 밥 이야기가 나오지 않는다는 것에 고개를 갸우뚱거릴지 모르겠다. 아니, 사실은 이 언저리에서는 밥이 아닌 물 이야기였던 셈이다. 하지만 물도 밥처럼 먹는 것으로 여겨 하나의 흥밋거리로 소개해보았다.

귤과 송이버섯의
남북 정치

이어서 문재인의 평양 방문과 연관된 또 하나의 '밥' 이야기 특별편(編)이다. 문재인이 서울로 돌아올 때, 북한은 선물(?)로 송이버섯 2톤을 한국 측에 안겨주었다. 남북 수뇌회담은 과거에도 가을에 개최되었던지라, 그때마다 북한 측은 한국 측에 송이버섯을 대량으로 들려 보냈다. 따라서 이것은 관례(慣例)와 같은 것으로, 유난히 깊이 다룰 만큼 신기한 이야기는 아니다.

단지 북한의 송이버섯에 관해서는, 최근 국제적인 대북 경제 제재로 수출의 큰 손 격이었던 일본과 한국이 수입을 막고 있다. 그래서 북한으로서야 한국에 준 선물이 '과잉 생산 송이버섯'의 맞춤한 처분 방법이었다는 해설도 나왔다.

그러나 좋은 일도 되풀이되면 지겨운 법, 최초의 남북 수뇌회담에서 김정일이 김대중에게 3톤을 선물했을 때(2000년)에는 한국에서 "과연 배포가 크다"며 김정일의 주가가 올라갔다. 하지만 세 번째인 이번에는 김정은의 평판이 올라가지는 않았다. 이번에는 그것보다 그 후 문재인이 송이버섯에 대한 답례로 '제주도 귤'을 200톤이나 북한으로 보낸 것이 화제가 되었다. 여기서도 다시 '제주도'이므로, 김정은이 "끈질기군!" 하고 여겼을지 어떨지는 앞서 지적한 것과 마찬가지로 불분명하다. 하지만 귤이 나지 않는 북한에서는 예로부터 서민들에게 귤은 선망의 과일임에 틀림없다.

한국에서도 제주도에서 귤 재배가 이뤄지기 전에는 귤이 귀중했다. 나는 1971년에 처음으로 한국을 찾아왔고, 1977년에는 취재로 한 달간 머물렀다. 또 그 이듬해에는 어학연수로 유학을 왔다는 사실을 이미 소개했지만, 당시 가공한 것이 아닌 생귤은 거의 찾아볼 수 없었다. 있어도 알이 작고 신맛이 났다. 귤에 대한 선망 탓이었던지, 캔에 담긴 노란색 오렌지가 잘 팔렸던 것이 기억난다.

제주도는 한국에서는 드물게 겨울에도 나뭇잎이 푸르고 따뜻한 리조트 지역이다. 그래도 일본으로 치자면 나가사키현(長崎縣) 고토 열도(五島列島)보다 북쪽에 있다. 옛날부터 자생 귤은 있었지만, 재배종(栽培種)으로 달콤한 귤이 상업적으로 대량 생산되기 시작한 것은 1970년대 이후다.

그것이 가능해진 것은 일본으로부터의 재배종 도입이었다. 거기에는 제주도 출신 재일 한국인들의 역할이 컸다.

한국인들이 제주도에서 재배된 달콤한 귤을 싸게 먹을 수 있게 된 것은 박정희 정권(1961~1979년)의 농촌 개발, 지방 진흥책 덕분이었다. 박정희의 최측근이었던 김종필은 스스로 제주도에 귤 농장을 소유하고, 제주도 귤 재배를 독려하느라 애를 쓰기도 했다.

문재인 정권은 '적폐청산(積弊淸算)'이라면서, 박정희 시대 이래 과거의 보수 정권에 대한 부정(否定)과 비난으로 요란하다. 그런 그가 한국의 자랑거리로 그 같은 역사를 지닌 제주도 귤을 김정은에게 선물하고 의기양양해 한다. 보수·혁신의 이데올로기에 얽매이지 말고, 선인(先人)들의 노고와 업적의 역사는 겸허하게 받아들였으면 한다.

　북한에서 보내져온 송이버섯은 김대중 시절에는 각계 요인들에게 보낸 것으로 기억하지만, 이번에는 남북 이산가족에게 나눠주었다. 문재인다운 '서민 배려' 퍼포먼스의 일환이었다(노무현 때의 일은 웬일인지 기억나지 않는다).

　그렇다면 김정은은 한국에서 보내온 귤을 어떻게 했을까? 한국 매스컴에서는 "필경 당 간부를 비롯한 특권 계급에 나누어줄 것임에 분명하다"고 비꼬았다. 그런데 그런 소리가 들렸던지, 북한 국영 매스컴에 의하면 "평양의 청년 근로자들에게 나눠주었다"고 한다. 당연히 김정은의 '따뜻한 배려'로서 였으리라.

　선물을 받은 당사자인 김정은은 귤을 어떻게 생각했을까? 세계의 온갖 맛있는 것은 무엇이든 손에 넣을 수 있는 특권 사회의 독재자이니까, 귤 자체는 그다지 신기하지 않았으리라. 단지 제주도의 귤이라는 점에서 이제는 이 세상에 없는 어머니, 그것도 여태 국민들 앞에 공개하지 않은 어머니에 관해서나 스스로의 제주도 혈통에 관해 나름대로 이런저런 상념에 젖기라도 했을까?

　거기에 플러스든 마이너스든 문재인의 '음모설'이 나올 여지가 있는데, 이것은 상상하는 것만으로도 흥미진진하다.

06

한국인들 사이에
'혼밥'이 늘었다

한국에서 '규동(牛丼)'이
고전한 이유

한국에서의 혼밥을 둘러싼 정치성으로부터 이야기가 다른 길로 빠지고 말았다. 이제 다시 혼밥으로 돌아간다.

일본에서 혼밥의 심벌과 같은 메뉴는 규동(=소고기덮밥)과 라멘 아닐까? 왜냐하면 둘 다 가게에서 먹을 때는 대개 카운터에 앉지 테이블 쪽이 아니다. 남과 마주보지 않는 카운터에서의 식사야말로 혼밥이다. 이 대표적인 일본 음식이 와쇼쿠(和食) 붐이 일어난 한국에서 어떤 식으로 도입되었는가, 또는 도입되지 않았는가, 그 역사가 흥미롭다.

먼저 라멘보다 더 일본적인 규동인데, 이게 한국에서는 의외로 고전(苦戰)해왔다. 내 기억으로는 규동의 유명 체인점 '요시노야(吉野家)'의 한국 상륙은 1980년대 전반이었던 것으로 여겨진다.

서울 중심부인 종로의 젊은이들 거리, 관철동에 진출했다. 그 일대는 어학원이나 입시학원 등이 많아 젊은이들로 넘쳐나는 젊음의 거리다. 더구나 서울 구시가(舊市街)의 메인 스트리트라 할 종로, 그 종로의 큰길가에 자리한 빌딩의 1층 모퉁이라는 절호의 위치였다. 그럼에도 불구하고 전혀 손님이 들지 않아 일찌감치 철수하고 말았다.

패인(敗因)은 분명했다. 최대의 이유는 한국 사회가 아직 '혼밥 시대'에 들어서지 않았기 때문이다.

당시는 카운터에서 홀로 앉아 묵묵히 밥을 먹는다는 것은 남들과 사이가 나빠 친구가 없는 낯가림이 심한 인간이든가, 그도 아니면 상당한 괴짜나 기인(奇人)으로 여겨지기 일쑤였다. 서울의 1등지(一等地)에 자리한 혼밥 전용과 마찬가지인 식당에서, 그런 고독한(!) 음식을 먹으려는 손님은 없었다.

그 밖의 실패 이유로는 밥 종류 치고는 양이 적고(한국인들은 뜻밖에도 대식가다!), 상대적으로 값은 비쌌다. 게다가 반찬은 단무지 정도여서 너무나 허전했으니, 한 끼 식사로는 어딘가 삭막했던 것이다.

다시 말해 나름의 가격표가 붙은 외식(外食)으로는 볼품이 없었다. 한국에서는 일반적으로 와쇼쿠 브랜드에 대한 평가가 높다. 그리고 아무리 밥 위에 소고기가 얹혀 있다고 해도, 역시 비참하고 서글픈(?) 기분이 드는 밥을 먹고 싶지는 않다.

당시 우리들 재한(在韓) 일본인들 사이에서는 "요시노야 쪽이 우리에게 한마디 상의라도 해주었더라면 실패하지 않을 수 있었을 텐데…" 하며 안타까워하는 소리가 들리기도 했다.

요시노야는 그 후 한참 시간이 흐른 다음인 1990년대 후반이었던가, 서울의 신(新)시가지로 소득 수준이 높은 강남 지구에 새로운 가게를 냈다는 소문을 들었다. 하지만 그곳 역시 오래가지 못했던 모양이다.

서울에서는 근래 와서 이자카야와 와쇼쿠 붐이 일어나 온갖 종류의 일본 요리가 다 등장했다. 일부에서는 규동 메뉴도 눈에 띄는데, 그래도 내 시야에 규동 전문점은 들어오지 않는다. 밥그릇을 손에 들고 밥을 먹는 일본적인 예절도, 한국적으로는 저급하여 저항감이 느껴질지 모르겠다.

이제는 라멘이
일본통(日本通)의 증거

　라멘도 1990년대 무렵부터 한국인, 일본인 양쪽에서 도전을 시작하긴 했으나, 역시 당초에는 고전(苦戰)했다. 고전의 최대 요인은 당시 이미 한국 사회를 석권하고 있던 인스턴트 라면의 이미지 탓이었다.

　일본에서 개발된 인스턴트 라면은 1960년대에 일본기업(明星食品)의 선의(善意)에 의해 한국에 제조 기술이 제공되었다. 그런 역사를 알고 있는 한국인은 거의 없지만, 한국에서는 현재 1인당 소비량에서 세계 제1의 즉석면(卽席麵) 왕국이 되었다.

　그러나 라면은 어디까지나 가벼운 간식이라는 이미지여서, 가게에서 돈을 내고 먹는 외식 메뉴는 아니다. 이 같은 이미지가 화를 불러 나름의 가격으로, 더구나 혼밥 계열인 소위 일본식 '본격 라멘'은 고전을 면치 못했다.

　그런 역사의 한 자락을 졸저(拙著) 『구로다 기자가 한국을 먹는다』에서 밝혀두었다. 가령 내 친구가 1990년대 초, 앞서 등장한 젊은이의 거리 관철동에서 '요코하마야'라는 이름으로 시작한 라멘 전문점이 선발주자였는데, 역시 실패했다.

이 무렵이 되자 젊은이들 거리에는 일본어 간판을 단 음식점이 생겨나고 있었다. 그래서 인기 와쇼쿠 브랜드의 이미지로 도전했던 것이다. 하지만 점심시간은 그럭저럭 손님이 들었으나, 저녁에는 발걸음이 딱 끊겼다. 친구는 그 후 일본인 거주자가 많은 한강변의 맨션 지역으로 가게를 옮겨 '아지겐(味源)'이라는 옥호 아래 라멘 이자카야 스타일로 재출발하여 성공을 거두었다.

그렇지만 라멘의 경우, 그 뒤에 일본 사회에서의 열광적인 라멘 붐 이야기와, 일본 라멘의 유럽 등 해외 진출 정보, 나아가 젊은이를 중심으로 한 한국인의 일본 여행 붐을 배경으로 2000년대 이후가 되자 한국 사회에 뿌리 내리기 시작했다. 한국인이 경영하는 가게가 늘어나 '가벼운 한 끼'로서 젊은이들 거리를 중심으로 속속 문을 열었다.

그리고 서울의 똑같은 젊은이들 거리 중에서도, 이제까지의 관철동보다 나이를 포함하여 업그레이드된 '홍대앞'이 라멘 정보의 발신지가 되었다. '홍대앞'은 이제 음식을 포함한 각종 패션의 진원지(震源地)로 바뀌었고, 일본어 간판을 내건 가게들이 줄지어 들어선 '일본식 이자카야 스트리트'마저 등장했다.

'홍대앞' 일대의 라멘 가게 분위기는 한국에서의 새로운 '음식 자포니즘(Japonism)'의 심벌처럼 비친다. 라멘을 즐기는 것이 한국인들로서는 '일본통의 증거'가 되어 있는 듯하다. 특히 그것은 젊은이들로서는 어딘가 멋져 보이는, 즉 일종의 '패션의 세계'이기도 하다.

지금까지 혼밥 문화에서의 일본계 메뉴로서 규동과 라멘의 역사를 짚어 보았는데, 또 한 가지 깜빡 잊은 것이 있다. 일본의 '오니기리'에 관해서다. 이 또한 반드시 언급해두고 싶다. 일본 스타일의 오니기리는 한국에서의 혼밥 시대 개막에 크게 기여했다.

　한국에서 오니기리가 상품화된 것은 최근의 일이다. 오니기리는 본래 '뭉친 밥'으로, 한국이나 일본이나 그 뿌리는 비상식량 또는 야외에서의 간편식(簡便食)이었다.

　하지만 일본에서는 엘리트 집단이었던 사무라이(武人)가 전투식(戰鬪食)으로 야외에서 항상 손에 쥐고 스스럼없이 먹었으므로, 일상적으로도 식사로서 거부감이 없었다. 계급이나 계층을 가리지 않았고, 부자나 가난한 사람이나 오니기리를 먹었다.

　여기에 비해 한국에서 엘리트는 서재(書齋)에 있는 사람(=文人)이어서, 그들의 음식 문화에는 손으로 먹는 오니기리는 존재하지 않았다. 있더라도 그것은 어디까지나 비상식량이거나, 또는 '동냥밥' 정도로 자리매김되었다.

　따라서 한국에서는 김밥이 일찌감치 상품화되었던 데 비해, 오니기리는 그러지 못했다. 동냥밥을 돈을 내고 사서 먹는 사람 따위는 있을 리 없었다.

　그런데 1980년대 이후 일본계 편의점 '세븐 일레븐'이 들어오게 되면서, 오니기리가 상품으로 등장했다. 그러나 당초에는 전혀 팔리지 않았다. 그것이 팔리게 된 것은 네이밍(명칭)의 변화에서 시작되었다.

　오니기리는 한국어로 '주먹밥'이라고 한다. 이것을 일본풍의 오니기리라고 부른다고 해서 비상식이나 동냥밥의 이미지가 바뀌지는 않는다. 돈을 내고 사먹을 기분이 들지 않는 것이다.

세븐 일레븐의 일본인 스태프가 머리를 굴렸다. 김밥은 남녀노소 가리지 않고 친근한 대중적 음식으로 즐긴다. 그래서 상품화되었다는 사실에서 힌트를 얻어, 오니기리를 한국 소비자용으로 '삼각(三角) 김밥'이라는 이름으로 팔기 시작했던 것이다. 그러고 보니 한국의 주먹밥은 둥글지만, 일본의 오니기리는 삼각형이다.

주먹밥과의 차별화를 새로운 호칭으로 단행한 셈이다. 이로써 오니기리는 편의점 상품으로 정착되었다. 지금은 '삼각 김밥'이라는 이름 아래 한국 편의점의 베스트셀러로 바뀌었다.

오니기리도 기본은 혼자 손에 들고 빨리 먹는 혼밥이다. 그것도 서서 먹는 것이 어울린다? 이제는 한국에서도 학생이나 직장 여성들이 편의점에서 손에 오니기리를 들고 홀로 서서 먹고 있어도, 그 모습에 위화감이나 거부감을 느끼는 사람은 없어졌다.

현재의 이 같은 한국의 풍경을 일본 쪽에서 바라보자면, 라멘이나 오니기리 인기, 이자카야 붐, 그리고 일본 여행의 폭발적인 증가 등 '자포니즘 현상'의 한편에서, 여전히 집요한 반일 현상이 이어지고 있는 것을 이해하기 어려울지 모른다. 그 진상 규명은 다른 기회로 돌리기로 하고, 우선은 반일과 친일이 혼재(混在)되어도 아무렇지 않은 것이 이웃 나라 한국의 풍경이다.

'혼밥러'란
무얼 하는 사람?

　혼밥 메뉴의 전형(典型)인 일본식 라멘과 오니기리의 인기와 정착은, 한국에서의 혼밥 사정의 변화를 이야기해준다. 즉, 혼밥이 이상하고 부정적이었던 여태까지의 한국 식문화에 커다란 변화가 엿보인다는 것이다.

　그러고 보면 라멘 가게뿐 아니라 최근 각종 음식점이나 커피숍 등지에서도 혼자 앉는 카운터 자리가 확실히 늘어났다.

　그런 흐름에 실려 제대로 된 반듯한 레스토랑에서도 혼밥 손님이 눈에 띄게 되었다. 그 모습이 지금까지와는 달리 '멋지게' 비쳐져, 점차 패션이 되어 간다. 어째서 멋진가 하면, 혼밥은 강한 개성을 드러내고, 혼자서도 해낼 수 있는 실력의 소유자, 즉 엘리트라는 분위기를 풍기기 때문이다. 여성으로 치자면 커리어우먼의 이미지랄까?

　물론 혼밥 증가의 배경에는 경제 구조와 사회 구조의 복잡화가 있다. 그로 인해 식사 시간이 업무에 따라, 사람에 따라 반드시 일정하지 않게 되었다는 사실을 들 수 있다. 또한 독신(獨身) 생활의 급증(急增) 등이 이유로 꼽히기도 한다.

조직이나 인간관계에 얽매이는 것을 싫어하는 개인주의의 확산도 한몫 거든다. 다만 그런 혼밥도 스마트폰을 보면서 드는 경우가 꽤 많은지라, 나 같은 구세대는 "진짜 홀로 개성적일까?"라며 거북스러운 느낌을 갖곤 한다.

뭐 대부분의 경우가 그렇지만, 일본에서 일어난 일은 한국에서도 일정한 시차(時差)를 두고 반드시 일어난다.

대통령을 에워싼 혼밥이 정치적으로 화제가 된 적이 있어서인지, 한국 매스컴에는 최근 '혼밥론(論)'이라고 해야 할 화제가 종종 등장한다. 이미 쓴 것처럼 현실 사회에서 혼밥이 점점 늘어나고 있는 것이 그 배경이기도 하다.

단지 거듭 지적해왔듯이, 정치적으로는 혼밥이 부정적 혹은 비판의 대상이 되었다. 또한 일반 사회에서도 과도적(過渡的) 현상이랄까, 인간관계에 관한 전통적 가치관 탓으로 여전히 부정적인 사고방식이 남아 있다. 사람과 사람의 관계 속에서 스스로의 존재감과 삶의 보람을 서로 확인한다고 하는, 가족주의를 핵(核)으로 하는 인맥(人脈) 사회에서 살아온 한국인으로서는 금방 '혼밥 만세!'가 되지는 않는 모양이다.

그래서 혼밥을 에워싸고 그 의미와 배경, 옳고 그름을 포함한 논의가 활발하게 오가게 되었다. 여기에 그 대표적인 '논(論)'의 한 자락을 소개해둔다. 2018년 여름, 동아일보에 게재된 IT계 기업의 여성 스태프가 집필하는 칼럼 '2030 세계'에 실린 에세이 '혼밥은 죄가 없다'(6월13일자)로부터의 인용이다. '2030'은 20대, 30대를 뜻하는 세대적 은어(隱語)다.

["식사하시죠." 낮 12시30분, 사람들이 우르르 일어설 때 "맛있게 드세요" 눈인사로 의사 표현을 대신한다. 상대적으로 자유로운 정보기술(IT) 회사의 분위기 덕이 크겠지만, 고맙게도 누구 하나 핀잔을 주지도 캐묻지도 않는다.

그제야 다이어리와 책 한 권을 챙겨 나와 '혼밥'을 즐긴다. 간단한 식사를 마치고 카페에서 일기를 쓰기도 하고, 책을 읽거나 공부를 하기도 한다. 그렇다고 사회 부적응자나 사교성이 부족한 사람은 아니다.

단지 내게 이 시간은 하루의 중심을 잡는 작은 평화일 뿐이다. 주 5일 이상을 타인과 부대끼며 지내는데, 하루 한 시간만큼은 온전히 나에게 집중하고 싶다.]

에세이에 의하자면 혼밥파(派)를 '혼밥러'라고 부르는 모양이다. 이 필자(김지영 원스토어 eBook사업팀 매니저)는 혼밥 경력 10년이 되었는데, 항상 반드시 혼밥을 주장하는 고집불통의 "프로 혼밥러는 아니다"고 한다. 나아가 이렇게 말하고 있다.

[2030의 혼밥이 트렌드가 되면서 혼술(혼자 술 마시기), 혼영(혼자 영화 보기), 혼어(혼자 여행하기) 등 각종 신조어가 파생되고 있다. 포털 메인 단골로 자리잡은 지도 오래다.

그때마다 붙는 수식은 '외로운 청춘', '혼자가 편해요'와 같이 온통 부정적, 병리적 현상으로 조명하는 표현들뿐이다. '관태기(관계 권태기)', '포미족(For Me族)' 등 거창한 용어까지 들어가며 원인과 문제점을 분석한다.

고작 밥 한 끼 혼자 먹는 것에 왜 이리 많은 설명이 필요한 것일까.]

[혼밥이 단절과 고립을 야기한 걸까. 그것들은 늘 그 자리에 있어 왔다. 그나마 이제는 혼자서도 맛있게 먹고 재밌게 놀 수 있는 문화가 생기고 있다. 현장 르포 유의 기사들이 제시한 프레임에서 벗어나, 혼밥의 가치를 다시 논해봐야 하지 않을까.

혼밥 열풍 이후 혼자를 즐기는 청춘이 늘었다. 홀로 먹고 떠나면서 이들은 스스로를 위로하는 법을 배우고, 온전히 자신에게 집중할 기회를 갖게 될 것이다.

혼자여야 한다는 것이 아니다. 혼자일 수도 있어야 한다는 것이다. 언젠가는 혼밥이 아프고 외로운 청춘이 아닌 단단하고 건강한 청춘을 상징하는 날이 오길, 그리하여 대수롭지 않은 밥 한 끼가 되는 날이 오길 바라본다.]

이 또한 상당한 용기다. 에세이를 쓴 필자가 아니더라도 "혼밥이 그리 대단한가?" 하고 말하고 싶으나, 한국인으로서는 역시 대단한 일인 것이다. 그 바람에 대통령마저 목이 잘리지 않았는가!

이 원고를 쓰고 있을 때, 한국 매스컴에서는 또 '문재인의 혼밥'을 비판하는 뉴스가 흘러나왔다. 문재인도 무언가 나쁜 일을 지질렀나?

문재인은 임기 5년의 정권 2년째 후반에 이르러, 당초의 선도(鮮度)가 떨어진 탓인지 지지율이 제법 내려갔다. 취임 1년째에는 80%가 넘었던 지지율이 50% 전후로까지 떨어졌다(2018년 연말 현재).

그 같은 인기 하락을 트집 잡아 발목을 잡아당기고 싶은 야당 측에서는 "대통령이 요즈음 혼밥을 먹고 있다. 이건 위험 신호다!"는 소리가 나오고 있다는 것이다(2018년 12월7일자 조선일보).

혼밥이 왜 위험하냐고 하면, 박근혜의 경우와 마찬가지 이치에서다.

기사 제목은 '정권 1년이 지나 귀를 막고 있는 것이 문제'라고 되어 있다. 대통령은 항상 많은 사람들과 만나고, 식사를 하면서 다양한 목소리에 귀를 기울이고, 속을 툭 터놓고 의견 교환을 해야만 하는데, 그것을 하지 않는 것은 민심(民心)에서 멀어지는 것이므로 좋지 않다는 주장이었다.

문재인 또한 때로는 편하게 혼밥을 먹고 싶으리라. 혼밥을 들면서 조용히 심사숙고(深思熟考)하고 싶은 때도 있지 않을까? 그러나 한국의 대통령에게는 그게 용납되지 않는 모양이다. 혼밥도 먹지 못하는 한국의 대통령은 괴롭다?

그렇지만 앞서 소개한 신문 에세이 '혼밥은 죄가 없다'에서도 분명하듯이, 한편으로는 한국이 혼밥 붐이랄까, '혼밥 시대'를 맞았다는 사실은 틀림없다. 예컨대 젊은이를 중심으로 사회의 트렌드에 민감한 식품업계에서는 "혼밥족을 타깃으로 한 상품 개발이 활발해지고 있다"는 뉴스가 신문 경제면을 장식하고 있다(2018년 11월21일자 조선일보).

거기에 따르면 "혼밥족이 애용하는 '즉석밥'과 관련된 상표 출원이 2013년이 43건이었던 데 비해 2017년은 6배 이상인 285건에 달한다"는 것이다. 이것은 밥 종류 외에 면이나 피자, 스프 등 1인용 인스턴트 식품 전체를 의미한다.

물론 여럿이 먹을 때에는 각자 그것을 가져와 먹으면 그뿐이다. 하지만 업계에서는 어디까지나 '혼밥용'으로 '혼'이라는 단어가 붙은 상품명으로 PR한다는 것이다.

결국 한국 사회에서의 혼밥 문화는 현재 과도기여서, 부정적인 정치성과 긍정적인 일상성 사이에서 갈등을 빚고 있는 셈이다. 그렇지만 트렌드로서는 앞날을 잘 내다보는 업계의 동향이 말해주듯 후자(後者) 쪽이리라.

혼밥 문화는 앞서의 에세이에 있었던 것처럼, 이제 '멋진' 것으로 변신(變身)해가는 중이다. 이것은 한국의 식문화, 아니 식사뿐 아니라 한국인의 라이프 스타일(人生觀)이나 사고방식을 포함한 문화 그 자체의 커다란 변화이다.

폭탄주(爆彈酒)는
군인 문화의 흔적

그렇게 보자니 엄청나게 뭇매를 맞고, 대통령 자리에서 끌려 내려온 박근혜의 혼밥에도 다른 해석이 가능할지 모른다. 이건 박근혜를 위한 극히 사적(私的)인 변명인데, 그 변명을 위해서는 아버지 박정희의 '비명횡사(非命橫死)'에 관해 언급하지 않을 수 없다.

박정희는 잘 아는 것처럼 1979년 10월26일 밤, 회식 자리에서 측근 가운데 한 명이었던 중앙정보부장에 의해 암살되어 18년간에 걸친 장기 정권에 종지부를 찍었다.

이 사건은 한국 현대 정치사에서 가장 극적인 일로 기록되고 있다. 그런데 사건 현장이 되고만 회식은, 청와대 가까이 있던 정보기관 관할의 별저(別邸)에서 행해졌다. 박 대통령 외에 대통령 비서실장, 중앙정보부장, 대통령 경호실장 등 권력 중추(中樞)를 이루는 측근이 참석했다. 도중에 접대역으로 젊은 가수와 대학생 모델 등 두 명의 여성이 합석했다.

회식에서는 당시의 정국(政局)에 관해 이런저런 의견이 오갔고, 특히 격렬해진 반정부 데모에 대한 대응을 둘러싸고 중앙정보부장에게 비판이 쏟아졌다.

그 무렵 권력 내부에서는 정보부장(金載圭)과 경호실장(車智澈)이 대립, 경쟁 관계에 있었다. 단적으로 말하자면 전자(前者)가 온건파, 후자(後者)가 강경파라고 할까. 그리고 박정희는 경호실장을 더 신임하는 것으로 여겨졌다(적어도 정보부장은 그렇게 생각하고 있었다). 그로 인해 정보부장의 불만이 쌓여 갔다는 게 사건의 배경이다.

격론 끝에 정보부장이 여성들도 앉아 있는 자리에서 권총을 발사하여 박정희와 경호실장을 살해했다. 직후에 그는 스스로 정국을 주도하려 했으나, 사건 수사를 맡은 군(軍) 보안사령부에 의해 체포되었다. 그는 그 후 사형 판결을 받아 처형되었다.

이 '정변(政變)'에서 사건의 수사 및 처리와 사태 수습을 책임진 전두환(全斗煥) 보안사령관은, 과도기의 정치 혼란을 군부 주도로 대응해나갔다. 그 결과 그는 나중에 대통령으로 취임하게 된다.

쿠데타로 정권을 잡은 박정희가 사거(死去)한 뒤, 다시 군사 정권이 됨으로써 당시의 야당 세력은 '새로운 쿠데타'라면서 전두환 정권의 출범을 비난했다.

이것이 '10·26 박정희 암살 사건'의 간단한 전말(顚末)이다. 여기서 새삼 "박정희는 왜 암살되었나?"고 묻는다면, 그 답은 "혼밥이 아니었기 때문이다"고 할 수 있지 않을까 하는 게 내 기발한(?) 가설(假說)이다.

살해된 박정희나 경호실장이나, 그리고 살해한 정보부장까지 다들 군인 출신이었다. 군인들은 '군대 밥'에 익숙하다. 군대에서 밥은 혼자 먹지 않는다. 항상 막사(幕舍)에서 집단으로 먹는 것이다. 물론 장군(將軍)처럼 계급이 높아지면 별도의 방에서 개별적으로 먹기도 하겠지만, 그럴 경우에도 부관(副官)과 당번병을 비롯한 보좌진이 항상 곁에 있다.

군인은 조직 인간의 전형(典型)이며, 군대 밥은 혼밥의 대극(對極)에 있다. 그런 문화가 몸에 밴 군인 출신 정치가들은 혼밥을 극력 피하려 한다. 박정희 역시 당연히 그런 사람의 한 명이었다. 그러니 식사는 언제나 누군가와 함께 했을 것임에 틀림없다. 특히 대통령(정치가)이 된 다음에는 더욱 그랬으리라.

여기서 살짝 이야기가 샛길로 빠진다. 군대 밥을 말하자니 '군대 술'이 떠오르기 때문이다. 한국인의 음주 방식 가운데 '폭탄주(爆彈酒)'라는 게 있다. 폭탄주는 한국 근무를 마치고 돌아온 일본인들이 전하는 바람에, 일본에서도 꽤 알려져 있다. 실제로 만들어 마시기도 하는 모양인데, 맥주에 위스키나 소주를 섞는다.

누구에게 들었는지 잊어버렸지만, 국제적으로는 폭탄주를 '코리안 칵테일'이라고 부른다던가! 그런데 사실은 이 폭탄주의 뿌리가 군대 술인 것이다.

폭탄주는 맥주의 탄산(炭酸)이 들어있어서, 마시기 쉽고 빨리 취한다. 빨리 취해서 돈이 적게 드니까 주머니 사정이 빠듯한 군인들이 즐겼다는 것이다. 다만 진짜 뿌리는 한국군이 아니라 미군(美軍)이라는 게 정설(定說)로 되어 있다. 주한 미군 병사들이 예컨대 맥주에 버번을 섞어 마시고 금방 취하는 것을 본 뒤, 이를 흉내 내어 한국군이 따라했다고 한다.

나는 1980년대에 난생처음 폭탄주 세례를 받았다. 앞서 말한 것처럼, 새로운 군사 정권으로 전두환 정권이 스타트했을 때였다. 취재 상대 가운데 군인 출신이 많았던지라 폭탄주를 마실 일도 잦았던 것이다. 그리고 그것은 군인 세계뿐 아니라 그 주변에 존재하는 경찰과 검찰, 매스컴에까지 퍼져갔다.

폭탄주의 초창기(草創期)를 알고 있는 나로서는, 폭탄주란 원래 '권력의 맛'이 나는 것이었다. 그래서 맥주에 타는 술은 처음에는 반드시 위스키였다. 위스키는 당시 꽤 비쌌던지라 권력층이나 거기에 매달린 세계에서밖에 맛볼 수 없었다. 미군은 사병이 그걸 마셨지만, 한국군에서는 고급 장교들이 즐겼다.

그것이 1990년대 이후 군사 정권이 퇴장하고 민주화(!)가 이뤄짐으로써 변화가 생겨난다. 위스키 대신 값싼 소주를 섞게 된 것이다. 소주와 맥주라서 '소맥'이라고 바꿔 부르기도 한다.

이전까지는 폭탄주라고 하면, 요정이나 클럽 등 고급스러운 곳에서 마시는 것이었다. 그게 선술집이나 포장마차, 고깃집, 혹은 대중식당에서도 만들어 마시게 되었다. 지금은 폭탄주도 민주화되어 서민의 술로 바꿔어버린 것이다. '권력의 맛'으로서의 폭탄주를 알고 있는 나로서는 어간 아쉽지 않다. 그래서 서민풍의 '소맥'은 마시지 못합니다!

여기서 전하고 싶은 것은 폭탄주의 역사가 아니다. 지금도 그렇지만, 폭탄주는 결코 혼자서 마시는 것이 아니라는 사실이다. 다들 '건배!'를 되풀이하면서 왁자지껄 마시는 것이다. 컵을 깨끗이 비운 뒤 "자, 자, 한 잔 더!"라면서 권커니 잣거니 떠들썩하다. 특히 남이 만든 것을 마시는 게 폭탄주의 묘미(妙味)다. 폭탄주는 분명히 '혼술'이 아니라 '떼술(集團酒)'인 셈이다.

그러므로 폭탄주는 이름 자체에서 짐작할 수 있듯, 군인 세계에서 시작되어 퍼져나갔다. 군인 세계는 밥도 그렇지만, 술도 결코 혼자서 마시지 않는다. 홀로 술을 마시는 군인이 있다고 한다면, 그건 이미 병(알코올 의존증?)이다. 군인은 술이건 밥이건 혼자서 하지 않고, 또 혼자서는 하지도 못하는 사람들인 것이다.

혼밥을 못해
암살된 대통령?

　박정희 이야기로 돌아가자면, 그에게는 또 하나의 비극이 있었다. 1974년 여름, 광복절 기념식에서 연설할 때 기념식장에 잠입한 재일 한국인 청년에게 권총으로 저격당한 사실은 앞서 말한 그대로다. 이 테러 사건에서는 육영수(陸英修) 여사가 유탄에 맞아 타계했다(文世光 사건).

　부인을 잃은 박정희의 그 후의 일상은 적적하기 짝이 없었다. 회식이 없는 날이면 부인과 함께 식사를 했는데, 그마저 불가능해졌다. 세상에 떠도는 이야기에 의하면, 육영수는 '청와대의 야당(野黨)'으로 일컬어졌다. 평소 남편인 박정희에 대한 의견과 쓴소리를 마다 않았다고 한다.

　부인을 잃은 후 측근들과의 회식이 늘어났을 것임에 틀림없다. 혼밥을 하기 싫어 항상 누군가를 불러서 함께 식사를 했던 게 아닐까? 부인이 떠난 다음에는, 회식을 할라치면 사건 당일처럼 접대 역할을 맡는 여성을 초대하는 일이 늘어났다는 소문도 돌았다.

박정희는 측근과의 회식 자리에서 암살되었다. 혼밥이었더라면 살해당하지 않았을 것이다. 박정희는 결국 혼밥을 먹지 않아 목숨을 잃었던 셈이다.

혼밥을 먹지 않아 살해된 아버지 박정희와, 혼밥만 먹어 정치적으로 살해된 딸 박근혜. 실로 절묘한 대비(對比)가 아닌가!

그리 생각하자니 이 대비에는 시대랄까, 세대의 차이라는 의미를 부여할 수도 있으리라 여겨진다. 박근혜도 이미 60대가 되었지만, 아버지에 대해서는 어디까지나 딸 세대이다. 이것을 혼밥을 먹지 않는 구(舊) 세대와, 혼밥에 거부감이 없는 신(新) 세대의 이야기로 치환(置換)할 수 있을지 모른다.

무슨 말을 하고 싶은가 하면, 혼밥이었다는 비난을 받고 실각한 박근혜를 위한 변명이다.

이 대목까지 써온 혼밥에 관한 온축(蘊蓄)에서 보자면, 혼밥을 즐긴(?) 그녀는 어떤 의미에서는 시대의 첨단을 걸은 '멋진 여성'이었다. 요리의 맛 따위야 거들떠보지도 않고, 한자리에 앉아 여러 사람이 떠들썩하게 먹는 아버지와 같은 올드패션의 '일 밥'(=일 삼아 먹는 밥)을 그녀는 거부했다. 그 같은 '일 밥' 탓으로 목숨을 잃은 아버지의 교훈도 있어서, 그녀는 혼밥에 매달렸던 것인지 모른다.

앞서 소개한 혼밥 예찬 에세이처럼 '혼밥은 죄가 없다.' 거기에는 "단절이나 고립은 혼밥 탓이 아니다"는 말도 나온다.

박근혜는 '단절과 고립'을 뜻하는 '불통(不通)'으로 일컬어진 정치 스타일로 비난을 받았다. 그것이 혼밥과 겹쳐지면서, 그 전통적이랄까 부정적인 낡은 이미지에 의해 한층 매도당했다. 바로 '마녀사냥'이었다. 그러나 혼밥을 즐기게 된 한국인들은, 더 이상 박근혜의 혼밥을 비난해서는 안 된다.

거듭 말하지만, 혼밥에는 죄가 없다. 박근혜의 실각은 밥 탓이 아니라, 어디까지나 그녀의 정치적인 역량 부족 때문이었던 것이다.

07

청와대 식사 초대에서
왕따(!) 되다

대통령이 바뀌면
음식 문화도 바뀐다

한국은 무슨 일이건 집중도가 대단히 높은 사회이다. 원래 역사적, 문화적으로 '나라의 본새'가 극도로 중앙집권적이어서, 사람들은 항상 권력의 중심인 도읍(都邑)의 동향에 강한 관심을 가져왔다.

그것이 현대에는 서울을 중심으로 한 수도권에 인구의 절반이 집중되고, 더구나 IT가 발달한 세계 유수의 인터넷(스마트폰?) 왕국이 되었다. 그 바람에 집중도는 더욱 더 심화되고 있는 느낌이다.

이것은 에도(江戶)시대(1603~1867년)에 지방을 다스리던 번(藩)을 뿌리로 하여, 지금도 여전히 '지방'이 건재하는 일본과의 큰 차이다. 오래 한국에서 살면 살수록 그걸 실감한다. 여기서는 구체적인 설명을 하지 않겠다. 하지만 오해를 무릅쓰고 단적으로 말하자면, 그런 의미에서 한국에는 '지방'이 존재하지 않는다고 해도 무방하다. 죄다 '중앙' 같은 것이다.

여기에는 장단(長短)의 양면이 있으므로 반드시 어느 쪽이 옳고 그르다는 문제가 아니다. 그렇지만 우리들 외국인이 볼 때, 한국에서 특이하게 비치는 다양한 현상의 배경에는 많은 경우 그것이 있더라는 이야기다.

중앙집권적이라는 사회 구조는 사람들이 무엇을 생각하는 데도 커다란 영향을 끼친다. 그 상징적인 예가 뉴스로 가끔 다루어지는 히트 영화의 '관객 1000만 명 돌파!'라는 것이다.

한국 영화계에서는 그렇게 대박을 터트리는 개봉(開封) 영화가 자주 등장한다. 개중에는 언제나 '악한 편(惡者)'인 일본을 조지는, 역사를 소재로 한 반일·애국 영화도 있다. 반일을 내세우기만 하면 매스컴에서 앞다투어 PR해주니까 관객이 늘어난다.

인구 5000만의 나라에서 남녀노소와 어린이, 환자까지 포함하여 전체 국민 다섯 명 가운데 한 명이 영화관으로 발걸음을 옮겨 돈을 내고 똑같은 영화를 본다는 이야기다. 이건 정말이지 대단하다. 세계에서도 으뜸가는 현상이다. 아마도 한국에서밖에 볼 수 없는 현상이리라.

이제부터 음식 이야기로 들어가는데, 한국에서는 대통령이 바뀌면 수도 서울의 음식 풍경이 달라진다고 한다. 이 역시 '관심 집중 사회'와 관계된다.

여태 내가 잊지 못하는 이야기가 있다. 1970년대의 일인데, 어느 정계 원로에게 식사 초대를 받아 갔을 때 그가 이렇게 말했다.

"서울에서는 예전에 생선 따위는 먹지 않았어요. 그 바람에 집의 부엌에 날이 굽은 육류용 식칼은 있어도, 생선을 요리할 때 쓰는 끝이 날카로운 건 없었지요."

그날 식사는 당시 나이든 정치가들이 즐기던 '일식(日式)'이라는 이름의 일본 요리, 즉 회를 중심으로 한 생선 요리였던지라 그런 이야기가 화제에 올랐다. 거기서 그 정계 원로가 하고 싶었던 이야기는 이런 것이었다.

한국의 현대 정치사에 의하면, 초대 이승만(李承晩) 정권(1948~1960년)의 이승만은 원래 북한에서 태어났다. 이승만 정권은 스타트 직후 북한의 침략에 의한 6·25전쟁을 겪었다. 공산화된 북한에 대항하는 반공 정권이었던지라 북에서 도망쳐온 사람들이 꽤 정권을 떠받들고 있었다. 그래서 수도 서울의 음식 문화도 그 영향을 받아, 가정에서나 외식(外食)에서나 육류가 중심이었다고 한다.

서울의 음식 풍경은 1961년에 박정희를 위시한 군부가 쿠데타로 정권을 잡은 뒤 크게 바뀌었다. 박정희는 경상북도 출신으로, 이 정권이 들어선 이후 서울에서는 남쪽 출신들이 위세를 떨치게 되었다. 이를 계기로 서울에서도 회를 비롯한 생선 요리가 일반화되었다는 것이다.

이 이야기는 좀 오버한 감이 없지 않다. 왜냐하면 서울은 원래 내륙도시니까, 금방 상하는 생선을 식재료로 쓰기 어려웠다. 따라서 박정희 정권 아래의 경제성장과 근대화로 생선 유통이 활발해짐으로써, 수도 서울에도 생선 문화가 유입되어 정착했다는 쪽이 더 설득력이 있다.

그러나 남쪽 출신자가 권력을 쥐고, 그 권력 주변이 회식에서 생선 요리를 선호했다는 것은 있을 수 있는 일이다. 내가 1970년대 이후 텔레비전 등 매스컴의 뉴스에서 목격해온 정치 장면에서, 회식 장소가 대부분 '일식'이었다는 것도 그 영향이라고 해도 좋을지 모른다.

지금도 그렇지만, 한국에서 정치의 장소로서 '일식' 혹은 일본요리점이 곧잘 등장하는 까닭이 무엇인지 항상 신기하게 생각해왔다.

남쪽 세력이 권력을 쥐었다고 하는 것은, 1960년대의 박정희에서 시작된 '경상도 정권'이라 불린 보수·여당 계열뿐만이 아니다. 그 후 김영삼, 김대중, 노무현, 그리고 지금의 문재인까지 전통적인 야당 계열이나 좌파·혁신 계열도, 출신 지역이나 지지 기반은 남쪽이다.

그들이 생선 요리에 익숙했다는 점도 있겠다. 하지만 그 이상으로 정치가의 경우에는 생선 요리, 즉 '일식' 또는 일본 요리의 간결함이랄까, 차분하고 조용한 식사 분위기에 더 끌렸던 게 아닐까?

이것은 '상다리가 휘어지도록 차리는 것'을 옳게 치는 한국 요리의 넘침과 요란함과의 비교에서 나온 견해다. 하여튼 그런 풍성한 한국 요리를 앞에 두고는 조용한 정치적 밀담 따위는 안 된다? 실감(實感)으로도 소고기를 구워 먹으면서, 제대로 된 정치 이야기를 나누는 것은 어렵겠다.

"대통령이 바뀌면 서울의 음식 문화도 변한다"는 것은, 한국에서의 정치권력의 절대성(絕對性)이나 사람들의 권력에 대한 강한 관심을 상징적으로 이야기해준다. 서울에서의 오랜 기자 활동을 통해, 실제로 역대 대통령에 관해 거기에 가까운 에피소드를 목격해왔다. 이 자리에서 그런 것을 소개하고자 한다.

김대중과
호남 요리 전성시대

　앞서 "한국에는 '지방'이 존재하지 않는다"고 다소 난폭한 이야기를 했다. 그럼에도 불구하고 이미 '경상도 정권'이란 식으로 쓴 것처럼, 한편에서 한국의 현대 정치는 지방을 빼고는 말하지 못한다.

　가령 종종 '동서(東西) 대립'이니 '지역 대립'이니 하는 말들이 들리는 것처럼, 남동부의 경상도와 남서부의 전라도가 흡사 고대의 '신라 VS 백제'의 대립을 떠올려주듯이 언제나 정치적으로 대립, 대항해왔다. 이 두 지역의 동향이나 줄다리기는 정국에도 커다란 영향을 끼쳐왔다. 다 고인(故人)이 되었지만, 1970년대에 박정희(경상도)와 김대중(전라도)의 '싸움'은 그 상징이었다.

　단지 이 '지역 대립'이라는 것은 오로지 중앙에서의 권력 쟁탈을 둘러싼 갈등과 싸움이었지, 반드시 지방·지역에서의 이해 문제는 아니었다. 어디까지나 중앙에서의 권력 투쟁을 위한 지역 활용·이용이라고 할까. 다음의

'대통령과 식사' 에피소드도 그 같은 사정을 드러낸다.

가령 제1장에서 살짝 언급했으나, 우선 김대중의 고향인 전라남도 목포의 명물 홍어가 흥미롭다. 홍어를 썩혀 발효(醱酵)시킨 그 맹렬한 '악취'가 미각(味覺)이 된 것으로 유명하다. 그런데 김대중이 정권을 잡음으로서 (1998년) 이 대단히 특이한 '음식'이 서울에서 일거에 퍼져나갔던 것이다.

중앙집권 사회에서는 이같이 수도 서울에서의 인기와 평판이 대단히 중요하다. 그때까지 이른바 '지역구(地域區)'였던 홍어 요리가 김대중 정권 탄생으로 '전국구(全國區)'가 된 것이나 다름없다.

전라도는 통칭 '호남(湖南)'으로 불린다. 이것은 서울의 남쪽 충청도와 그 남쪽인 전라도의 경계를 흐르는 금강(錦江) 하구(河口)가 드넓어서, 이것을 호수(湖水)에 견주어 충청도 남쪽을 '호남'이라고 부른 것에서 유래한다. 덧붙이자면 이 금강은 일본의 역사 교과서에는 고대에 일본군이 백제 지원을 위해 달려왔던 '백촌강(白村江) 전투'에 나오는 바로 그 '백촌강'이다.

한국에서는 예로부터 '음식은 호남'이라고 했다. 전라도는 기후가 온난한 곡창지대를 배경으로, 식재료가 풍부하여 음식 문화가 발달했다. 그 농촌 지역에서 수도권으로 돈 벌러 가는 사람도 많았고, 그들은 손쉬운 생계 수단으로 서울에서의 대중적 외식 산업 대부분을 차지했다.

따라서 서울에는 원래 호남 쪽 음식점이 많았지만, 그래도 홍어는 일반적이지 않았다. 이색적인 식재료여서 값도 비쌌다. 그러나 김대중 정권 탄생으로 그 수요가 단숨에 늘었다.

행세깨나 하게 된 전라도 출신자들이 '우리들의 봄'을 맞아, 홍어가 나오는 호남 요리를 만끽했다. 그것이 서울의 음식 문화로서 확대되어 정착하기에 이르렀던 것이다.

'호남의 홍어'는 우리 일본 기자들도 자주 맛보게 되었다. 김대중 자신이 기자들을 아주 좋아해, 수시로 식사 초대를 해주었다. 이것은 길었던 야당 시절부터 그랬는데, 정치가로서의 생존 전략으로 유난히 언론을 중시해왔다. 김대중이나 그 측근들은 항상 전라도 요리 전문점으로 기자들을 초대하여, 주흥(酒興)을 곁들이면서 자신들의 존재감을 어필하고자 했던 것이다.

김대중의 경우, 특히 야당 시절에는 민주화 운동에 대한 지원을 기대한다는 의미에서 외국 매스컴과의 접촉이 잦았다. 그중에서도 그는 도쿄(東京)에서 일어난 '김대중 납치 사건'으로 국제적으로 유명해졌다. 그로 인해 일본 매스컴의 지원과 협력에 보답하겠다는 심정도 있었던지 일본 기자들을 잘 챙겨주었다.

정치적인 우여곡절 끝에 김대중이 대통령이 되자, 이번에는 정권을 배경으로 전라도 출신이 서울에서 위세를 떨치게 되었다. 그 바람에 '호남 음식점'에서의 회식 자리가 눈에 띄게 늘어났다.

지금도 기억하고 있는 호남 계열 요정(料亭) 가운데 '수정(水晶)'이라는 곳이 있었다. 서울 도심의 서대문 적십자병원 뒤편에 있었는데, 그곳 여주인은 김대중과 동향인 목포 출신이었다. 어딘가 여대생 같은 분위기의 여성으로, 흥이 나면 손님방에서 기타를 연주해주기도 했다.

이곳은 김대중이야 두말할 나위가 없고, 측근들도 단골로 드나들었다. '수정'은 김대중 정권이 들어선 이후에는 크게 번창하여, 별관(別館)까지 생겨날 정도였다.

우스꽝스러웠던
부산 '회 엑스포(EXPO)'

김대중 정권 탄생으로 서울에는 홍어 전문점도 많이 생겨났다. 그런 식당 앞을 지나가기만 해도 암모니아 냄새가 코를 찔렀다. 그럴수록 가게의 인기는 높아졌고, 아는 이들은 그 냄새만으로 군침을 흘렸다.

김대중 정권에서 그 같은 먹을거리의 여파(餘波)가 있었던지라, 다음으로 정권을 쥔 노무현 때에도 "이번에는 서울에서 어떤 음식이 유행할까?" 하는 게 화제가 되었다.

노무현은 항구 도시 부산이 정치적인 고향이었다. 태어난 곳은 부산 근교의 김해이지만, 출신 고교와 선거구는 부산이었다. 부산은 수산(水産) 도시여서 생선은 무엇이든 있었다.

그래도 노무현 본인이 "부산에서 '아나고'를 자주 먹었다"고 말했던 만큼, 노무현을 상징하는 음식은 '아나고 회'로 낙착되었다.

한국에서는 아나고를 회로 쳐서 잘 먹는다. 그런데 잠깐, 아나고는 일본어다. 왜 일본어 그대로 아나고일까?

한국어로는 장어(長魚)다. 긴 생선이라고 해서 붙인 이름인데, 멋대가리 없는 네이밍이다. 마찬가지로 민물에서 잡히는 가늘고 긴 장어는 뱀장어, 또는 민물장어라고 부른다. 그래서 바다의 아나고 역시 장어와 구별하느라 바닷장어라고도 한다.

그것이 어째서 아나고인가? 앞서 오뎅 이야기를 하면서 쓴 것처럼 부산은 일본과 가깝고, 일본 통치시대에 도시가 된 점도 작용하여, 옛날부터 일본 수산업의 영향을 많이 받아왔다. 그 바람에 생선 이름에도 일본어가 여전히 남아 있는 것이다. 아나고는 그 대표이고, 그 외에도 '아지(=전갱이)'나 '부리(=방어)', 그리고 '사시미(=회)'도 일본어 그대로 통용된다.

여기서 이번에도 살짝 샛길로 빠진다. 수산업과 관련하여 일본어가 상당히 남아 있는 수산 도시 부산에서 몇 해 전, 생선 소비 확대와 관광 도시 부산을 PR하느라 '회 만박(萬博)'이라 할 이벤트가 개최되었다. 당시의 에피소드에 폭소를 터트리지 않을 수 없었다.

한국에서는 만박, 즉 만국박람회를 'EXPO'라고 한다. 그러니 2025년에 개최될 '오사카(大阪) 만박'도 한국 홍보용으로는 부디 '오사카 EXPO'라고 해주기 바란다. 같은 한자(漢字) 문화권이라고 해도, 한국어로 직역하여 '오사카 만박'이라고 해봐야 무슨 소리인지 잘 알아듣지 못한다.

그런데 부산에서 '회 EXPO'가 열렸을 때, 외국인들에게도 어필하려고 이벤트 이름이 영어로도 표기되었다. 그 영어 명칭이 'BUSAN·HOE·EXPO'였다. 회를 영어로 'HOE'라고 했던 것이다.

이런 발표가 있자 식자층(識者層)으로부터 이내 조롱이 터져 나왔다.

'HOE'란 영어에서는 농기구인 '괭이'를 뜻한다. "HOE·EXPO라고 표기했으니 농기구 전시회라도 열리는 줄 알 거야!"라고 이죽거린 것이다.

그러나 이미 엎질러진 물, 고칠 시간이 없다고 해서 그대로 진행되었다. 하지만 그런 묘한 EXPO가 오래갈 리 없어 어느결에 슬그머니 막을 내리고 말았다.

당시의 문제점은 일상적으로 사용해온 '사시미'를 그대로 사용하여 'SASHIMI'라고 했으면 좋았을 텐데, 언어 내셔널리즘이랄까 "일본어를 쓰면 말썽이 난다"고 하여 무슨 의미인지 아무도 모를 것 같은 'HOE'라고 해버린 데 있었다. 'HOE'도 영어 발음은 '호우'이지 '회'가 아니다.

한국 음식 문화에서의 이런 반일 언어 내셔널리즘의 고투(苦鬪)에 관해서는, 뒤에 다시 자세히 다루고자 한다.

음식으로
노무현에게 이긴 이명박

노무현의 아나고 이야기로 돌아가면, 한국에서는 아나고를 회로 하여 잘 먹는다. 아나고 껍질을 벗기고 얇게 썰 듯이 토막 쳐서 고추장에 찍어 먹는다. 살이 희고 고소하여 의외로 맛이 있다. 문제는 뼈가 그대로 남아 있다는 점이다.

소위 '세코시' 스타일로, 회이면서도 뼈와 함께 씹는다는 느낌이다. 뼈가 남아 있는 것이 일본인에게는 꽤 저항이 생긴다. 나 역시 이따금 먹긴 하지만, 그리 맛이 있다고는 여기지 않는다. 뼈는 씹다가 뱉어내는 경우가 많다.

그러나 한국인들은 아주 좋아한다. 왜? 고급스런 느낌도 든다. 그리고 무엇보다도 한국인을 끌어당기는 '정력(精力)에 좋다'는 느낌을 안겨주기 때문이다. 장어 종류는 길고 두텁고, 미끈미끈하여 잘 움직이므로 정력 이미지가 드는 모양이다. 이런 것으로 힘을 쓰는 한국인(남자)은 귀여운가?

아니면 어리석은가?

다만 그런 이미지를 손님인 일본인에게도 강요하니까 낭패스럽다. 장어 요리가 나오기만 하면, 반드시 심벌 부분을 먹으라고 권한다. 손님에 대한 친절과 배려라고 생각하지만, 그건 정말이지 고맙지 않다. 나는 절대 사양 한다.

아나고 회가 부산의 명물이었기에 노무현이 대통령이 되자 "이번에는 아 나고 붐이 일까?" 하는 말이 나돌았다. 분명히 처음에는 '축하 무드'에 실 려 '일식' 생선 요리점에서도 종종 주문이 있었던 모양인데, 그리 오래가지 는 않았다. 붐과는 거리가 멀었다.

그런데 그 다음의 이명박 정권이 되자 똑같은 생선 계통으로 '지역구'에 서 '전국구'로 출세한 음식이 있다. 과메기다. 꽁치를 말려 만든 것인데, 이 런 묘한(?) 음식이 급속도로 서울의 음식 세계에 진출하여 인기를 얻었던 것이다.

이유는 간단했다. 새 대통령이 된 이명박의 고향인 경북 포항의 명물이 었기 때문이다.

포항은 일본의 지원으로 건설되어 세계적인 기업이 된 포항종합제철소 (POSCO)로 잘 알려진 곳인데, 옛날에는 어촌이었다. 일본 통치시대에는 일본 어민들도 꽤 이주(移住)하여 살았다. 당시의 일본 가옥이 최근 들어 관광용 과거 유산(遺産)으로 각광을 받고 있다.

과메기는 원래 대량으로 잡히던 청어를 보존하느라 머리와 내장을 잘라 낸 뒤 해변에 널어두고, 바닷바람에 말렸다. 일본의 '미카키 청어'(=대가리 와 꼬리를 잘라내고 발겨서 말린 청어. 옮긴이)와 같은 것인데, 근년 들어

청어가 잡히지 않아서 거의 꽁치를 이용한다. 그 바람에 지금은 다들 과메기라고 하면 꽁치를 떠올린다.

먹는 방법이 유니크하다. 설익어 구덕구덕한 것을 그냥 그대로 잘라서 고추장에 찍고, 얇게 썬 마늘과 파를 얹어 미역에 싸 먹는 것이다. 이러니 젓가락을 사용할 수 없다. 보통 다들 손으로 싸서 입으로 가져간다. 너무나 야성미 넘치는 로컬 식품인데, 밥반찬이라기보다 술안주로 인기가 있다.

예전에는 아는 사람만 아는, 음식 호사가(好事家) 용이었다. 그것이 이명박 정권이 되자 서울로 진출하여 단숨에 퍼졌던 것이다.

한국도 최근에 와서 지방자치단체들이 '내 고장 띄우기'에 열심이므로, 이명박의 고향 쪽에서도 관련 업계와 손을 잡고 서울로의 진출을 꾀하기도 했으리라. 그럴 때는 역시 '대통령 브랜드'가 절대적인 효과를 발휘하며, 서울로 진출하기만 하면 '전국구'가 된다.

다만 내 취향으로는 과메기는 아직 성에 차지 않는다. 꽁치는 뭐니 뭐니 해도 구워야 제격이다. 게다가 바닷바람에 말려 기름기가 빠졌는지라 비린내는 상당히 사라졌다고 하지만, 맥주와는 어울리지 않는다. 과메기가 안주이면 아무래도 소주로 과음(過飮)하고 만다.

그렇지만 그토록 와일드(?)했던 과메기가, 이명박 덕분으로 지금은 서울에서 고급 음식이 되고 말았다. 카운터 초밥의 깔끔한 일본요리점이나 고급 요정에서, 일부러 "오늘 과메기가 들어왔습니다"며 손님을 끈다. 약간의 비린내와 살짝 기름기가 감도는 그것은 제아무리 미역으로 싸더라도 초밥집 카운터에서 먹을 음식은 아니리라.

연말이면 전개되는
대통령의 세밑 정치

한국에서는 해마다 명절이 되면 청와대에서 대통령 이름으로 각계 요인들에게 선물을 보낸다. 명절은 한국인들로서는 가족 모두가 모여 조상에게 차례를 지내는 축일(祝日)이다. 추석과 설날이 2대 명절인데, 여기에 맞추어 서로 선물을 주고받는다. 일본에 비기자면 앞쪽이 '오추겐(お中元)', 뒤쪽은 '오세이보(お歳暮)'인 셈이다.

청와대가 선물을 보내는 대상자는 약 3000명에 이른다고 하는데, 외국인 기자도 포함되어 있다. 이런 관례(慣例)가 언제부터 시작되었는지 기억이 정확하지는 않으나, 군사정권이 끝나고 '첫 문민(文民)정부'라고 자만(自慢)하던 김영삼 정권부터였지 않을까?

선물 내용물은 역대(歷代) 대통령이 대개 식품 세트를 골랐다. 그것도 당시 대통령의 출신지 특산물이 많았다. 그렇지 않은 경우에도 대부분 농수산물이었다. 어떤 의미에서는 국산품 애용의 권유였고, 그렇게 함으로써 애국자 퍼포먼스가 되는 셈이었다.

그러므로 결코 와인이나 위스키 등 수입품은 없었다. 농산물도 국내산에 한정되었다. 수산물은 김대중의 홍어나 이명박의 과메기는 반쯤 '날 것'인지라 선물로는 적당하지 않다. 수산물로는 결국 '말린 것'일 수밖에 없는데, 김영삼 정권 당시 보내져온 '쪄서 말린 멸치 세트'가 상당히 화제에 올랐다.

김영삼은 경남 거제도가 고향으로, 본가가 멸치잡이 선주(船主)였다. 청와대의 봉황 마크가 새겨진 멋진 상자에 담겨 사무실로 선물이 보내져 왔을 때, 저절로 "뭐야 이게…?" 하면서 깔보았다. 일본적인 감각으로 하자면, 대통령이 보낸 '오세이보'가 멸치라니 농담에 가까웠다.

그런데 나중에 알게 되었지만, 한국에서는 국물이 있는 요리에서 쓰는 '다시'는 육류 '다시'가 일반적이다. 멸치 '다시'는 거의 없어 고급품 대접을 받았다.

멸치는 바닷가 지역에서는 썼어도, 내륙인 서울에서는 일반적이지 않았다. 최근에 와서 와쇼쿠(和食) 붐으로 가다랑어나 다시마 '다시'를 자주 보게 되었으나, 당시로서는 드물었다.

본시 한국어에는 일본어의 '다시'에 해당하는 단어가 없다. 그냥 국물을 우려내는 것이라고 설명할 수밖에 없다.

따라서 멸치가 서울에서는 고급품이자 귀중품이었다. 그것이 김영삼이 대통령이 됨으로써 '다시'로서 별안간 수요가 늘어났다. 당시 우동과 같은 면이나 오뎅의 국물로 멸치를 쓰는 식당에서는 "우린 멸치니까…"라면서 몹시 으스대기도 했다. 이것은 요즈음도 식당에서 가끔 듣는 자랑이다.

더구나 김영삼은 멸치로 국물을 우린 칼국수를 아주 즐겼다. 칼국수는 지극히 서민적인 가벼운 식사 거리로, 식당에서는 대개 점심 메뉴로 사랑받았다. 맛이 담백하고, 달리 곁들여지는 것도 없으며, 간혹 모시조개가 들어가는 정도다. 반찬으로는 김치가 반드시 나온다.

그래서 인기 있는 식당은 김치가 맛있는 곳이라고도 한다. 그래서야 김치 맛으로 먹는 격이라 칼국수에 대한 실례의 말씀이리라. 칼국수는 원래 그런 음식인 것이다.

어쨌든 멸치 '다시'의 칼국수는 고급이어서 인기를 끌었다. 김영삼이 야당 시절로부터 단골로 다니던 칼국수 전문점이 성북동에 있었다. 이 식당은 김영삼이 대통령이 된 후에는 점심시간이면 검은색 승용차들이 꼬리를 물었다.

김영삼은 또 종종 각계 요인들을 청와대로 초대하여 칼국수를 대접했다. '첫 문민 대통령'을 간판으로 했던지라, 칼국수로 서민 뉘앙스를 과시하자는 의미도 있었던 듯하다. 자신은 멸치잡이 배를 몇 척씩이나 가진 집안 출신인지라 결코 가난하지 않았고, 부잣집에서 곱게 자란 풍모(風貌)에다 사람 됨됨이도 좋았다.

따라서 청와대에서 '김영삼의 칼국수'를 먹은 사람이 많았다. 정치가들 외에 야당 시절 동지였던 민주화·인권운동가나 종교인들도 있었다. 우리들 일본인 기자단도 초대를 받았다. 말하자면 '칼국수 정치'였던 셈이다.

이런 에피소드도 있었다. 김영삼이나 김대중이나 다 반정부 민주화 운동으로 이름을 떨친 정치가였는데, 반정부 운동으로 잘 알려진 어느 거물 기독교인이 청와대의 초대로 칼국수를 먹었다. 그런데 이 기독교 지도자가 칼국수를 먹은 뒤 "이래서야 식사한 기분이 들지 않는다"면서, 돌아가는 길에 고깃집을 찾아가 소고기를 구워 먹었다는 것이다.

한국의 정치가는 식사가 정치적인 파워의 상징(?)인지, 대체적으로 대식가(大食家)가 많다. 앞서 이야기한 것처럼 술자리에서 폭탄주를 즐기는 것과 마찬가지다. 이 거물 종교인도 당연히 그 문화를 공유하고 있었던 셈이다.

칼국수 초대를 받은 다음 양이 차지 않아서, 다시 고기를 구워 먹었다는 정치가는 더러 있었다. 건강 지향의 김영삼 자신은 워낙 소식(小食)이었고, 조깅이 취미였다.

역대 대통령 가운데에는 김영삼 다음으로 대통령이 된 김대중의 대단한 먹성이 기억에 남는다. 앞서 소개한 대로 그는 야당 시절, 일본인 기자를 자주 식사에 초대했다. 중화요리를 즐겼는데, 나오는 코스 요리를 항상 깨끗이 비우곤 했다. 김영삼과 김대중은 정치적으로는 영원한 라이벌로, 식사 역시 대조적이었던 것이다.

김대중이 대통령이 된 다음 외국인 기자들을 청와대로 불렀을 때, 메인 테이블에서 그의 옆자리에 앉은 적이 있었다. 그때도 두툼한 스테이크를 남김없이 해치웠다. 당시 그의 나이 70대 중반이었다. 내가 평소 식사에 대해 어떤 생각을 하느냐고 물었더니, 곧장 '식사는 보약(補藥)'이라는 답이 돌아왔다. 식사가 약(藥)과 같았으니 '건강의 비결은 식사'였던 셈이다.

그는 반정부 운동으로 오래 고생했지만, 네 번의 도전 끝에 대통령 자리에 올랐다. 그 같은 정치적 집념이랄까, 끈질김에 빗대어 세간(世間)에서는 '인동초(忍冬草)'라는 별명을 붙여주었다. 그리고 그 파워의 배경에는 식사가 있었던 것이다.

'대통령의 밥' 때문에
보복당한 구로다 기자

이야기가 대통령의 세밑 선물에서 크게 번지고 말았다. 이 선물에 관해서는 나에게 흥미로운 에피소드가 있다. 김대중에 이어 대통령이 된 노무현 당시의 일이다.

선물이 대부분 지방의 농수산물이라는 사실은 이미 밝혔는데, 노무현 시절에 여러 종류의 쌀을 골고루 담아 보내온 적이 있었다.

한국산(産) 쌀은 1970년대까지는 완전 자급을 겨냥한 증산미(增産米) '통일쌀'이 유명했으나, 맛이 없었다. 그러나 그 후 '아키바레'와 '고시히카리' 등 일본 볍씨를 도입하기도 하여 맛이 급속도로 나아졌다.

서울에서 홀로 생활하는 나는 이따금 직접 밥을 해 먹기도 한다. 그럴 때 설거지를 비롯하여 성가신 일이 없도록 밥은 언제나 전자레인지를 이용한다. 한국산 햇반을 먹는데, 여간 맛있지 않다.

그런저런 과정을 거쳐 한국에서도 최근 지역 특산 브랜드 쌀을 팔기에 이르렀다. 이건 아마도 일본을 참고로 한 것으로 여겨진다. 그래서 노무현 시절의 청와대가 추석 선물로 한창 PR을 하던 지역 브랜드 쌀을 세트로 만들어 보내왔던 것이다.

지역 풍경이 컬러로 그려진 조그만 종이 상자에 500그램씩, 제주도를 제외한 8도(道)의 쌀이 담겨 있었다. 종이 상자의 그림이 소박하면서도 예뻤다. 그것을 각 지역을 다 배려하여 8개 세트로 만들었는데, 양이 500그램씩이라는 게 좋았다. 그 지역의 이미지를 떠올려 가면서 조금씩 맛을 견주어 볼 수도 있었다.

받자마자 무심결에 미소를 짓게 만든 기분 좋은 선물로, 청와대의 히트 아이디어로 여겼다. 그래서 그 이야기를 즉각 칼럼에 썼다.

칼럼 내용은 관례(慣例)가 되다시피 한 청와대의 명절 선물 이야기에서 시작하여, 한국의 쌀 사정과 지역 현황 등을 소개했다. 끝으로 "이것은 노무현 정권의 오랜만의 히트다"고 썼다. 그랬더니 이게 괘씸하다고 하여 청와대의 언론 담당자로부터 전화로 항의를 받았다.

나로서는 칭찬을 한 것인데, 왜?

듣자 하니 '오랜만의 히트'가 무어냐고 화를 냈다. 즉 "노무현 정권에는 그런 것밖에 칭찬할 게 없다는 뜻이냐, 정권의 평가치고는 너무하지 않았느냐, 우리를 바보 취급했다…"는 것이었다. 정말이지 그런 식으로 받아들일 수도 있을까? 아무리 그렇더라도 한 나라의 대통령 관저로서는 너무 감정적이고 비뚤어진 대응이 아닌가?

그러나 이 에피소드에는 배경이 있다. 잘 알려진 것처럼 노무현은 정권 발족 직후로부터 "미국이 대수냐!"는 식의 호기(豪氣)로운 반미(反美) 외교

자세가 국내외에서 문제가 되었다. 나 역시 상당히 비판적인 논평을 썼다.

그 결과 나는 노무현 정권으로서는 외교 용어로 소위 '페르소나 논 그라타(persona non grata)'와 같은, 즉 '호감이 가지 않는 인물'로 찍혔던 것이다. 그 바람에 대통령이 연말에 외국인 기자들을 초청하여 청와대에서 개최한 만찬에 나 혼자 제외된 적이 있었다.

그것도 일단 초대해놓고는, 이틀 전에 와서 느닷없이 전화를 걸어와 아무런 이유도 밝히지 않고, 그냥 "안 와도 된다"는 것이었다. 실례도 이만저만한 게 아니어서 "연말이라 나도 무척 바쁘다. 싫다면 처음부터 부르지 않았으면 될 게 아닌가!" 하고 일단 화를 내는 척하고 전화를 끊었다.

도무지 그 이유가 짐작조차 가지 않았다. 나중에 취재를 해봤더니, 내가 예전에 어느 일본 잡지에 기고한 대미 외교 비판 기사가 원인임을 알게 되었다. 다시 말해 잡지 기사였던지라 도쿄에서 번역문이 도착하는 게 늦어졌고, 그 바람에 청와대가 화를 낼 타이밍도 늦어진 셈이었다.

그 후 나는 노무현 정권 아래서는 대통령을 비롯하여 청와대 당국자와의 식사나 간담회에 항상 제외되었다. 그렇지만 심층(深層) 심리에는 그 연말 식사의 한(恨)이 남아 있어서, 앞서의 추석 선물 칼럼에서 불쾌감이 넘치는 글을 쓴 것인지도 모르겠다. 나로서는 반드시 그런 보복 심리가 있는 게 아니었으나, 청와대는 그렇게 생각한 모양이었다.

역대 '대통령의 밥'에서는 가장 유쾌하고, 가장 인상 깊은 에피소드이다. 이것은 식사 초대를 받는 것보다 훨씬 흥미로운 경험이었다. 지금 이런 일을 재미있고 우습게 적을 수 있는 것도 그 덕분이다. 감사할 일이지 한을 품을 리가 없다. 밥과 엮으면 이야기는 늘 흥미로워진다.

08

한국 정치 1번지,
광화문의 식사 풍경

광화문을 차지하는 자,
한국을 차지한다

서울의 중심이 어디냐 하면 역시 광화문이라고 본다. 인구 1000만을 넘는 서울은 남쪽은 한강을 넘고, 북쪽은 북악산을 넘어 엄청나게 넓어지고 있다. 특히 남쪽은 '강남(江南)'으로 불리는 신(新)시가지를 형성했다. 이곳은 '거리'와 '사람'과 '물건' 또한 전통적인 한국 이미지를 벗어나 이른바 '탈(脫) 김치'의 풍정(風情)으로, 서울의 새로운 얼굴이 되었다.

그러나 그래도 서울이라고 하면, 특히 나 같은 '올드 워처(old watcher)'에게는 강남보다 구(舊)시가지인 강북이다. 그 중심은 남대문이나 동대문의 안쪽인 이른바 '4대문 안'이고, 거기에 옛 왕궁이 있다. 여러 왕궁 가운데 정궁(正宮)에 해당하는 것이 경복궁이고, 그 정면에 있는 문이 광화문이다.

광화문의 전면(前面)이 '광화문 광장'이다. 이 광장은 4대문 안을 동서로 가로지르는 종로와, 남북으로 가로지르는 세종로가 교차하므로 이 부근이 바로 서울의 중심인 것이다. 광화문 광장 일대를 통칭 '광화문'이라고 부른다.

하지만 중심이라는 의미는 시가지로서의 단순한 지리적인 의미뿐만이 아니다. 거기에는 역시 정치랄까, 권력의 중심이라는 의미가 포함되어 있다. 광화문에는 정치 또는 권력이 모여 있는 것이다.

서울이 수도(首都)니까 서울의 중심은 한국의 중심인 셈이다. 그래서 정치 또는 권력이 모이는 광화문은 '한국의 정치 1번지'라 일컬어져 왔다. 따라서 정치적으로는 "광화문을 차지하는 자가 한국을 차지한다"고 할 수 있다.

정치 또는 권력의 중심이라는 것은, 그것을 감당할 정부기관이나 권력기관이 광화문 일대에 모여 있다는 뜻이다. 그중에서도 절대적인 권력을 가진 청와대의 존재가 크다. 경복궁 뒤편의 북악산 자락에 위치하며, 광화문 광장에서 그 푸른 기와지붕이 바라보인다.

그리고 광화문 광장에 면하여 총리와 각료들이 집무하는 정부 종합청사(정부 서울청사)와 외교부 청사가 있다. 종합청사 뒤로는 일본의 경시청(警視廳)에 해당하는 서울지방경찰청도 있다. 덧붙이자면 광화문 광장과 면한 반대쪽에는 미국대사관이 있고, 그 뒷골목에 일본대사관도 있다.

정부기관은 아니나 서울시청도 광장에서 걸어서 5분 거리에 있고, 그 앞이 '서울 광장'이다. 여기까지가 광화문이라고 쳐도 무방하리라.

이쯤이면 서울의 중심이자 한국의 중심이기도 한 정치 1번지 광화문 일대의 분위기를 상상할 수 있으리라. 정치 1번지인지라 광화문 일대, 특히 광화문 광장은 항상 정치성을 띠고 있다. 그 한 자락을 풍경적으로 소개해둔다.

우선 잘 아는 것처럼 박근혜를 탄핵으로 대통령 자리에서 끌어내린 촛불 데모는, 매일 같이 이 일대에서 행해져 청와대 앞까지 밀려갔다.

그렇지 않아도 광화문 광장은 언제나 좌우 쌍방이 '가두(街頭) 정치'를 펼치는 무대다. 항상 누군가가 무언가를 외치고, 무언가의 깃발이나 횡단막이 펄럭이어서 소란스럽다. 정치적인 어필을 겨냥한 농성 텐트가 생겨난 지 오래고, 플래카드를 목에 걸고 '1인 시위'를 하는 모습이 끊이질 않는다. 이 모두가 제 마음대로 하고 있는 것이다.

여기서부터 먹는 이야기로 돌아가자.

내 근무처(산케이신문 서울지국)는 광화문과 서대문의 중간 어름에 있어서, 광화문까지 걸어서 10분가량이다. 따라서 광화문 일대는 취재 목적의 근무 현장임과 동시에, 일상적으로는 '런치 로드(lunch road)'이기도 하다. 혼밥을 먹을 때에는 앞서 이야기한 광화문 광장과 붙은 대형 서점 교보문고에 들르기도 한다.

게다가 밤에도 좋은 가게가 많다고 소문난 강남 쪽은 가는 데 시간도 걸려 귀찮은지라, 결국 광화문에서 해결하고 만다. 특히 나이를 먹은 뒤로는 밥이나 술이나 광화문 부근의 골목으로 발걸음을 옮기는 날이 많아졌다.

광화문의 이런 식사 세계에서 내가 꽤 오래 다닌 단골식당도 몇 군데 있다. 그들 가게의 손님 가운데에는 대통령과 총리, 장관이 탄생하기도 했다. 그 이야기를 한번 소개해보기로 하자. 이것은 한국에서의 '식사와 정치'를 관찰한 실로 귀중한 체험이다. 광화문 뒷골목에서 한국 정치에 대한 '촉감(觸感)'을 맛본 것이다.

회전초밥집에서
대통령이 나올 뻔?

먼저 소개할 가게는 회전초밥집 '삼전(森田)'이다. 이 가게는 세종문화회관 뒤편의 길가에 있다.

서울의 회전초밥집으로서는 가장 일찍 시작한 것이나 다름없어 벌써 개점 20년이 넘었다. 카운터뿐이라서 좌석이 20개도 채 되지 않는 조그만 가게다. 하지만 당초에는 가볍게 초밥만 먹을 수 있는 가게가 주변에 없기도 하여 인기를 끌었고, 나름 한가락 하는 손님이 많았다.

나는 초창기부터 단골이 되어 응원했다. 주인의 부탁을 받아 나무로 만든 둥근 밥통인 일본제 궤(櫃)나, 일본 전통주인 사케를 데우는 도구 등을 구해주기도 했다. 이 중 뒤의 도구는 한 되짜리 술병을 거꾸로 넣어두면 자동적으로 데워진 술이 나오도록 된 것으로, 한국으로 반입하는 데 애를 먹었다.

이 가게를 통해 한국인들이 어떤 종류의 초밥을 좋아하는지도 알았다.

의외로 연어를 아주 좋아하여 이 가게에서 가장 잘 팔렸다. 계란이나 오이 따위는 거들떠보지도 않으니까 처음부터 내놓지 않는다. 넙치의 아가미 언저리 살과 같은 부위도 한국인은 관심이 없다. 전부 내 차지가 된다.

회전초밥은 빙글빙글 도는 동안 선도(鮮度)가 떨어지니까 나는 주인이 초밥을 만드는 바로 앞쪽에 해당하는 1번 자리에 앉는다. 좋은 게 나오면 바로 집어 든다. 마침내 한국인 손님들도 그걸 알아차렸는지 누군가가 이미 그 자리를 차지하고 있기도 했다. 그리고 한국에서는 회전초밥이 놓인 벨트 컨베이어의 회전 속도가 빠르다는 사실도 알았다.

왜 빠른가? 회전이 느리면 손님이 생각하느라 늦게 접시에 손이 가고, 그게 결과적으로 손님 회전이 나빠지기 때문이라는 것이 주인의 설명이었다. 게다가 무슨 일이건 성질이 급한 한국인은 회전이 느리면 부아가 난다?

이 가게의 주인은 서울에서 음식을 포함한 접객업에 많이 진출한 전라남도 출신이다. 그래서인지 결과적으로 이 가게에 대한 기억은 전라도 정권이라 불린 김대중 정권 시절(1998~2003년)로 거슬러 올라간다. 당시 정치적으로 김대중 계열의 사람들이 자주 찾아왔었던 것 같다.

거기에는 나 역시 한몫 했다고 할 수 있을지 모른다. 직업상 만나던 청와대의 언론 담당자들을 데리고 갔기 때문이다. 그래서인지 다른 청와대 비서관들도 눈에 띄었고, 어느 날은 점심시간에 청와대로부터 배달 도시락 주문이 20개나 들어오기도 했단다. 교체되는 스태프의 송별 점심용이라고 하면서, 검정색 승용차가 와서 실어갔다는 것이다.

권력 중추의 이런 극비 정보(?)는 좀체 귀에 들어오지 않는다. 그런데 어떻게 알아냈나? 이튿날 가게 주인이 살짝 귀띔해 주었던 것이다.

'삼전'의 손님 가운데 장관과 국회의원도 탄생했는데, 가장 기억에 남는 두 사람이 있다. 한 사람은 나중에 대통령 선거에서 떨어졌고, 한 사람은 총리가 되었다.

대통령이 되지 못한 사람은 장성민(張誠珉). 그 사람도 전라남도 출신으로, 젊은 시절부터 김대중의 개인 비서 같은 일을 했다. 한국에서 말하는 '정치 지망생'으로, 그 무렵 '삼전'에서 만났다.

언제나 밤이면 이제 막 인쇄된 이튿날 신문(즉 가판 신문)을 안고 와서, 카운터에서 초밥을 먹으면서 그것을 읽고 있었다. 신문 보도, 다시 말해 여론의 동향을 빨리 체크하여 분석한 다음, 그것을 김대중에게 보고한다는 것이었다.

그 사람이 어째서 광화문에 있었느냐고 하면, 광화문에는 조선일보, 동아일보, 서울신문이 있다. 또 약간 떨어진 곳에 중앙일보와 한국일보, 문화일보, 우리 산케이신문 서울지국이 입주해 있는 경향신문까지 포함하면 그 일대에 신문사들이 거의 몰려 있었다. 그리고 각 신문의 가판은 광화문 광장 앞에 있는 동아일보 옆의 공터에 '전원 집합'하는 게 관례가 되어 있었기 때문이다.

그런데 회전초밥집의 하찮은(?) 손님이었던 그가 김대중이 대통령이 되자 비서관으로 발탁되었다. 아직 30대였을 것이다. '국정 상황실'이라는 자리를 만들어 그 실장이 되었다. 한국에서는 대통령 비서관이라면 대단한 파워가 있어서, 때로는 장관 이상으로 힘을 발휘한다.

그 후 국회의원으로 자리를 옮겨 한 번 당선했는데, 도중에 선거법 위반으로 걸려 실직(失職)하고 말았다. 정권 교체도 있고 해서 다시 두 번의 선거에 재도전했으나, 정치가로서의 부활은 이뤄지지 않았다. 그 뒤 정치 평론가나 텔레비전 토론의 캐스터 등을 하면서 나에게도 몇 번인가 출연해 달라는 요청이 있었다. 다 회전초밥의 인연이었다.

그는 젊으면서도 다재다능(多才多能)하달까, 재인(才人)이었다. 그래서인지 정당을 여기저기 옮겨 다니는 등 정치적으로는 자리를 잡지 못하고, 마침내 스스로 정당을 만들어 대통령 선거에까지 나왔다.

박근혜 실각 후, 문재인이 당선된 바로 그 선거에서 '국민대통합당(國民大統合黨)'이라는 전혀 가망이 없는 자작자연(自作自演)의 정당에서 출마했다. 전혀 눈길을 끌지 못했으나, 그래도 약 2만 표를 얻었다. 이것이 광화문 뒷골목에서 '대통령이 나올 뻔한 이야기'이다.

또 한 사람, 회전초밥집에서 총리가 나왔다는 것은 문재인 정권 하에서 총리로 기용된 이낙연(李洛淵)이다. 그는 동아일보 기자 출신으로, 도쿄 특파원 경험자였으므로 일본 기자들과 친했다.

완벽한 일본어를 구사하는 일본통으로 알려져 있다. 논설위원을 거쳐 정계로 진출했다. 그다지 '애국자 시늉'을 내지 않는 부드러운 인품으로, 우리들 사이에서 평판이 좋았다.

그가 어째서 광화문에 있는 '삼전'의 손님이 되었느냐고 하면, 동아일보사가 가까운 데다 그 역시 전라남도 출신이었기 때문이다. 정치가가 되기 전의 기자 시절에는 가게에서 자주 마주쳐 잡담을 나누곤 했다.

그의 고향인 전남 영광은 한국인이 아주 좋아하는 굴비의 산지로 유명하다. 한국인들은 특히 '영광 굴비'라는 말만 들어도 코를 벌름벌름하고, 군침을 흘린다.

그만큼 맛이 뛰어나다는 뜻인데, 먹는 방법으로는 기름을 친 프라이팬에다 구워 먹는 게 가장 좋다. 껍질이 익어갈 때의 냄새가 기분 좋게 코를 자극한다. 그걸 반찬으로 한 '굴비 백반'이 최고다.

덧붙이자면 말리기 이전의 굴비는 조기로 이름이 다르다. 일본에서 말하는 '이카'와 '스루메'의 관계와 마찬가지인데, 한국에서는 둘 다 오징어로 부르니 흥미롭다.

문재인 정권에서 넘버 2에 해당하는 총리로 기용된 이낙연은, 항간에서 일찌감치 문재인의 후계자 가운데 한 사람으로 이름이 오르내린다. 만약 그것이 실현된다면, '삼전'에서 마침내 대통령이 탄생하는 셈이 된다. 그렇게 되면 그의 고향에 뿌리를 둔 '굴비 백반'이 새삼 전국에서 붐을 일으키게 될 것임에 분명하다.

광화문의 음식에서
한국 정치를 점친다

하여튼 '삼전'에서는 아직 대통령이 나오지는 않았다. 실제로 가게에서 대통령이 나온 것은 '삼전' 대각선 방향 건너편 빌딩의 지하에 있던 비어홀 '더 클럽'이다. 큰길가에서 내려다보이는 반(半)지하에 있는 넓은 가게였다.

밤의 메인은 비어홀 겸 바였는데, 낮에는 커피숍이었다. 한쪽 구석에 조그만 피아노가 있고, 밤이면 손님의 요청에 따라 생음악의 피아노 연주를 들을 수 있었다.

나는 이 가게에 낮이면 점심 후의 커피, 밤에는 식사 후의 한잔으로 거의 날마다 들렀다. 시대는 김대중, 노무현, 이명박에서 박근혜 정권의 초기까지였다. 나는 가게가 문을 열고 나서 문을 닫을 때까지 15년 동안 줄곧 드나들었다.

이 가게가 마음에 든 이유는 경영자인 초보 여주인이 '괜찮은 여성'이었음은 두말할 나위도 없다. 게다가 소파가 놓여 있어서 낮에 커피를 마시면서 담소를 나누기에 조용하고 편안했다. 그리고 밤은 밤대로 홀 한복판에 대여섯 명밖에 앉을 수 없는 조그만 카운터 바가 있어서, 미인이면서 말도 잘하는 여주인을 상대로 '혼술(獨酒)'을 즐길 수 있었기 때문이다.

바빠서 저녁 식사를 건너뛴 날에는 종종 이 가게에서 술을 마시면서 프라이드치킨이나 소시지, 감자튀김 등으로 끼니를 해결하기도 했다.

그런데 이 가게에서 대통령이 나왔다는 것은 다소 오버일지 모르겠다. 이명박의 이야기인데, 그가 서울시장을 끝내고 대통령 선거 출마 준비를 하고 있을 무렵, 이 가게에서 두어 번 마주쳤던 것이다.

점심시간의 커피 타임이었는데, 측근들과 예고 없이 들렀을 때 인사를 나누고 악수한 것뿐이었다. 가게에 손님으로 온 것은 분명하니까, "이 가게에서 대통령이 나왔다"고 해도 터무니없지는 않을까?

광화문은 정치 1번지이고, 더구나 서울시청도 가깝다. 그래서인지 이명박 다음으로 서울시장이 된 오세훈(吳世勳)도 왔다. 광화문 앞은 예전에 가로수가 무성하여 광장이 아니었는데, 그걸 광장으로 만든 사람이 오세훈 시장이었다.

이명박은 서울 중심가의 고가도로를 철거한 뒤, 콘크리트로 뒤덮여 있던 청계천을 복원하여 여론의 박수갈채를 받았다. 그런 공으로 대통령의 자리에까지 앉았다. 그래서 후임인 오세훈도 '광화문 광장'에서 점수를 따려고 했는데, 그것은 보수 계열 시장으로서는 실패였다고 생각한다.

왜냐하면 광장이 생겨남으로써 광화문 일대가 그 전보다 더 정치적인 데모나 집회의 현장이 되었기 때문이다. 나중에 박근혜는 그런 데모의 압력으로 실각하고 말았다.

바로 그 광화문 광장이 오픈하던 날, 공식 행사가 끝난 다음 오세훈이 담당 기자들과 함께 '더 클럽'에 왔다. 날씨가 더운 여름이었던 데다 서울시장이 한턱내는 것이었는지, 동행한 기자들은 가게 바깥의 파라솔 아래에서 맥주잔을 기울였다. 오세훈은 가게로 들어와 손님들에게 미소를 던졌다. 거기서 마주친 여주인과도 인사를 나누고 악수를 했던 것이다.

오세훈은 보수 계열의 차세대(次世代) 리더로 지목되었다. 그렇지만 정치적인 곡절이 있어서, 서울시장을 도중에 그만둔 다음에는 도통 아무런 기척이 없었다. 박근혜 정권이 붕괴한 다음, 한국 정치는 좌익 전성시대로 보수는 괴멸 상태였다. 하지만 최근에 와서 보수 사이드에서 오세훈 부활의 움직임이 나오기 시작했다.

그렇다면 문재인 다음의 좌우·보혁(保革) 대결은 '이낙연 VS 오세훈'이라는 구도가 될지 모르겠다. 이건 그야말로 '광화문 시대의 도래'라고 할 수 있지 않을까?

'더 클럽'에서 목격한 광화문의 정치적 풍경으로는, 문재인의 스승에 해당하는 노무현 시절이 가장 재미있었다. 그것은 정권이 스타트하기 전부터 시작된다.

'더 클럽'은 세종문화회관 바로 뒤쪽에 있었는데, 근처에 정부 종합청사와 외교부 청사가 있다. 그래서 낮이나 밤이나 정부 관리들이 종종 들락거렸다.

한국에서는 대통령 당선(12월)에서 취임(이듬해 2월)까지 두 달가량 시간이 있었다. 그 기간에 정권 인수위원회라는 것이 생겨나 새 정권의 스타트를 준비했다. 그 작업에는 인사(人事)는 물론, 새로운 내외 정책의 전개나 기구 개혁 등 새 정권이 목표로 하는 모든 문제가 포함되었다. 말하자면 새 정부 만들기였다.

정권 인수위원회에는 정권을 짊어질 새로운 스태프나 여러 단체, 그 지원자 등 수많은 인간이 들락거렸다. 노무현 정권이 출범할 때, 그 인수위원회가 '더 클럽'의 건너편에 있는 외교부 건물 내에 설치되었다. 빌딩은 이제 막 완성되어 외교부는 아직 입주하지 않았으므로, 그런 공백을 이용하여 단기간 동안 인수위원회가 썼던 것이다.

새로운 권력에는 자천(自薦)·타천(他薦)의 온갖 인간들이 꾀어든다. 단적으로 말하면, 정권이 교대할 때마다 권력에 매달려 단맛을 보려는 인간들이 인수위원회로 밀려든다.

결과적으로 '더 클럽'도 붐볐다. 인수위원회에 들락거리는 사람들이 낮에는 커피, 밤에는 한잔 하느라 수시로 찾아와 이러쿵저러쿵 입씨름을 벌였다. 노무현 정권은 좌익·혁신 정권이었는데, 좌익은 어느 나라이건 말도 많고 입씨름도 잘했다.

특히 노무현 자신이 토론, 토론… 하면서 논쟁을 권했던지라, 시민단체를 비롯하여 각종 NGO들이 밤낮을 가리지 않고 찾아와 쉴 새 없이 말다툼을 했다.

단지 내가 단골로 드나들었다고 해서 그런 풍경을 수시로 목격한 것은 아니다. 새 정권에 속하는 손님 중에는 카운터에서 홀로 앉아 있는 나를 발견하고, "한잔 합시다"면서 말을 걸어오는 좌파 NGO 활동가 등도 간혹 있었다. 나로서야 어디까지나 관찰자에 지나지 않았으므로, 상대하여 이야기를 나눠보았자 아무 소용이 없어 "뭐 그야 그렇지만…"이라면서 뒷걸

음질 치는 수밖에 없었다.

그러나 여주인을 비롯한 종업원들은 평소 가게에서 일어난 일들을 '목격 정보'로 곧잘 속삭여주었다. 새 정권의 요직(要職) 인사를 포함한 '극비 정보'까지 주워듣지는 않았지만, 새 정권의 인맥이나 논의 내용 등 그들의 분위기는 충분히 알아차렸다. 이런 풍경은 정권이 스타트한 다음에도 이어졌다. 그리고 그런 손님 가운데 장관이나 차관도 탄생했다.

노무현에게 쫓겨난
기자들

'더 클럽'에서는 이런 일도 있었다. 노무현 정권 말기로, 정치 1번지 광화문이 아니었으면 있을 수 없는 에피소드다.

노무현은 고집이 세고 호기(豪氣) 있는 사람이었다. 그 바람에 최대 보수계 신문을 비롯하여 매스컴과 사이가 나빴다. 단지 정권 발족 직후, "그동안 신세를 많이 졌다"는 듯이 좌파계의 한겨레신문만 일부러 인사차 찾아갔다. 또 이 신문의 논설 간부를 KBS 사장으로 임명하는 등 좌파 언론과는 사이가 좋았다.

덧붙이자면, 당시 이 KBS 사장 임명에 깜짝 놀라 "일본으로 치자면 NHK 회장으로 공산당 기관지 아카하타(赤旗)의 논설 간부가 임명된 것이나 다름없다"며 칼럼에서 빈정거린 기억이 난다.

그런데 그런 좌파계 신문과도 정권 말기에 사이가 나빠졌다. 한미FTA(자유무역협정) 체결과, 한국군의 이라크 파병(派兵) 등 현실적인 실리

(實利) 노선으로 전환했기 때문이다.

그는 평소 "기자들에게는 밥을 먹여도 별 볼 일이 없으니까 밥은 사주지 않아도 된다"는 투로 공언(公言)하고 있었다. 그런 그인지라 급기야는 정부 각 부처에 있던 기자실까지 폐쇄해버렸다.

"정부가 무엇 때문에 기자들을 위한 공간까지 마련해줄 필요가 있는가?" 하는 논리였다. 기자회견은 하지만, 기사를 작성할 장소나 기자들의 대기실 따위는 정부 건물 내에 만들지 못한다는 것이었다. 여기에는 기자들도 질려버렸다. 정론(正論)이라면 정론이었기 때문이다. 기자들은 대책을 세우지 않을 수 없었다.

여러 매스컴 가운데 경영적으로 여유가 있는 곳은 자비(自費)를 들여 정부 청사 부근, 그러니까 광화문에 사무실을 빌려 일을 하게 되었다. 그러나 여유가 없는 곳은 낭패였다. 그 결과 그들이 머리를 굴려 떠올린 아이디어가, 평소 잘 다니던 '더 클럽'의 활용이었다.

실제로 가게에는 구석 한 모퉁이에 10명 정도의 단체 손님이 들어갈 만한 조그만 방이 있었다. 그곳을 '저녁 6시까지'라는 조건으로 기자들 작업실로 빌려주기로 한 것이다.

어느 날 가게에 들렀더니 여주인이 구석 쪽을 바라보면서 눈짓을 했다. 무슨 일이냐고 물었더니 목소리를 낮추어 "이거 아직 비밀이지만, 기자들이 있어요"라고 하면서, 그들이 정부에서 쫓겨나 여기로 왔다고 전해주었다. 물론 사용료는 받는다고 했다. 몇몇 언론사가 공동으로 사용하는 듯했다.

여기에는 나도 놀라고 동정심이 생겼다. 서둘러 여주인에게 근처 제과점으로 가서 케이크를 사오도록 했다. 그것도 가장 큰 걸로! 거기에다 간단한 메시지를 적은 내 명함을 붙여서 전달했다.

메시지는 한글로 "고생 많습니다. 여러분 힘내세요"라고 한 뒤, 끝에다 한국인들이 잘 쓰는 '화이팅'을 영어로 적었다.

그 후 나는 사무실로 돌아갔는데, 얼마 지나지 않아 휴대전화로 감사 전화가 걸려왔다. 여성 기자였다. 그러나 그 말솜씨에 정나미가 떨어졌다. 감사 인사를 한 뒤 "우리는 구로다 기자와는 생각이 다르지만 격려에는 감사드려요. 잘 먹겠습니다"고 하는 것이었다.

당시 한국 매스컴에서는 역사 교과서 문제 등으로 산케이신문을 '일본의 대표적인 극우 신문'으로 비판했다. 나 역시 역사 문제나 위안부 문제를 다룬 기사나 발언으로 해서 '망언(妄言) 제조기'라며 조롱을 당하고 있었다. 아무리 그렇기로서니 감사 인사를 한다면서 일부러 '우리와는 생각이 다르다'고 꼬집을 필요가 있었을까?

이를 두고 귀염성이 없다고나 할까? 아니, 나는 거꾸로 귀엽다고 여겨 미소를 금치 못했다. 실제로 진지하고 적극적인 분위기가 전해오지 않는가?

외교부 출입기자들이었던 모양인데, 그들은 평소 그런 느낌이랄까, 그런 '기개(氣概)'를 갖고 한일 관계 등 외교 문제의 기사를 쓰고 있는 것이다. 실로 흥미로운 경험이었다. 모두 광화문과 '더 클럽' 덕분이다.

이 기자실 문제는 마침내 정권이 보수파 이명박 정권으로 바뀜에 따라 해결되었다. 기자들은 정부 청사 내의 기자실로 복귀했고, 이번에는 '더 클럽'이 정치적(?)으로 된통 당하게 된다.

광우병(狂牛病)
패닉의 원인

이명박 정권은 2008년 2월에 스타트했는데, 두 달이 채 지나기 전에 정치적인 위기에 휩쓸렸다. 미국산 소고기 수입에 반대하는 야당 및 반미 세력의 대규모 데모에 직면하여, 그것이 여름 무렵까지 이어졌다.

광화문 일대는 날마다 "청와대로 쳐들어가자!"는 수만, 수십만의 데모대로 소용돌이쳤다. 데모는 주로 저녁 무렵부터 심야에 이르기까지 이어졌다.

그렇게 되자 광화문 일대의 가게는 장사가 되지 않았다. 특히 뒷길 쪽은 데모 군중이 피신해오니까 경찰 기동대의 비상선(非常線)이 쳐지고, 자동차가 다니지 못한다. 검은 헬멧 부대가 경계하는 뒷길 쪽 가게는 저녁 식사를 할 분위기가 아니다. 하물며 술을 마실 기분은 들지 않는다.

한국인들은 식사를 한 후 맥주를 마시니까 비어홀은 텅텅 빌 수밖에 없었다. 밤이면 유령 도시처럼 되고 말았던 것이다.

당시 장사를 망쳐 비명을 지른 광화문 일대의 가게들이 데모를 비판하는 성명을 내기도 했다. 그렇지만 정치적으로는 업신여김을 당할 게 뻔했다. 한국에서는 음식점이라고 하면, 전통적으로는 일수(日收) 벌이가 목적인 하찮은 뉘앙스를 담아 '장사꾼'이라며 깔보았다. 그러니 숭고한(!) 정치 투쟁 앞에서 어쩔 도리가 없었다.

우리의 '더 클럽' 역시 생맥주가 대목을 맞을 계절에 이 판국이었으니 비명을 질렀다. 이때의 매출 격감(激減)으로 그해의 수지(收支)는 완전 적자였다고 한다. 보수파 여주인의 기분은 최악이었다.

그런데 당시 막 출범한 이명박 정권이 무너질 뻔한 반미·반정부 데모의 원인이 흥미롭다. 지금 유행하는 말로 하자면 방송의 '페이크 뉴스(가짜 뉴스)'였다.

그 무렵 미국산 소고기 수입이 정치 문제가 되었다. 야당과 반정부 세력은 정권을 깎아내리기 위해서도 강력하게 반대했다. 그러면서 미국산 소고기의 위험성을 강조하느라 위생상의 문제로서 '광우병'을 들고 나왔다. 어렵게 말하자면 'BSE(牛海綿狀腦症)'였다.

한참 그런 상황이 이어지고 있는 판에, MBC가 인기 고발 프로그램에서 미국에서의 연구 자료라면서 "한국인의 체질은 광우병에 걸리기 쉽다"는 방송을 내보냈다. 통설(通說)로는 광우병의 인체(人體)에 대한 영향에는 부정적이었으나, 텔레비전으로 자극받은 여고생들이 먼저 수입 반대 데모를 시작했다.

텔레비전 영상으로 광우병에 걸린 소가 침을 질질 흘리면서 쓰러지는 장면이 흘러나왔다. 그러자 "저런 소고기를 먹으라는 것인가!"라면서 여고

생들이 "죽고 싶지 않다! 오래 살고 싶다!"고 울부짖었던 것이다.

이런 분위기에 매스컴과 정치가 올라타면서 "미국은 나쁘다!" "이명박도 나쁘다!"의 요란한 데모로 이어졌다. 이 또한 "먹을거리에 대한 한(恨)은 무섭다"는 진리(?)를 입증하는 일이었다. 나중에 가서 광우병 보도가 엉터리였다는 사실이 밝혀져, 방송통신심의위원회와 소송(訴訟) 등을 통해 문제가 되었다. 그러나 이미 차가 떠난 뒤였다.

당시로부터 지금까지 미국산 수입 소고기와 광우병을 둘러싼 상황에 별다른 큰 변화가 없다. 그럼에도 지금 한국인들은 누구나 아무 불평 없이 미국산 소고기를 맛있게 먹고 있다.

이 사건에는 또 하나, 음식과 더 연관이 있는 이야기를 추가해두고자 한다. 바로 그 광우병 데모로 시끄러울 때, 나는 "어째서 한국인이 그토록 흥분하여 분노하는가?"라는 기사를 써서 한국인에게 동정과 이해의 메시지를 보냈다. 물론 약간 비꼬는 의미를 담아서….

다들 알다시피 한국인들은 소를 잡으면 살코기와 내장, 뼈는 물론이거니와 머리부터 발끝까지 하나도 남김없이 먹어 치운다. 일본인이 생선을 그런 식으로 먹어 치우는 '어식(魚食) 문화'인데 비해, 한국인은 '육식(肉食) 문화'인 것이다.

가령 내가 한국에서 즐기는 대중 메뉴 가운데 '소머리 국밥'이 있다. 이름 그대로 소의 머리까지 스스럼없이 먹는다는 뜻이다.

또한 진미(珍味)에 속하는 것으로, 소의 등골을 발라내어 그걸 생짜로 기름소금에 찍어 먹는 게 있다. 이게 술(특히 한국 소주) 안주로는 진짜 기가 막힌다.

한국은 외국으로부터 소고기를 수입할 때, 살코기 외에 내장이나 뼈, 꼬리 등을 별도로 대량 구매한다. 식재료로서의 수요가 많기 때문이다. 예컨대 한국의 육류 요리 가운데 '도가니'라는 게 있다. 이것은 소의 무릎 연골, 또는 인대(靭帶)와 비슷한 부위다. 요리로서는 비교적 흔한 음식인데, 최근에는 "콜라겐(collagen)이 듬뿍 들어있다"고 해서 일본 여성들에게도 인기가 있다고 한다.

도가니는 녹이면 접착제가 된다고 한다. 미국에서는 공업용 접착제의 원료로서도 수출하고 있는 모양이다. 식재료용으로 위생 처리를 하지 않으니까 값이 싸다. 그런데 몇 해 전에 이것을 식용으로 빼돌린 악덕(惡德) 업자가 적발되기도 하여 다들 '윽~!' 한 적이 있었다.

이 대목에서 내가 말하고 싶은 것은, 한국인은 소라면 무엇이든 먹어치운다는 사실이다. 따라서 광우병에 공포를 느끼고, 패닉 상태에 빠지는 것도 어쩌면 그 같은 음식 문화 탓이 아니었을까 하는 결론에 도달하는 것이다.

등골까지 먹으니까 얼토당토않은 광우병의 영향에 불안을 느낀다고 해서 하등 이상할 게 없다. 미국에서는 머리와 등골까지는 먹지 않을 테니까, 그 영향 연구도 불충분할지 모른다고 생각할 수 있으리라. 텔레비전의 선동적인 '반(反) 보수, 정치적 가짜 뉴스'에는 노발대발했으나, 한국인의 인정에는 그런 음식 문화로 인해 정겨운 기분이 들었다.

09

개성(開城)떡에 스민
망국(亡國)의 한(恨)

개성(開城)상인은
왜 생겨났는가?

판문점에서 서쪽으로 10킬로미터쯤 떨어진 곳에 개성이라는 도시가 있다. 원래는 한국 영토였는데, 6·25전쟁의 결과 북한 지역이 되었다.

개성과 서울은 60킬로미터 정도의 거리에 있다. 분단되지 않았던 일본 통치시대에는, 직장이나 학교를 다니느라 매일 개성에서 서울로 오는 사람도 많았다. 내가 아는 나이 아흔의 한국 할머니는 당시 개성에서 서울(京城)의 여학교로 통학했다고 한다. 그래서 지금도 개성과 서울 사이의 역(驛) 이름을 모두 정확하게 기억하여 줄줄 외운다.

개성은 고려(高麗)의 도읍이었다. 고려는 10세기에서 14세기에 걸쳐 400년 이상을 이어온 왕조(王朝)로, 개성을 중심으로 번성했다. 덧붙이자면, 한국을 영어로 '코리아(KOREA)'라고 하는 것이 바로 이 고려에서 왔다.

그러나 고려는 1392년, 쿠데타로 정권을 장악한 무장(武將) 이성계(李成桂)가 새롭게 조선(朝鮮)을 건국하면서 망했다. 이성계는 도읍을 현재의 서울로 옮겼고, 고려의 세력을 철저하게 추방하고 억압했다. 그 이래로 개성은 쇠퇴하고 말았다.

권력에서 소외된 고려, 특히 개성 사람들은 살아남기 위해 상업에서 활로(活路)를 찾았다. 상업, 즉 장사는 이 땅에서는 전통적으로 비천(卑賤)한 일로 여겨졌다. 그렇지만 그들은 그 세계에서 살아갈 수밖에 없었다.

그들은 끈기 있게 장사에 매달렸다. 그 결과 독특한 부기(簿記)를 짜내고, 새로운 신용 기구와 행상(行商) 네트워크를 개척하는 등, 비즈니스 세계에서 재능을 발휘하기에 이르렀다.

조선시대 이래 이 나라에서는 '개성상인'이라는 말이 생겨났다. 개성은 권력에서 멀어짐으로써 상업도시로 재탄생했던 것이다.

개성은 예로부터 탁월한 효능을 자랑하는 조선인삼(고려인삼)의 산지(産地)로도 잘 알려져 있다. 이것은 개성상인들에 의해 전국 네트워크에 올랐고, 나아가 동(東)아시아에서 국제 상품화된 것으로 전해진다.

어째서 음식 이야기가 나오지 않나? 이제부터 등장한다.

한국 요리의 '견각(見覺)' 변화

개성은 그 같은 오랜 역사를 지닌 고도(古都)인지라 '개성 요리'라는 음식이 존재한다. 현재의 서울에도 그런 간판을 단 유명 요리점이 몇몇 있는데, 가장 잘 알려진 곳이 '용수산(龍水山)'이리라. 이 옥호(屋號)는 개성에 있는 지명(地名)에서 유래되었다. 분명히 1980년대 초, 청와대 근처의 좁은 도로인 삼청동 총리 공관 가까이에서 문을 열었다. 한국 요리로서는 처음으로 코스 요리라서 화제가 되었다.

한국 요리는 식당에서나 가정에서나, 기본적으로는 음식을 몽땅 한꺼번에 상 위에 차린다. 그래서 '상다리가 휘어질 정도'라는 것이 상차림의 최고 표현이고, 손님을 접대하는 방식이었다. 예전에는 요정에서 식사를 할라치면, 요리가 가득 차려진 커다란 밥상을 두 사람의 종업원이 들고 방으로 옮겨오곤 했다.

그건 그대로 장관(壯觀)이었다. 한국에서의 식사는, 먹건 먹지 않건 일단 가짓수가 많아야 한다는 사상(思想)이 있다. 한국 스타일의 접대관(接待觀)인 것이다. 상 위에 음식 접시가 빈틈없이 늘어선 풍경에서 보자면, 한국 요리 역시 '눈으로 먹는다'는 측면이 있다는 사실을 알 수 있다.

일본 요리에는 요리 하나하나의 풍경을 즐기는 미각(味覺) 아닌 '견각(見覺)'의 사상이 있다. 하지만 한국 요리는 하나하나의 승부가 아니라, 가짓수로 승부를 가리는 것이다.

그러나 근자에 와서 그 같은 전통적인 '가짓수 주의(主義)'는 먹다 남긴 음식 쓰레기의 양이 막대하여, 사회적인 비판이 쏟아지게 되었다. 자원 낭비라고도 할 수 있었다.

왜 음식이 많이 남느냐고 하면, 언뜻 보기에 푸짐하게 하느라 그다지 손길이 가지 않을 요리라도 가짓수를 늘리느라 차려내기 때문이다.

게다가 원래 한국인의 식사 예법에는, 차려진 음식을 깡그리 비우지 않고 약간 남겨둔다는 발상이 있다. 남기는 이유가 "많이 먹었습니다. 더이상 들어갈 데가 없습니다"고 하는 만족감의 표명이기 때문이다. 따라서 가짓수 주의는 '다 먹지 못할 만큼 차려낸다'는 것으로, 대접하는 쪽의 자기만족(自己滿足)이기도 하다.

그렇지만 가짓수 주의에 대한 비판이 높아짐에 따라, 가짓수가 아니라 먹을 수 있는 것만을 골라 하나씩 차려내는 코스 스타일이 늘어나게 되었다. 그 개척자가 '용수산'이었던 것으로 여겨진다.

이런 코스 요리는 외국인, 특히 서양인들 취향이기도 했다. '용수산'이 맨 처음 오픈한 삼청동은, 광화문에서도 가까워 정부 당국자에 의한 외국인 접대용으로도 애용되었다. 우리들 외국 기자도 종종 초대를 받았다.

그 후 체인점으로 서울 시내 여기저기에 가게가 생겨났다. 그러나 외국인을 겨냥한 접대용이라는 인상이 강하여, 식도락가(食道樂家)들의 성에는 차지 않는다? 단지 개성 요리를 이어받은 가게로서는 빼놓을 수 없다.

자, 이제 개성 요리의 알맹이로 들어가 보자. 기본적으로는 북한 음식이 일반적으로 그렇듯이, 대체로 빨갛지 않다. 즉 고춧가루를 그다지 쓰지 않아 담박한 맛이다. 좋게 이야기하자면 격조 높은 맛이라고 할까? 김치도 실로 고급스러운 '보쌈김치'가 개성 명물이다.

보쌈의 '보'는 한자(漢字)로 '褓'이므로 보자기를 뜻한다. '쌈'은 한국어로 '싸다'니까 직역하자면 '보자기로 싸다'인 셈이다.

또 한 가지, 한국인이 입맛 떨어지는 여름철에 즐기는 음식 가운데 쌈밥이 있다. 여기서의 '쌈'도 마찬가지 의미이다. 나 역시 이 쌈밥을 즐기는 편이다.

한국인의 음식에는 비빔밥처럼 무엇이건 비벼서 먹는 것과, 무엇이건 싸서 입으로 가져가는 두 가지 타입이 특징으로 존재한다. 그러므로 소고기구이도 곧잘 상추와 깻잎에 싸서 먹는다. 여기에 돼지보쌈까지 포함하여 한국 육류 요리의 정통파에 속한다.

김치 중에서도 배와 사과에다 대추와 호두, 잣, 밤 등이 들어간 보쌈김치는 절품(絕品)이다. 보통의 김치가 가진 이미지를 초월하고 있다. 개성 요리에 이 보쌈김치가 나오는 것이다.

그리고 이 또한 북한 음식의 전형(典型)이라할 만두(饅頭)가 반드시 나온다. 그 외에도 코스 전체로는 한국에서 일반적인 구이, 튀김, 무침 등도 당연히 포함된다. 이 자리에서 소개하고 싶은 목표는 국이다.

임금님 목을 물어뜯는
한 맺힌 음식

개성 명물 국물 요리에는 만두를 국으로 끓인 만둣국이 있지만, 그보다는 떡을 사용한 것이 유명하다. 떡국인데, 개성의 그것은 안에 들어가는 떡에 무시무시한(!) 특징이 있다.

한국의 떡은 일반적으로는 찹쌀이 아니라 끈기가 없는 멥쌀로 만든다. 그걸 떡가래로 뽑은 뒤 타원형으로 얇게 썬 것이 떡국에 들어가는 떡이다. 덧붙이자면 찹쌀을 사용한 끈기 있는 떡을 사람들은 '모찌'라고 하므로, 아마 그건 일본의 모찌를 뜻하는 모양이다.

문제는 떡국의 떡이다. 개성 요리에 사용하는 떡은, 새끼손가락 마디 정도의 조그만 둥근 구슬을 두 개 붙여놓은 것 같은 모양을 하고 있다. 그리고 이 두 구슬 사이가 잘록하다. 말하자면 손잡이가 없는 운동기구 아령(啞鈴)과 같은 모양이다. 하얗고 조그만 구슬 두 개가 붙어 있으니 귀엽기도 하다. 이건 한국(아니, 한반도) 어디에서도 찾을 수 없는 형태의 떡이다.

이걸 조랭이떡이라고 부르는데, 어째서 이런 모양이 되었을까? 정설(定說)에 의하면 이 모양이 인간의 머리라고 한다. 그것도 고려를 멸망시키고 조선을 세운 이성계의 목이라는 것이다. 그것이 왜 그런 모양을 하고 있느냐고 하면, 그 목을 물어뜯기 위해서란다. 귀엽게 생겼다고 말할 계제가 못 된다.

다시 말해 이성계로 인해 나라가 망한 고려의 유민(遺民)들이 이성계의 목에 빗댄 떡을 만들어, 그 떡을 씹어 먹음으로써 '망국(亡國)의 한'을 풀어왔다는 것이다. 이건 예사로운 이야기가 아니다.

일본에는 '우시노코쿠마이리(丑の刻參り)'라고 하여, 심야(深夜)에 인형을 나무에다 못으로 박아 한 맺힌 인간을 저주하여 죽인다는 엽기적인 습속(習俗)이 있다지만, 이것은 거기에 비할 바가 아니다. 일상적으로 식사를 하면서, 원한이 있는 인간의 목을 물어뜯고 있는 것이다. 이런 '음식의 정치학'은 세계 어디에도 없으리라.

앞서 쓴 것처럼 개성은 현재 북한 지역이다. 한국에서 가깝기도 하여, 남북이 공동으로 개성 공업단지를 조성하여 한국 기업에 의한 합작 사업이 시작되었다. 의류, 신발, 플라스틱 가공, 일용 잡화 등 중소기업을 중심으로 하여 북한 노동자 수만 명을 고용했다. 만들어진 제품은 한국 쪽으로 가져오는 일종의 가공 무역이다.

그러나 노동자의 급료는 북한으로서야 귀중한 외화(外貨) 획득 수단이었다. 그로 인해 북한의 잇단 군사 도발과 핵 개발을 저지하기 위한 경제 제재로, 박근혜 정권 시절 조업이 중지되었다. 최근 남북 관계 완화의 흐름

가운데 남북 공동 연락사무소가 개설되었고, 나아가 조업 재개의 움직임이 나오기는 했다. 그렇지만 아직 실현되지는 않았다.

나는 남북 경제특구와 같은 개성 공업단지에 취재단의 일원으로 한국에서 두 차례 찾아간 적이 있다. 이 공업단지와는 별도로, 북한이 외화벌이 수단으로 시작한 '개성 관광'도 한때 이뤄졌다. 당시 한국 측에서 준비한 당일치기 초청 관광으로 개성을 구경하기도 했는데, 그때 개성 요리라는 것을 맛보았다.

현지에서의 본고장 개성 요리였는데, 어찌 된 영문인지 자세한 것이 떠오르지 않는다. 분명히 한자(漢字)로 적으면 '반상기(飯床器)'라고 상 위에 여러 가지 메뉴가 차려졌다. 외국인 관광객을 의식한 상차림이었다고 하더라도, 꽤 맛이 있었던 것으로 기억한다. 이미 지적한 것처럼 빨간 고춧가루를 사용한 매운 음식은 적었고, 고급스러운 인상이었다.

그런데 이상하게도 개성 명물이라는 예의 조랭이 떡국이 나오지 않았다.

쌀로 만들어야 하는 떡은 일상적이지 않은 것일까? 식량난을 겪고 있는 북한에서는 쌀이 귀해서 떡으로 만들 수는 없는 것일까? 안내받은 레스토랑에서 조랭이 떡국이 나오지 않는 이유를 묻지 않았던 것은, 아무리 생각해도 후회막급(後悔莫及)이다.

단지 그런 것을 현지 당국자에게 묻지 않고, 또 물을 수도 없었던 이유를 내 마음대로 재미있게 한번 써보자면 이렇다. 즉 새로운 임금님의 목을 물어뜯는다는 '정치적인 한'이 담긴 전설적인 '정치적인 떡' 따위는, 지금의 북한에서는 먹을 수도 없고 먹이지도 않을지 모른다는 것이다.

이건 어디까지나 지어낸 이야기다. 북한에 그 같은 조랭이 떡국의 전설이 남아 있는지 어떤지 자체가 명확하지 않다. 그리고 실제로 조랭이 떡국이 지금도 개성 요리의 명물로 존재하는지 어떤지도 알 수 없다.

서울의 개성 요리 이야기로 돌아가자면 또 한 집, 기억에 남는 가게가 있다. 이화여자대학 뒤쪽에 있었던 '마리(馬里)'. 이곳은 1960년대로부터 10여 년에 걸쳐 한국 정계의 원로였던 민관식(閔寬植, 1918~2006년)의 부인이 하던 가게였다. 이들 부부는 모두 개성 출신이었다.

부부는 이제 다 타계했지만, 나는 민관식과 인연이 있었다. 그는 한국 스포츠계의 거물이기도 했다. 대한축구협회 회장, 대한체육회장, 올림픽위원회 위원장 등을 역임했다. 1964년의 도쿄올림픽에서는 한국 선수단 단장이었다. 정치가로는 다선(多選) 국회의원이었고, 문교부 장관과 국회 부의장도 지냈다.

일본 패전(敗戰) 전에 교토(京都)제국대학 농학부를 졸업했다. 해방 후 정치가가 되었을 때, 교토대학으로 유학하여 법학박사 학위를 받았다. 나도 교토대학 출신이어서, 무슨 일인가를 계기로 '동창(同窓)'이라는 사실을 알게 되어 친하게 지냈다.

한국에서는 학교의 선후배라는 것이 인연이랄까, 인맥(人脈)으로서는 아주 중요하다. 그 이후 그는 나에게 자신이 '선배(先輩)'라면서 으스대기도 했다. 툭하면 "어이, 구로다!" 하고 불렀고, 곧잘 요리 연구가이기도 했던 부인이 경영하는 가게로 데려가주었다.

스포츠계를 통한 국제파였기 때문인지 와인을 즐겼고, 가게에서도 항상 둘이서 두 병은 태연히 마셨다. '마리'의 요리는 부인의 독창(獨創)이 가미된 느낌이었는데, 그래도 언제나 조랭이 떡국이 나왔던 것으로 기억한다.

개성 요리에 와인이 어울렸는지 어떤지는 별도로 치고, 주호(酒豪)였던 민 관식은 항상 "어이, 더 마셔!" 하고 명령조로 술을 권했다.

10여 년 전 88세로 타계했다. 나와 둘이서 와인을 통음(痛飮)한 지 한 달 후였다. 나중에 부인에게 물어보았다. 그랬더니 스포츠를 좋아했던지라 돌아가신 날도 늘 그랬듯이 테니스를 실컷 한 뒤 잠자리에 들었는데, 아침에 일어나보니 숨을 거두었더라는 것이다. "참 행복한 사람이었어요"라고 부인이 말했다.

환상적인
향토(鄕土) 음식

살벌한 조랭이 떡국 이야기에 이어서 또 하나, 개성 요리 가운데 독특한 떡이 떠오른다. 이것은 정치와 아무 관련이 없으며, 무섭지도 않다. 참 이상한 떡으로, 장떡 또는 장땡이라고 부른다. 쌀로 만든 보통의 떡이 아니라, 주된 재료가 된장이니까 '된장떡'이라고나 할까?

만드는 방법은 된장에다 밀가루와 고추장, 때로는 소고기 등을 첨가하여 반죽한다. 그걸 나중에 얇게 펴서 구워 먹는다. 간식이나 술안주로 맞춤한 느낌인데, 원래 떡은 보존식(保存食)이다. 고려의 유민들은 그런 떡을 물어뜯으면서 '망국의 한'을 견뎠던 셈이다.

장땡이는 식당에서는 팔지 않는다. 요리집에서도 나오지 않는다. 한국인 가운데에서도 먹어본 사람이 거의 없다. 가정에서 만들지도 않는다. 말하자면 '환상의 토속(土俗) 음식'이라는 인상이 짙다. 그럼 그것을 나는 어디서 알았고 먹었느냐고 하면, 역시 개성 출신 한국인의 가정에서 우연히 맛을 보았다.

내 지인(知人) 가운데 '마포 가든호텔'의 이일규(李一揆) 회장이 있다. 부부가 다 개성이 고향으로, 그 자택으로 초대받았을 때 부인이 손수 만들어주어 처음 먹어보았던 것이다.

이 회장의 아버지는 소위 '개성상인'의 후예인 사업가였다. 아들인 그가 가업(家業)을 이어받았으나, 자신은 서울에서 태어났다고 한다. 그러나 가정에서의 식사는 부인이 장만하기 마련이고, 부인이 개성 요리로서 조상 대대로 전해온 장땡이 제조법을 배웠다는 것이다. 이 부인도 얼마 전에 돌아가셨다.

'된장떡'은 맛이 묘하다. 얇고 조그맣게 사각형으로 썬 것이어서, 떡이라기보다 어딘지 전병(煎餠) 같은 느낌이 든다.

이야기는 음식에서 벗어나지만, 이 회장은 흥미로운 경력의 소유자다. 나와는 동년배(同年輩)로, 연세대학 재학 중에 일본으로 유학했다. 한일 국교 정상화(1965년)가 이뤄지기 한 해 전의 도쿄올림픽에, 마술(馬術) 선수로 출전하기 위해 트레이닝을 겸하여 일본으로 건너갔다는 것이다.

당시 승마(乘馬)를 했다니까 이른바 '부잣집 도련님'이었던 셈이다. 지금도 그런 니글너글한 풍모(風貌)를 간직하고 있다.

국교정상화 전의 유학은 드물다. 유학을 간 곳은 게이오(慶應)대학이었는데, 마술 연습을 위해 1년 동안 휴학했다. 올림픽에서는 앞서의 민관식 단장이 인솔한 한국 대표단의 일원으로, 일본 국립 경기장에서 입장 행진을 했다고 한다.

게이오대학은 1969년에 졸업했다. 그런 인연으로 그 뒤 게이오대학의 최고 의결기관인 평의회 평의원으로 임명되었다. 지금도 유일한 외국인으로 10년 이상 그 자리에 있다.

덧붙여서 또 한 가지. 그는 몇 개의 호텔을 경영하고 있으나, 그 가운데 서울에 있는 국도(國都)호텔이 흥미롭다. 서울시내 중심부의 롯데호텔에서 동대문으로 가는 도중에 있고, 1999년까지는 영화관인 국도극장이었다.

이 영화관은 해방 전 일본 통치시대에는 '황금좌(黃金座)'로 불렸다. 동네 이름이 황금정(黃金町)이어서 그렇게 작명했다. 1913년에 지은 오페라 극장 스타일의 격조 있는 건물로, 진짜 품격이 있었다.

해방 후에는 이 회장 가족이 구입하여 국도극장으로 바뀌었다. 그런데 할리우드 영화를 상영하지 않으면 장사가 되지 않던 시절에, 오로지 인기 없는(?) 한국 영화만 상영하면서 한국 영화를 지원했다.

나도 몇 번 들러보았다. 천정이 높고, 로비도 넓어서 근대 건축으로서의 향수(鄕愁)를 느끼게 해주는 참으로 멋진 건물이었다.

그러나 세상 돌아가는 형편상, 도심에서 단독 건물로 낡은 영화관을 유지하기는 어렵다. 10여 년 전, 폐관(廢館)과 재개발 계획 이야기가 나오자 "건물만이라도 문화재로 보존할 수 없을까?" 하는 소리가 문화인들 사이에서 들려왔다고 한다.

하지만 공적(公的) 지원이라도 있으면 모를까, 일개 기업으로서는 감당할 수 없었다. 결국 비즈니스호텔로 바뀌었는데, 이름만이라도 간신히 '국도'를 살린 것이 그 나름의 역사에 대한 배려였다.

개성 출신을 이야기하자면, 옛날 개성에서 서울의 여학교로 통학했다는 앞서 소개한 할머니를 음식과 관련하여 다시금 등장시키지 않을 수 없다.

그녀에 대해서는 졸저(拙著)『날씨는 맑으나 파고는 높다』(조갑제닷컴 발간)에 자세히 소개했다. 해방 전 일본의 황족(皇族)에서 조선 왕가로 시집왔던 이방자(李方子) 여사(1901~1989년). 해방 후 오랫동안 이방자 여사를 모신 김수임(金壽姙)이 바로 그 사람이다. 요즈음은 나이 아흔을 넘겨 서울 근교의 병원에서 지낸다고 들었다.

한국의 흙이 된 이방자 비(妃)를 현창(顯彰)하는 데 여생을 바쳐온 분인데, 건강하던 무렵에는 자주 나를 만나러왔다. 말주변이 아주 좋아 항상 생기 넘치는 목소리로 "또 떠버리가 찾아왔어요!"라면서 사무실 도어를 열고 들어서곤 했다.

일본 통치시대의 여학교 출신이었으므로 일본어가 완벽했다. 이방자 비를 그리는 일본 전통 시가(詩歌)인 '단카(短歌)'도 많이 지었다. 그 작품을 모아 한일 양쪽의 독지가들의 도움으로 아담한 책으로 출판하기도 했다.

그녀가 사무실로 나를 찾아올 때에는 늘 보자기에 싼 선물을 들고 왔다. 자택에서 손수 만든 음식으로, "(사무실 직원) 여러분이 다 함께 드세요"라고 했다. 지금 돌이켜보면 그것도 개성 요리였던 것이다.

간식이라고 했으니까 요리라고 할 만한 음식은 아니었다. 단지 대표적인 한국 요리의 하나인 전은 반드시 들어 있어서, 손가락으로 집어 맛있게 먹었다.

지금 돌이켜보면, 그것보다 과자 종류가 개성 스타일이었는지 모르겠다. 한국에서 약과(藥果)라고 부르는 과자가 꼭 곁들여져 있었던 것 같다. 단맛을 뺐다는 인상이 남아 있으나, 그저 무의식적으로 먹었던지라 자세한 기억은 나지 않는다.

　단지 그녀의 선물에도 예의 조랭이는 없었다. 조그맣고 예뻤지만, 과자가 아니라 음식이었기 때문일까? 그런저런 일들이 "그때 물어보았더라면 좋았을 텐데…"라는 후회만 남을 뿐이다.

왜 김치가 빨갛게
되었는가?

　지금까지 망국(亡國)을 배경으로 한 음식으로 개성의 기묘한 떡 이야기를 소개했다. 이 '음식의 한(恨)'과 관련하여 내가 평소 불가사의하게 여긴 또 하나의 한국 음식을 들먹이고 싶다. 바로 김치다.

　일본에서 한국의 이미지를 여론조사하면 먼저 떠오르는 것이 김치다. 김치가 곧 한국이며, 한국이 곧 김치인 것이다. 한국인 스스로가 '김치의 세계화'라면서 애국 내셔널리즘의 심벌로 삼고 있다. 그러니 김치에 관해서는 따로 자리를 만들어 이야기하지 않으면 안 되겠지만, 여기서는 그 정치성(?)의 한 자락을 소개해둔다.

　김치라고 하면 외국인들은 새빨갛다는 이미지를 갖고 있다. 하지만 실제로는 빨갛지 않은 김치도 있다. 단적으로 말해 백김치라는 게 별도로 있어서, 일상적으로 늘 먹는다. 즉 붉은 김치는 고춧가루를 사용하니까 그런 것이지, 고춧가루를 쓰지 않은 김치는 빨갛지 않은 것이다.

그렇다면 언제부터 김치에 고춧가루를 썼을까? 이게 '음식의 한(恨)'과 관련이 있다.

한국에서나 일본에서나 고추는 원래 외래종이었다. 남방계(南方系) 식물로서, 일본에서는 '남만(南蠻)' 즉 남쪽에서 들어왔다. 한국에서는 일본으로부터 들어왔다는 것이 정설이다. 이건 아무리 생각해도 이상한 이야기다.

일본에서 한국인의 '나라 자랑'을 비꼬는 말 중에 '우리지날'이라는 게 있다. 우리나라의 '우리'에다 영어 '오리지널(=일본식 표기는 '오리지나루', 원조의 뜻)'을 가져다붙인 조어(造語)다. 한국인들이 일본에 대해 무엇이건 '우리가 먼저'라든지, '뿌리는 우리 쪽'이라고 하는 버릇을 빗댄 것이다.

역사적으로는 선진적인 중국 문명이 한반도를 경유하여 일본으로 전해진 경위가 있다. 그러니 한국이 뿌리라는 말에도 들어맞는 면은 있다. 한국에서 연구 서적이나 언론 보도, 또는 여행에서 '일본 속의 한국 문화 탐방'이라는 것이 많은 이유도 거기에 있다.

그런데 도가 지나쳐 다도(茶道)나 꽃꽂이, 스모(=일본 씨름), 검도(劍道)까지 일본 문화는 무엇이건 한국에서 건너갔다고 한다. 그 바람에 일본에서 "또 우리지날이 나왔네…"라고 빈정거리는 것이다.

일본 것은 무엇이건 한국이 원산(原産)이라고 말하고 싶어 하는 한국에서, 바로 그 '민족의 혼(魂)'과 같은 김치에 들어가는 고추가 일본에서 전래되었다고 인정하는 것이 참으로 불가사의하다. 더군다나 한국으로 전해진 계기가 한국인으로서는 떠올리기조차 싫은 임진왜란이었다니, 더 놀라고 기이함을 금하지 못한다.

오랜 전쟁으로 피폐하고 황폐해진 조선에서는 '침략자 히데요시'가 최악의 일본인으로 지금도 일컬어지고 있다. 그리고 이 임진왜란에서 고추가 일본에서 전래되었다는 것은 문헌적으로도 증명되어 있는 것이다.

한국어로 고추라고 하는 것도 일본어 '고슈(胡椒)'에서 왔다는 설이 유력하다. '고슈'의 한자(漢字)를 한국어로 읽으면 호초, 그게 고추로 변한 것이다.

고추는 반일(反日)의 대상이 아니다?

앞서 냉면 이야기를 하면서 '소바'(메밀국수)와 연관된 '일제(日帝) 전설' 비슷한 우스개를 소개했다. 그런데 김치에도 같은 이야기가 있다. 도요토미 히데요시 시절의 이른바 '일제 전설'이다. 이것은 한국인으로부터 귀동냥한 저잣거리의 잡담(雜談) 혹은 방담(放談)에 속한다.

고추는 맵다. 김치에 사용하는 고춧가루도 맵지만, 한국에서는 된장에 찍어 먹는 풋고추도 상당히 맵다. 그것을 통칭(通稱) 청양고추라고 한다. 정말 보통 매운 게 아니다. 나 역시 살짝 씹어보자마자 뱉어버렸다.

덧붙이자면 고추가 매운지 아닌지 가리는 방법은, 우선 고추를 절반으로 쪼개서 냄새를 맡거나 혀끝으로 살짝 핥아본다. 매운 고추는 냄새만으로도 기가 질린다. 혀로 핥으면 더하다.

얼마나 매우냐고 하면, 혀가 마비되어 다른 맛을 알 수 없을 정도다. 콧물에다 눈물, 그리고 땀까지 난다. 특히 얼굴이 흠뻑 젖는다. 매운 고추는

입 안뿐만 아니라 머리까지 띵해져, 때로는 아무 생각이 나지 않는다. 어떤 때는 순간적으로 기억 자체가 사라져버리기도 한다. 문제는 매운 것은 먹을수록 길들여진다는 사실이다.

그래서 항간에서 떠돌던 이야기가 "고추는 한국인의 머리를 나쁘게 만들기 위해 히데요시가 의도적으로 반입한 것이다. 그 증거로는 그 후 진짜로 한국인의 머리가 나빠져 일본에 고개를 숙이다가, 급기야는 일본 식민지가 되고 말았잖아!"였다.

이 또한 엄청나게 정치적이다. 그런 말을 들으면 왠지 책임을 느끼지 않을 도리가 없는 것이다.

이런 이야기를 한국인에게 해주면 "어쩌면 그럴지도 몰라!"라는 반응이 나온다. 왜냐하면 앞서 말한 것처럼 메밀국수에서는 일본의 모략에 대항하여 한국인이 해독법(解毒法)이랄까, 대항 수단을 강구하여 반격에 성공한 것으로 되어 있다.

하지만 고추에서는 대항책이 등장하지 않는다. 일본에 당하기만 하고 끝났기 때문이다. 역시 일본인은 나쁜 사람으로 해두는 편이 나은가?

아무리 그렇더라도 일본에서 들어간 고추가 현재 한국을 대표하는 식품인 빨간 김치의 이미지라는 사실이 흥미롭다. 더구나 바로 그 일본의 그림자(?)에 대해, 일부에서 기담(奇談)이 있긴 하더라도, 대다수의 한국인들은 아무런 신경도 쓰지 않는다는 것이 흥미를 자아낸다.

그토록 자존심, 자만심을 들먹이면서 일본어 추방을 내세워 사소한 것에서까지 '일본'을 배제하려는 사람들이 왜 이런가? 특히 반일을 내세우기 좋아하는 매스컴과 지식인들이, 빨간 김치에 대해 입을 다물고 있는 것이 불가사의하다. 이제는 없어서는 안 될 식품이고, 400년이나 세월이 흐른 다음이면 아무 상관이 없다는 뜻일까?

한국인들은 그 후 김치의 역사에 드리운 '일본의 그림자' 따위에는 눈길조차 던지지 않는다. 오히려 그걸 멋지게 극복한 듯하다. 이제는 빨간 김치가 한국인의 원기를 북돋우는 음식으로, 비즈니스에서나 스포츠에서나 세계적으로 대활약을 펼치고 있다.

해외로 나간 비즈니스 전사(戰士)나 스포츠 선수들은 "김치가 없으면 힘이 나지 않는다"면서, 본국에서 보내져온 김치를 즐겨 먹는다.

'김치의 정치학'은 나중에 다시 다루겠지만, 지금까지는 한국인의 '우리지날' 주의(主義)에 한방 먹이는 김치론(論)으로 굳이 소개했다. 일본인 독자들로서는 다소나마 체증(滯症)이 가라앉았을지 모르겠다.

10

보신탕을 멀리하는 한국인이 늘었다

국제문학상을 받은
한국 소설

한국의 중견 여성 작가로, 2016년에 영국의 문학상인 '맨부커상(Man Booker Prize)'을 수상한 한강(韓江)이 있다. 이 문학상은 노벨문학상에 비견될 만큼 권위가 있는 것으로 전해진다.

번역 부문 맨부커상에 그녀의 소설 『채식주의자』가 뽑혔다. 한국에서는 "한국 문학이 세계에서 처음 평가를 받았다"고 크게 화제가 되었다. 매스컴에서 다룬 것으로 치자면, 거의 노벨문학상을 수상한 것 같은 분위기였다.

나는 평소 한국 소설을 읽을 기회가 많지 않다. 그래도 사회적으로 화제가 된 작품이나 초(超) 베스트셀러 등은, 업무상 사회 현상의 하나로 보아 가끔 읽게 된다.

한강이라는 작가도 그동안 나에게는 생소한 이름이었다. 하지만 국제적인 평판을 받았다니까 호기심으로 읽어볼 마음이 생겼다. 솔직히 말해서

"필경 따분한 소설이겠지, 뭐!"라는, 한국 소설에 대한 진지하지 못한 편견(偏見)이랄까, 선입견(先入見)을 갖고 읽었다.

그런데 의외로 재미있었다. 전혀 따분하지 않았던 것이다. 그리고 "이거 정말 걸작(傑作)인데…"라는 생각까지 들었다.

이 책의 주제인 '식(食)'에 관한 이야기를 해야 하니까, 소설은 간단히 언급하기로 한다. 작품의 줄거리는 대충 이런 느낌이다.

주인공인 여성은 어린 시절 목격한 동물 학대 광경으로 인해, 육식(肉食)에 거부감을 갖고 채식주의자가 된다. 그 후 그게 심해져 이윽고 거식증(拒食症)에 걸려 정신과병원에 입원한다. 거기서 그녀는 매일 밖으로 나가면 상반신을 벗고 햇볕만 쬐는 이상한 행동을 취하게 된다는 스토리다.

이 정도 소개로는 재미가 없을지 모르나, 거기에 담긴 메시지를 상상하자면 이렇다.

채식이라는 것은 육식 거부다. 그런데 육식이란 동물을 죽여서 먹는 것이니까, 동물의 생명을 희생으로 삼은 고기가 나오는 음식을 거부한다는 뜻이다. 하지만 육식을 거부하고 채식을 한다고 해도, 식물에도 생명이 있으니까 그 역시 타자(他者)의 생명을 희생한다는 점에서는 마찬가지다.

결국 음식을 먹는다는 것 자체가 다른 생명을 죽이는 것이니까 거부하지 않을 도리가 없다. 따라서 마지막에는 거식증에 걸리는 것이다.

그렇다면 동물이건 식물이건, 그런 생명 있는 것을 희생시키지 않고 인간이 살아가려면 어떻게 하는 게 좋을까? 그것은 인간이 식물이 되는 수밖에 없다. 식물은 누구의 생명도 빼앗지 않는다.

식물은 태양 아래에서 광합성(光合成)에 의해 목숨, 즉 삶을 영위한다. 식물이야말로 이 세상에서 가장 평화적인 존재인 것이다. 그래서 주인 공은 바깥에서 상반신을 벗고 햇볕을 쬐는 것으로 나무가 되기로 작정했 다….

소설이니까 이런 무미건조한 철학적(?) 이야기가 적혀 있는 건 아니다. 어디까지나 내가 내린 '해석(解釋)'이다. 단지 이렇게 읽으니까 이 소설은 '육식 거부=채식주의의 기만(欺瞞)'에 대한 고발이며, 인간 존재의 근원을 생각하게 만드는 '걸작'인 것이다.

등장인물은 거의 가족이니까 흔한 한국적인 소설 풍경이긴 하다. 그러 나 이야기는 세 가지의 옴니버스로 되어 있다. 꽤 성적(性的)인 부분도 있 고, 사건이 일어나 수수께끼 풀기와 같은 스토리 전개도 있어서 아주 잘 읽힌다. 그러니 재미있다고 하는 것이다.

『채식주의자』는 일본에서도 번역되었다고 들었다. '재미없다'는 한국 소 설에 대한 지금까지의 이미지(선입견)에서 벗어나도록, 적극 일독(一讀)을 권한다.

채식, 거식(拒食)으로 이어지는 개고기 트라우마

지금부터 음식 이야기로 돌아간다. 주인공의 채식주의, 즉 육식 거부의 배경에 어린 시절 목격한 개고기 먹는 풍경이 등장한다.

그것은 꿈이라는 형태를 취하는데, 어릴 무렵 그녀는 개에게 발을 물린다. 화가 치민 아버지가 개를 붙잡아 오토바이에 매달아 질질 끌고 다니는 등 처참하게 학대한 뒤, 죽여서 그 고기를 식탁에 내놓았다는 것이다.

이것은 한마디로 하자면, 기르던 개를 가족들이 잡아먹어버렸다는 이야기다. 꿈이라고 하니까 상상, 즉 지어낸 이야기로 여기기 쉽다. 하지만 실제로 그런 유의 풍경이 적잖게 있는 모양이다.

가령 몇 년 전, 신문에 실린 이야기를 읽고 다소 놀란 적이 있었다. 어느 지방도시의 공장에서 도난 방지를 위해 강아지 네 마리를 키웠다. 모두 종업원이 데려온 것이라고 한다.

그런데 어느 날, 그 중 두 마리를 종업원들이 점심 때 잡아 보신탕으로 해먹었다. 여기에 화가 치민 사장이 해당 종업원들에게 정직(停職) 등의 징계 처분을 내렸다. 그러자 종업원들이 "우리가 데려온 개를 우리가 먹는 게 무슨 잘못이냐?"며 노동쟁의를 일으켰다는 것이다. 개로서는 참 괴로운 이야기다.

소설로 돌아가면, 한국에서는 사람을 문 개를 죽이는 습속(習俗)이 있는 모양이다. 거기에 더하여 소설에는 개에 물린 상처는 개고기를 먹어야 낫는다는, 나로서는 처음 듣는 이야기도 나온다. 나는 이와 별도로, 개고기는 학대를 당한 개일수록 맛있다는 속설(俗說)을 들은 적이 있다.

그리고 소설에서는 가족끼리 식사하는 장면에서 육류라는 이유로 탕수육을 먹지 않으려는 주인공에게, 그 '편식(偏食)'에 화가 치민 아버지가 억지로 탕수육을 그녀의 입에 쑤셔 넣어 먹이는 장면이 나온다.

소설적으로는 아버지=폭력=전통=육식(肉食)이라는 이미지를 설정했다. 거기에 대한 주인공의 저항·부정(否定)·인간적 재생(再生)에의 시도… 라는 이야기라고 생각한다. 그럴 정도로 이 소설에서는 '개를 먹는' 문제가 중요한 메타포(暗喩?)로서 쓰이고 있는 것이다.

이 작품은 영국에서 번역 출판되어 국제적인 문학상을 받았다. 그런데 영국이랄까, 유럽의 독자 혹은 평자(評者)들이, 이 개고기를 먹는 대목을 어떻게 받아들였을지 신경이 쓰인다. 장면으로서는 상당히 충격적이자 엽기적(獵奇的)이다. 그리고 당연히 엄청 엑조틱(Exotic, 異國的)하다.

앞서 쓴 채식주의와 연관된 철학적 메시지는 대단히 보편적인 것이지만, 한편으로 개고기 문제는 대단히 토속적이고 엑조틱한 것이다. 이 둘을 대비시킨 것이 문학적 매력으로 평가된 게 아닐까 하는 짐작을 해본다.

그러나 소설에서는 한국 사회에서 개고기를 먹는다는 전통 문화에 대해 확실히 부정적이다. 아니, 그 이상으로 혐오(嫌惡)와 증오(憎惡)의 대상으로 설정되어 있다.

이 작품은 맨부커상 수상 이후 한국 내에서만 지금까지 100만 부 가까이 팔렸으리라. 그러니 한국 독자들도 새삼 한국의 음식 문화에서 오래되고도 새로운 문제인 개고기에 관해 생각들을 했을 것이다. 그리고 필경 혐오감과 증오감을 공유했을 것임에 틀림없다.

이 작품과 그 평판은, 한국에서의 전통적인 개고기 문화에 대해 앞으로 부정적인 영향을 끼치게 되지 않을까? 아니, 벌써 그 영향이 나타나고 있다.

내부 붕괴되는
보신탕 문화

2018년 연말의 최신 뉴스에 의하면, 수도권 최대의 개고기 판매 시장이던 경기도 성남시의 모란시장에서 마침내 '개고기 코너'가 사라지게 되었다고 한다. 이것은 수도권의 대규모 개고기 공급 루트가 없어지는 것이어서, 개고기 요리 전문점이나 개고기 팬들로서는 큰 사건이 아닐 수 없다.

또한 광화문 주변에서 유일하게 남아 있던 '50년 전통'을 자랑하던 보신탕 전문점 '전통집'도, 올해 끝내 식당을 접고 말았다. 나로서는 단골이랄까, 호기심 많은 일본 손님을 위한 접대용 가게였으므로 아쉬웠다. 이로써 서울 도심의 오피스빌딩 주변에서, 가벼운(?) 마음으로 보신탕을 먹을 수 있는 식당이 사라져버린 셈이다.

외국인이 한국인의 음식을 이야기하자면, 특히 일본인의 경우 더욱 그렇지만, 김치와 보신탕은 빼놓을 수 없는 메뉴였다. 이 둘은 그대로 한국 및 한국인의 이미지 자체이기도 했다. 김치에 관해서는 나중에 다시 다루겠지만, 보신탕 쪽은 이제 쇠퇴일로(衰退一路)에 들어선 듯하다.

더구나 그것은 지금까지와 같이 "야만적인 개고기 음식은 집어치워라!"는 국제사회로부터 쏟아진 비난의 '외압(外壓)'이 아니라, 한국 국내에서 터져 나온 목소리에 눌린 결과인 것이다.

1988년의 서울올림픽, 2002년의 월드컵 축구대회 등 수많은 국제 이벤트에 즈음하여, 세계의 동물 보호단체나 동물 애호가들은 이벤트 보이콧이라는 협박을 거듭해왔다. 그럼에도 잘 버텨온 한국의 개고기 음식 문화가, 내부 붕괴의 위기에 처한 셈이라고 할까?

나는 반드시 개고기 애호가라고는 할 수 없다. 그러나 '외압'에는 반대여서 한국을 동정해왔다. 전통 문화 보호의 관점에서다. 동물 보호보다 문화 보호다.

그래서 나는 여태 개고기 문제로 격렬한 외압과 협박에 부딪친 한국에 대해, 마찬가지로 고래고기 문제로 국제사회의 비난을 받는 일본으로서, 연대(連帶)의 응원을 보내왔다. 그와 더불어 '공투(共鬪)'를 주장한 적도 있다.

그럼에도 그 전통 문화가 내부적인 위기(?)에 빠진 것이다. 그런 위기를 불러들인 내부의 목소리랄까, '내압(內壓)'의 정체는 무엇인가? 단적으로 말하자면 그것은 급격한 펫(pet) 붐이다.

펫 애호가가 급속히 늘어남으로써 개고기에 대한 혐오, 증오가 급속히 확대되고 있는 것이다. 전통적인 음식 문화를 압도하기에 이른 한국의 펫 붐이 지금 어디까지 와 있는지, 그것을 상징하는 이야기를 소개하기로 한다.

한국에서는 그동안 펫을 '애완동물'이라고 불렀다. 사전에도 단어가 올

라 있다. 아마도 일제(日製) 한자어로 여겨지는데, 한자 문화권으로서는 격
조 있는 단어이다. 따라서 개의 경우는 '애완견'이었다.

그런데 이 애완동물, 애완견이라는 이제까지의 표현이 차별적인 표현이
라고 하여 배척(排斥)되어, 눈 깜빡할 사이에 한국 사회에서 사라져버리고
말았다. 이 단어를 차별어(差別語)라는 이유로 매스컴을 위시한 사회 전체
에서 몰아내는 방향으로 만든 것이 애견가, 펫 붐이었다.

어째서 그것이 차별어인가?

문제는 '애완(愛玩)'이었다. 애완이란 '가지고 노는 것'이며, 장난감을 가
리키는 '완구(玩具)'라는 단어도 있다. 즉 '애완'이란 장난감처럼 가지고 노
는 것으로, 거기에는 동물을 소유물처럼 물건 취급한다는 뜻이 포함되어
있다. 그렇게 인간 마음대로 정한 이기주의(利己主義)를 드러낸다는 사실
이, 곧 동물에 대한 모독이라는 것이다.

그렇다고 한국에서 개의 권리(?), 다시 말해 '견권(犬權)'이라는 것까지는
아직 등장하지 않았다. 하지만 '동물 복지'라는 말이 시민권(市民權)을 얻
어서, 매스컴에서 수시로 사용되고 있다.

동물 혹은 애완동물이 '물건'이 아니라면 무엇인가? 어떻게 불러야 하
나? 한국에서는 이제 '반려(伴侶) 동물'이라고 하며, 애완견이 아니라 '반려
견'이다.

나는 처음 텔레비전 뉴스에서 '팔려 동물'로 잘못 알아듣고, 사람들이
키우다 내다버리는 유기(遺棄) 동물인 줄 알았다. 그러다가 그게 종래의
애완동물을 대신하는 단어라는 사실을 알고 놀라 감동(!)했다.

'반려'란 원래 '인간끼리'를 가리킨다. 그걸 동물에 끌어들인 것이다. 그

리고 반려 동물, 반려견은 즉각 한국 사회를 석권(席捲)했다. 누구 한 사람 불만이나 불평을 하지 않았고, 정신을 차리고 보니 어느 결에 모두가 그렇게 부르고 있었다. 한국의 애완동물 붐이 여기까지 온 것인가!

그것이 순식간에 퍼지고, 즉시 호칭까지 바꿔버린다는 발상이 "너무나 원리(=철학)를 좋아하는 한국인답다"고 감탄을 금치 못한다.

애완동물도 이제는 가족이나 마찬가지 존재가 되었으므로 '반려'이다. 인간이 물건처럼 취급하는 존재가 아니라, 다시 말해 소유물이 아니라 대등한 파트너인 것이다. 애완이라면 인간의 일방적인 감정의 대상에 지나지 않지만, 반려라고 하면 서로가 상대를 존중하는 수평적인 관계로 바뀐다.

반려는 영어로 파트너이다. 펫을 뜻하는 애완이 안 되고 반려라면, 펫 또한 파트너로 바꿔야 옳다. '펫 숍'은 '파트너 숍'으로, '펫 푸드'는 '파트너 푸드'로….

하지만 이건 아직 그냥 그대로다. 그러니 약간 어깨에 힘이 들어간 느낌의 '애완에서 반려로'라는 철학적 의미도, 어딘가 저절로 미소를 머금게 만든다.

그러나 어쨌든 '반려'를 먹을 수야 없는 노릇이다. 하물며 "한국인은 파트너를 잡아먹는다"는 소리를 듣게 되면, 점점 더 국제사회를 향해 얼굴을 들지 못하게 된다.

따라서 개가 '반려'가 됨으로써 개고기에 대한 거부감이 퍼져간다. 그리고 '반려'인 개와 함께 사는 인간으로서, 개고기는 한없이 기피해야 할 대상이다. 하물며 그것을 먹는 인간 따위는 증오해야 마땅하다. 이제 개고기 요리가 설 자리는 없어져버렸다.

개고기 요리의
두 가지 오해

　여기서 한 가지, 한국 사회의 개고기 문화를 위해 변명해두고 싶은 것이 있다. 국제 사회에 오해가 있기 때문이다.

　그게 무엇인가 하면, 개고기 요리에 나오는 개는 절대로 펫이 아니라는 사실이다. 기본적으로는 식용을 위해 사육된 것으로, 심지어는 '개 목장(牧場)'이라는 곳도 있을 정도이다. 펫(파트너)이 아니라 어디까지나 식용으로 키운 개를 먹는 것이다.

　그렇지만 매사 반드시 예외가 있다. 때로는 악덕업자가 있어서 버려진 펫, 즉 유기견을 모아서 식용으로 유통시켰다는 텔레비전 고발 프로그램을 본 적은 있다.

　버려진 펫은 병든 개가 많다. 텔레비전에서는 그걸 엄하게 고발하고 있었는데, 그런 장면을 보고서야 개고기를 먹을 기분이 날 리가 없다.

　개고기에 관한 또 하나의 오해도 풀어두고 싶다.

한국 정부는 지금도 여전히 법률적으로는 개를 식용 가축으로 인정하지 않는다. 개고기가 식용으로 인정받지 않으니까 정식 식육으로는 유통되지 않는다. 따라서 동네 정육점에서는 팔지 않으며, 슈퍼나 백화점의 식품 매장에도 없다.

다시 말해 개고기는 소고기나 돼지고기처럼 어디서나 팔고 있고, 가정에서 일상적으로 먹는 음식이 아니라는 것이다. 어디까지나 특수한 요리여서 전문 식당에서만 먹을 수 있는 것이다. 그러므로 한국인 중에도 먹어본 적이 없는 사람이 많으며, 특히 여성들은 거의 먹지 않는다.

개고기는 그것을 단속할 법률이 없다. 그러니까 묵인(默認) 상태에서 유통되고 있을 뿐이다. 앞서 소개한 것처럼 개고기 시장이 폐쇄되면, 저절로 소멸될 수밖에 없는 것이다. 그래도 당연히 애호가는 끊어지지 않을 테니까, 개고기가 완전히 사라질 리야 없으리라.

여기까지 소개한 '개고기 사정(事情)'에서도 분명히 알 수 있듯이, 한국에서는 개가 식용이었던 역사가 있다. 그래서 개가 학대를 당했다는 인상이 남아있는 것이다. 식용이라는 점에서는 사람들이 반기고 좋아했다고도 할 수 있다. 하지만 그것이 '반려'나 귀여운 이미지는 결코 아니다.

한국의 개에게는 잡아먹히는 이미지 외에 무엇이 있었을까? 그런 생각을 하다가 퍼뜩 떠오른 생각이 있다. 하지만 그 또한 '반려'와는 거리가 먼, 악(惡)의 대명사나 다름없는 것이다. 한국인의 일상생활에서 개는 어떤 존재로 등장하는가? 그게 참으로 잔혹한 이야기다.

'개새끼'는 엄청난
차별적 표현이다

한국인의 일상적인 대화에서 수시로 등장하는 말 가운데 '개새끼'라는 게 있다. 누군가에게 기분이 나쁘거나, 무언가 불평을 터트릴 때에는 어김 없이 '개새끼!'라고 중얼거린다. 싸움이 벌어지면 대번에 '개새끼!'라고 고함을 지른다.

한국어로는 이런 종류의 말을 '욕'이라고 한다. 험담(險談), 매도(罵倒), 욕설이랄 수 있는데, '개새끼'는 그 중 가장 대중적인 욕이다. 단지 여성들은 거의 쓰지 않는다. 상스럽기 때문이다.

'개새끼'는 '개의 새끼', 즉 강아지다. 그러나 개 자체는 귀엽고 인간과 가까우며, 강아지는 더욱 그러하리라. 그게 어째서 여성들은 상스러워서 쓰기조차 주저하는 욕이 되었을까? 그 비밀이 또한 잔인하다.

욕설로 사용되는 개는 즉 '짐승'인 개다. 짐승은 동물이라는 뜻인데, 인간에 대한 비난으로 자주 쓰이는 말이다. '짐승 같은 놈'이라는 식으로, 남을 깎아내릴 때 곧잘 사용된다. 그렇다면 어째서 동물, 짐승, 개가 인간과의 비교에서 얕잡히는가?

이것은 소위 '저질스런 이야기'라 설명하기가 약간 망설여지지만, 한국 문화론의 일환이니까 감히 밝히기로 한다.

개, 즉 동물(짐승)은 상대를 가리지 않고 교접을 하는 생물이라는 것이다. 그런 행위는 인간이라면 무엇보다 인륜(人倫)을 거스르는 것으로, 짐승밖에 하지 않는 짓이라는 것이다. 따라서 여기서는 개가 그런 비열한 짐승의 대표 주자로 취급당하고 있다.

이건 아마도 유교 사상의 영향이리라. 개를 포함한 가축을 생활상의 가치(반려?)로서 평가하기보다, 인간을 동물과 구별하는 이성적이고 윤리관을 지닌 존재로 부각시키느라 그 '야수성(野獸性)'을 강조한 결과인 것이다.

유교의 이기설(理氣說)이라는 것은 생활이라는 소위 '기(氣)의 세계'보다 윤리, 인륜(人倫) 등 '이(理)의 세계'를 중시한다. 유교에서는 그것이 짐승과 구별된 진짜 '인간적'이라는 의미인 것이다.

이야기가 너무 튀고 말았다. 개란 상대를 가리지 않고 해치우는 비열한 존재이고, 더구나 그 비열한 행위의 결과로서 태어난 것이 '새끼'니까 '개새끼'가 욕으로 성립되는 것이다.

이처럼 개에 대한 엄청난 차별(!)을 배경으로 한 '개새끼'가, '반려' 붐 속에서 한국인의 일상 회화로 여전히 태연하게 들려온다. 개를 에워싸고 펼쳐지는 이 양자(兩者)의 공존은, 지나친 모순이 아닐까?

그래서 나는 신문 칼럼을 통해 한국 사회에 문제 제기를 한 바 있다. 펫으로서의 개를 인간과 평등하게 '반려견'이라고 부른다면, 그와 동시에 '견권(犬權)'을 무시한 차별어(差別語) 덩어리와 같은 '개새끼'를 하루 빨리 추방해야 마땅하지 않겠느냐고…. 아직 아무 반응은 없다.

이 원고를 쓰고 있는 지금이 2018년 연말이다. 그래서 또 하나, 한국 사회에서 개에 대한 이치에 맞지 않는 일이 떠오른다. 2018년은 간지(干支)로 하면 '술(戌=개)의 해'이다. 그런데 60년 전의 이 간지에 해당하는 해에 태어난 사람을 '58년 개띠'라 부르고, 이들이 어찌 된 영문인지 냉대(冷待)를 받아왔다는 것이다.

일본에서 말하는 '히노에우마(丙午)'와 비슷하다('히노에우마'=병오년에 태어난 여자가 시집가면 남편이 일찍 죽는다는 따위의 미신을 말함. 옮긴이). '58년 개띠', 특히 여성을 두고는 "기가 세다" "며느리로 받아주려 하지 않는다" 등 대체적으로 부정적인 뉘앙스로 언급되는 경우가 많았다.

단지 이것은 1958년 이래의 일인지라, 예로부터 있었던 이야기는 아니다. 지난 60년 동안의 일이다. 그들은 2018년에 경사스러운(?) 환갑을 맞았는데, 어째서 이제까지 욕을 먹었을까? 개 탓인가?

여기에는 사회적인 배경이 있다. 한국에서 1958년이라고 하면, 격동의 6·25전쟁(1950~1953년)이 끝난 다음 간신히 세상이 안정을 되찾을 즈음에 출산 붐이 일어났다. 1958년생은 베이비붐 세대였던 것이다.

같은 해에 태어난 사람이 많으면 자연히 무슨 일에서건 경쟁이 격해진다. 먹을거리 쟁취, 수험(受驗) 경쟁, 취직 지옥, 결혼 상대 찾기…. 어린 시절부터 경쟁에 치인 이 세대는, 나쁘게 표현하자면 '닳고 닳았고', 좋게 말하면 '똑똑하다'. 여성이라면 "기가 세다"든지 "생활력이 있다"가 된다.

그렇지만 이런 경우 플러스 마이너스 양면이 있어서, 플러스보다 마이너스를 들먹이면서 재미있어 하는 것이 인간의 천성(天性)이다.

한국 현대사를 되돌아보면, 그들의 분투가 이 나라의 발전을 지탱해온 게 아닐까? 욕은 천벌이다. 2018년의 매스컴은 60세 정년(定年)으로 현역에서 은퇴하는 남자들에게는 '고생 많았다'며 박수를 보냈다. 그래도 여성들에 대해서는 아무런 인사가 없었다.

그러나 어쨌든 '58년 개띠'론(論)은 개들로서는 실로 당혹스러운 이야기다. 우연히 '개의 해'였을 뿐이지, 개에게는 아무 책임이 있을 리 없으니까 말이다.

정계 중진은
왜 보신탕을 즐겼나?

　여기서 다시 음식 이야기로 돌아간다. 나의 '개고기 체험' 가운데 유일하게 식당이 아닌 가정에서 먹었다고 할까, 먹지 않을 수 없었다고 할까, 아무튼 그 경험을 소개한다. 게다가 그것이 정치와 얽혀 있다.

　한국 정계에서 '보신탕 통(通)'으로 알려진 거물 정치가가 있었다. 1970~1990년대에 활약했고, 노태우와 김영삼의 측근으로 그들을 대통령으로 탄생시켜 한때는 '킹 메이커'라 불린 김윤환(金潤煥, 1932~2003년)이다.

　신문기자 출신으로, 조선일보 도쿄특파원을 역임했다. 부인은 재일 한국인이었다. 한국 정계 최고의 지일파(知日派)로 일본에도 잘 알려졌다. 키가 크고 스마트하며, 명랑쾌활(明朗快活)한 호남(好男)으로 인기가 많았다.

　그런 그가 뜻밖에도 너무 개고기를 좋아하여, 손님을 자주 자택으로 초대하여 보신탕을 대접하곤 했다. 개고기를 즐기는 사내의 이미지는 일반적으로 촌스럽고, 기름기가 흐르는 '아재' 풍(風)이지 스마트와는 거리가 멀다.

그러나 김윤환은 그 대극(對極)과 같은 인물이었던지라 신기했다. 나도 동료 기자들과 함께 두 번이나 자택으로 초대되어 보신탕 권유를 받았다.

그의 설명으로는, 아는 사람에게 전화를 걸어 개고기 조달을 받는다고 했다. 요리는 각종 야채와 함께 냄비에다 끓인다. 식당에서는 냄새 제거를 위해서인지 향신료를 많이 썼는데, 이 댁에서는 향신료가 든 양념에 찍어서 먹은 것으로 기억난다. 그래서인지 방안에서는 무어라 말할 수 없는 냄새(獸臭?)가 떠돌고 있었다.

그가 직접 보신탕을 끓였다. 부인은 인사로 얼굴만 내밀었을 뿐이다. 한국에서는 남편이 손님을 식사에 초대할 경우, 부인은 자리를 함께 하지 않고 주방 일에만 전념하는 경우가 많다. 특히 김윤환은 정치가였으므로 더욱 그랬다.

당시는 나 역시 젊어서 일에 충실했던지라 보신탕의 맛보다, 그가 들려줄 정치 정보 쪽에 관심이 쏠렸다. 지금 생각하면 아쉽게도 보신탕 쪽에 관한 기억이 잘 나지 않는다.

김윤환은 자신이 개고기를 즐기는 것에 대해 '몸에 좋으니까'라고 말했던 것 같다. 그런데 일반적으로는 개고기를 먹는 동기로서 강장(強壯) 사상이랄까, 정력(精力) 신앙이 있지 않을까 하는 것이 오래 전부터의 내 지론(持論)이다. 왜냐하면 개고기를 먹는 한국 남자들에게서는 항상 어딘지 '기분의 고양(高揚)'이 느껴졌기 때문이다.

먹기 전부터 "자, 들지!" 하는 기합(氣合)이 들어가며, 먹은 다음에는

"먹었어, 먹었어!"라면서 주위에 자랑하려 든다. 결코 잠자코 있지 않는다. 대체적으로 그건 혼자 먹는 음식이 아니다. 물론 탕(湯)의 경우 한국에서는 다들 둘러앉아 먹지만, 특히 보신탕은 그런 느낌이 든다. 서로 개고기를 젓가락질하며 기합을 넣는 것처럼 비친다.

그렇다면 어째서 개고기를 먹을 때 기분의 고양감을 느낄까? 왜 흥분되는가 하는 것이다. 강장 신앙에서 오는 '사후(事後)에 대한 기대'가 그렇게 만든다는 견해가 있다. 그와 동시에 개고기 대한 와일드한 감각이랄까, 야성(野性)의 매력 비슷한 것이 있기 때문일지도 모른다.

저 옛날 수렵(狩獵) 시대에 사냥으로 얻은 짐승을 먹는 것은, 전투에서의 승리와 닮은 흥분을 안겨주었다. 그 전사(戰士)인 사내로서는 남자로서의 자기 확인이며, 그 이상 없는 쾌감이었다. 개고기가 그런 DNA를 자극하는 게 아닐까 하는 것이 나의 독단적 가설(假說)이다.

한국 남성들의 정력 신앙은 끝이 없다. 뱀, 개구리, 너구리, 여우, 노루…. 모든 야생 동물을 때로는 불법으로 잡아먹는다. 이를 단속하는 당국과 끝없는 숨바꼭질이 이어지고 있다. 아, 족제비도 먹는다는 이야기를 들었다. 그들에게는 야생이라는 사실이 정력으로 이어진다는 믿음이 있는 것이다.

김윤환으로 돌아가자. 겉으로 보는 한, 그는 정치가로서나 남자로서나 부족함이 없는 사나이였다. 개고기를 먹는 정력·강장 신앙 따위는 필요하지 않았을 법하다. 그럼에도 불구하고 개고기를 즐기고, 그것도 나를 포함하여 여러 손님을 자택으로 초대하여 '보신탕 파티'를 벌였다. 그 수수께끼(?)는 무얼까?

이건 어디까지나 내 마음대로 상상해본 것인데, 그건 역시 개고기를 먹는다는 사실에 대한 김윤환의 과시가 아니었을까? 바꿔 말하자면, 정치가로서의 파워 과시이다. 개고기=와일드=파워, 라는 것이다. 한국의 정치가는 의외로 젊음과 파워가 요구된다. 권력으로 향하려면 그게 불가결한 요소로 여겨지고 있는 것이다.

일본통이었던 그는, 스스로 지향하는 정치가상(像)으로 왕년의 일본 정치가 미키 부키치(三木武吉, 1884~1956년)를 종종 입에 올렸다. 실로 해묵은 이야기인데, 무대 뒤에서의 정치적인 조정의 명수(名手)로 태평양전쟁 패전 후의 일본 국내 정치에서 보수 합동을 실현시키고, 오늘날의 자민당(自由民主黨)을 만든 인물로서 잘 알려져 있다. 스스로 꼭대기에 오르는 게 아니라, 톱(Top)을 만들어내는 것에 정치적 매력을 느꼈다는 점에서 김윤환과 공통점이 있다.

그 역시 파워가 있어야 가능하다는 것이었을까? 김윤환은 만년(晚年)에 '너구리 아버지'(=능글맞은 늙은이를 빗대서 하는 말. 옮긴이)와 같은 풍모를 드러낸 미키 부키치와는 서로 이미지가 달랐다. 하지만 1990년대 초, 한국 정계를 깜짝 놀라게 한 여야(與野) 3당 합당으로 김영삼 대통령을 탄생시킨 언저리는 미키 부키치의 정치 인생에서 힌트를 얻었을지 모른다.

그러나 그는 71세로 비교적 일찍 타계했다. 개고기를 즐겼음에도 소용이 없었던 것일까? 혹은 개고기를 먹었기 때문일까? 췌장암이었던 것으로 기억하는데, 최고의 지일파로서 한일관계를 위해서도 참 아까운, 너무 이른 죽음이었다.

다만 요즈음과 같은 시대라면, 개고기 애호가로서 그만큼 널리 알려졌더라면 정치 생명이 위태로웠을지 모른다. 선거에서는 '반려견' 파(派)에 의한 낙선 운동에 직면했을 게 분명하다. 그로서는 '반려견' 시절을 보지 않고 일찍 가버린 것이 오히려 나았나?

　마지막으로, 애호가를 위해 마침내 소멸될지 모를 개고기 전문점 가운데 서울에서 가장 평판이 높은 곳을 소개해둔다. 서울에서 최고라는 것은 한국에서 최고라는 것이나 마찬가지다. 북한산 기슭에 뚫려 있는 구기터널을 지나기 직전 언저리에 자리 잡은 '싸리집'이다.

　이 가게는 보신탕도 맛있지만, 개고기와 부추를 겹쳐서 찐 수육이 훨씬 맛있다. 수육은 소고기나 돼지고기에도 있는, 한국 육류 요리의 대표선수 격이다.

　'싸리집'이 내 마음에 든 것은 맛뿐이 아니다. 가게의 옥호(屋號)가 멋지다. 게다가 건물이 전통 한옥(韓屋)으로, 울타리가 싸리로 되어 있어서 분위기가 기가 막힌다. 언젠가는 사라지고 말지 모르는 개고기 요리를 '싸리집'에서 즐기면서, 풍전등화(風前燈火)가 된 한국의 전통 문화를 다들 부디 아쉬워해주기 바란다.

11

김일성이 고깃국에
매달리는 까닭

'하얀 쌀밥에 소고기국'이
국가 목표

북한의 '음식과 정치'에 관해서는 이미 평양냉면과 개성 요리 항목에서 일부 소개했으나, 이번에는 약간 더 깊이 들어가 보고자 한다. 북한과 연관된 '음식'으로 가장 내 기억에 남는 것을 소개하고 싶다.

'쌀과 고기'에 관한 것인데, 우선 쌀 이야기부터 쓰기로 하자. 쌀 그 자체는 요리가 아니지만, 뭐니 뭐니 해도 쌀은 음식의 기본이다.

특히 북한에서 '쌀'은 특별한 의미를 지닌다. '김왕조(金王朝)' 건국의 아버지라 할 김일성은 "쌀은 공산주의이다"고 말하면서, 건국 이래 쌀을 떨쳐내지 못했다. 김일성은 해마다 신년사 등을 통해 "우리 사회주의의 목표는 인민들에게 이밥(=쌀밥)에 고깃국을 보장하는 것이다"고 거듭 말해왔다.

이 목표는 그가 죽을 때까지(1994년) 실현되지 않았고, 3대 째로 대(代)가 바뀐 지금까지도 여전히 이뤄지지 않고 있다. 핵(核) 개발 우선으로 쌀은 뒤로 제쳐두었기 때문이다. 3대째인 김정은은 이제 와서 걸핏하면 경제 중시를 강조하면서, 새삼 "앞으로는 쌀의 시대다"와 비슷한 말을 하고 있다.

북에서는 핵 개발로 인해 쌀에 관해서는 혹독한 시련을 겪었다. 특히 2대째였던 김정일 시대(1994~2011년)에는 '고난의 행군(行軍)'이라 일컬어졌고, '쌀=식량난'으로 수십만 명 단위의 아사자(餓死者)가 나온 것으로 추정된다.

인민을 먹이지도 못하는 정치는 정치로서는 실격(失格)이다. 다른 나라였다면 정권 교체는 말할 나위가 없고, 쿠데타나 혁명이 일어나도 신기한 일이 아니다. 고대(古代)였다면 왕조(王朝) 붕괴다. 그럼에도 불구하고 지금도 여전히 정권이 유지되고 있다는 것은, 인민들이 불평을 터트리지 못하게 만드는 그 세습 권력이 얼마나 가혹한지를 증명한다.

북한에서는 인민에게 '하얀 밥', 즉 쌀을 보장해주지 못했던지라 기회만 생기면 외부 세계에 쌀 지원을 요청해왔다. 현재도 UN의 관련 기관이 북에 대한 식량 지원을 끊임없이 이야기한다.

이제부터 소개할 쌀에 얽힌 에피소드는 '고난의 행군' 당시인 1995년에 있었던 일로, 북한에 대한 일본 정부의 쌀 지원이 행해지고 있던 무렵의 이야기다.

당시 일본은 자민당과 사회당 등 3당에 의한 연립정권 시절이었다. 사회당의 무라야마 도미이치(村山富市)가 총리였기도 하여, 전체적으로 50만 톤 정도는 보내지 않았을까 싶다. 북한의 핵 개발 동결과 대북(對北) 에너지 지원을 약속한 미·북(美北) 제네바협정이 이뤄진 다음으로, 국제적으로도 대북 융화 무드가 퍼지고 있던 시기였다.

그런데 이때 일본이 처음으로 보낸 30만 톤에 달하는 쌀에 대한 북한의 반응이 얼토당토않은 것이어서, 커다란 소동이 빚어졌다. 바로 이 '쌀 트러블'에는 사실 내가 관련되어 있었으므로 뚜렷이 기억한다.

북한에서는
쌀을 가축에게 먹인다?

　일본이 보낸 쌀에 대해 북한이 어떤 태도를 취했느냐고 하면, 감사의 인사는커녕 "가져다 바치고 싶다고 하기에 받았다"거나 "쌀은 가축 사료로도 쓸 수 있다"는 등 도리어 떵떵거렸다. 이 발언은 북한 권력 중추(中樞)의 한 명으로, 김정일 측근이었던 김용순(金容淳) 조선노동당 서기가 한 말이었다. 그런 말이 전해지자 열을 받은 일본 측에서는 지원 중단의 목소리가 나오는가 하면, 북한과의 대화에 커다란 지장을 초래하기에 이르렀다.

　"쌀을 소와 돼지 사료로 쓰겠다"는 소리를 들은 것이나 마찬가지여서 일본 여론은 당연히 분노하고, 어처구니없어 했다. 문제의 김용순 발언은 다음과 같은 맥락에서 나왔다.

　"(한국에서는) 마침내 북이 견디지 못할 지경의 기아(飢餓)에 허덕인다는 따위의 이야기를 하고 있는 모양이지만, 쌀 거래는 우리가 기근(饑饉)에 빠졌기 때문이 아니다. 우리나라는 의식주(衣食住) 문제를 기본적으로 해결해나가고 있다. 쌀은 축산(畜産)에도 쓸 수 있으며, 경공업에도 활용할 수 있으니까 많으면 많을수록 좋다. 따라서 일본이 사죄의 의미로 쌀을 보내고 싶다고 하는 걸 받지 않을 도리도 없다는 뜻이다."

"뻬기면서 손을 내민다"는 '자존심'이라는 이름의, 전통적인 북한의 협박 레토릭(rhetoric, 修辭學)이다. 그렇지만 이렇게 딱 부러지는 소리를 들어서야, 그동안 대북 지원을 추진해온 연립 여당이나 일본 정부도 낭패가 아닐 수 없다. 해명이 없는 한 계속 지원하기는 어렵다는 결론이 내려졌다.

이 일은 내가 쓴 기사(1995년 8월2일치)가 계기가 되었다. 한국은 보수계인 김영삼 정권 시절이었지만, 기사는 좌파 친북계 잡지 '말'(1995년 8월호)에 게재된 김용순 인터뷰 기사를 소개한 것이었다.

김용순은 당시 노동당 서기로, 조선아시아태평양위원회 위원장을 맡은 대일(對日) 외교의 책임자였다. 인터뷰는 평양을 방문한 재미(在美) 한국인 목사와 나눈 것으로, 약 3시간에 걸쳐 북한의 내외 정책을 다루었다.

이것이 보도되어 일본 측에서 크게 문제를 삼자, 북한 측은 당황하여 "그것은 한국 잡지의 날조다"고 사실을 부인하고 나섰다.

상황이 나빠지면 무엇이건 '날조'라고 몰아세우는 그들의 뻔한 수법이었다. 인터뷰를 한 한국인 목사는, 그해 열린 '조국 해방 50주년 경축 민족 통일 대축전'에 초대받은 친북계 인물이었다. '말' 역시 한국에서 평소 북의 의향을 PR해주던 잡지로, 나는 '북한 정보'로서 이따금 읽고 있었다.

그러니 모두가 이른바 북한과 가까운 인사끼리의 이야기여서 '날조'도 뭐도 아니었으며, 오히려 당당한 북의 대외 PR이었다. 인터뷰 내용은 6페이지에 걸친 장문(長文)으로, 북이 하고 싶은 말을 실컷 해놓은 것이었다.

당시 북한에 대한 쌀 지원은 자민당과 사회당, 그리고 '신당(新黨) 사키가케'로 이뤄진 보혁(保革) 연립 여당이 주도하고 있었다. 그들은 김용순 발언에 대한 여론의 비판이 높아졌던지라 "진의(眞意)를 확인하고 싶다"며 북한에 해명을 요구하는 편지를 보냈다.

그 회답으로 김용순으로부터 편지가 왔다. 하지만 그 내용은 "일개 출판물에 게재된 것을 갖고 온갖 억측(臆測)을 하여 요란을 떠는 것은 실로 놀랄 만한 일이며, 경솔하기 짝이 없다"는 것이었다. 자신의 발언 내용에 관한 구체적인 해명은 없고, 도리어 일본을 비판한 것이었다.

이 같은 '협박'도 대북 교섭에서 종종 있는 북한의 상투수단이었다. 그렇지만 일본 측에서는 "이래서야 여론을 납득시키지 못한다"고 하여 다시금 해명을 요구한 결과, 또 편지를 보내왔다.

그런데 거기에서도 "일부 출판물의 황당무계한 억측과 악랄한 방해 책동이다"는 소리만 되풀이했을 뿐, 해명을 한 게 아니었다. 일본의 쌀 지원에 관해서도 '인도주의적인 입장에서 나온 일본의 선의(善意)'라고 말을 바꾸고, 일본 측의 노력에 '기쁘게 생각한다'고 덧붙였을 따름이다. 어찌 되었건 '감사의 뜻'만큼은 표시하지 못하겠다는 고심(苦心)이 묻어나오는 내용이었다.

이것이 북한의 교섭술(交涉術)이며, 그들이 말하는 자존심이다. 이 같은 레토릭은 아마도 조선시대로부터의 전통으로 여겨진다. 그들은 욕을 포함하여 그런 수법에 대단히 뛰어나다.

이 일은 결국 일본 측의 끈기 부족(?)으로 쌀 추가 지원 교섭이 재개되었다. 지원이 아쉬운 그들이 아니라, 지원하는 일본 측이 안달을 내고 말았던 것이다. 이래서야 그들에게 승점(勝點)이 찍힐 수밖에 없었다.

덕분에 북한의 기만술(欺瞞術)을 폭로한 산케이신문만 된통 당했다. 당시 북한이 국영 미디어인 노동신문, 평양방송, 조선중앙통신 등을 총동원해 산케이신문을 지목하여 비난이랄까, 온갖 욕설을 퍼부었던 것이다. 그만큼 불쏘시개 역할을 한 내 기사가 아팠던 셈인데, 그건 그것대로 기자된 처지에서야 과분하게 고마운 일이다?

이런 여러 사건에서도 알 수 있듯이, 북한은 당시 쌀 문제가 대단히 심각했다. 기아 상황에서 쌀 획득을 위해 필사적이었던 것이다.

이야기가 나온 김에 그들의 욕설 레토릭을 한 자락 더 소개해둔다. 참으로 흥미로운 것인데, 가령 1995년 9월4일자 조선중앙통신은 대략 이런 투로 보도했다.

[세계에는 몇 푼 되지도 않는 달러로 언론인을 매수하여 자신들의 정치 목적을 추구하는 정치 사기꾼과, 그 어용(御用) 매문가(賣文家)가 있는 법이다. 일본의 극우 반동 세력과 남조선 당국이 바로 그 같은 무리들이며, 일본의 산케이신문은 대표적인 매문 집단이다.]

[산케이신문이 남의 불행에 대해 남조선 당국과 결탁하여 사실을 왜곡하고, 남에 대한 비난에 열중하는 것이 돈 때문이라면, 언론의 명예는 물론이거니와 인간의 양심조차 주저 없이 팔아넘기는 저열한 매문 집단의 체질을 송두리째 드러낸 것이다.]

나는 이 일 외에도 북한 미디어(어용 집단!)로부터 실명(實名)이 거론된 것을 포함하여 수시로 비난을 받아왔다. 그런데 어찌 된 영문인지 돈에 관한 이야기가 종종 나온다. 그들로서는 "돈을 받고 무언가를…"이라고 하면 그게 가장 큰 욕이라고 여기는 모양이나, 나로서는 얼른 이해가 되지 않는다. 좀 다른 욕도 있지 않을까 싶은데…. 필경 자신들이 돈(특히 달러)에 약하여, 항상 돈으로 움직여지기 때문일까?

김용순이 "우리는 쌀을 가축 사료로도 쓸 수 있다"고 했다는 말이 전해졌을 때, 지인(知人)인 한국의 베테랑 기자로부터 흥미로운 이야기를 들었다. "그건 사실이다!"는 것이다. "왜냐하면 북에서는 권력자에게 인민은 가축이나 다름없기 때문이다. 자신들이 먹은 뒤 남은 것을 인민(가축)에게 준다는 의미니까 묘하게 들어맞지 않은가?"라고 했다.

그때 이런 이야기도 나왔다. 북한 사람들에게는 예로부터 '긍지가 높다'는 이미지가 있었다고 한다. 왜냐하면 북은 남쪽에 비해 한랭지(寒冷地)에다 산이 많아 가난한 측면이 있었다.

그러나 길거리 거지 가운데 북한 출신은 없었다. 가난해도 통에 물을 담아 팔러 다니는 등 고생해가면서 가정을 유지하고, 자녀를 키웠다. 물장수의 대명사가 '북청(北靑) 물장수'로, 북청은 북동부 함경도에 있는 지명이라고 한다. 그들은 가난해도 동냥을 하지 않고, 스스로 무엇을 해내는 사람들이라는 것이다.

아무리 그래도 남에게 선물을 받거나, 친절하게 도움을 받는 일도 있으리라. 그래서 "그럴 때 인사를 하지 않는 것도 북한 사람들의 전통인가?" 하고 예의 그 한국인 베테랑 기자에게 물어보았다. 그의 대답은 "그런 소리는 들어본 적이 없다"는 것이었다.

'위안부에게 먹였다는 국물'의
진상

　이상은 쌀과 연관된 정치적인 이야기였다. 이번에는 여기에다 또 한 가지, 북한의 '음식과 정치'와 결부해 육류 이야기를 하겠다. 정확하게 말하자면 '고깃국'에 관한 것이다.

　앞서 말했듯이 김일성은 쌀밥과 동시에 고깃국에 매달려왔다. 그들로서는 그만큼 고깃국이 중요하며, 게다가 일상적인 관심사인 것이다. 다음에 내가 말하는 것은 상당히 엽기적인 내용이므로, 각오한 뒤 읽어주기 바란다. 그리고 예의 위안부 문제가 배경에 깔려 있는지라 상당히 정치적이다.

　위안부 문제가 표면화된 초기인 1992년의 일이다. 한국에서는 일본에 대한 새로운 보상 요구 등 대일(對日) 외교 문제랄까, 일종의 반일 카드로서 구(舊) 일본군과 연관된 위안부 문제가 등장했다.

　그러자 북한에서도 똑같은 피해자가 있다고 하여, 북한 당국이 몇 명의 할머니를 등장시켜 기자회견을 갖기도 했다. 그 증언 내용은 국영 미디어를 통해 내외에 대대적으로 선전되었다.

그 한 사람인 리복녀(당시 73세)라는 이름을 가진 여성의 증언이라는 것이 엄청났다. 그녀는 남한 출신으로, 가난한 농가에서 태어나 어릴 때 아버지를 잃었다. 생계를 위해 옛 만주(滿洲)의 목단강(牧丹江)으로 건너가, 23세 때 다른 조선 여성과 더불어 '일제 침략군'의 종군 위안부로 끌려갔다.

일본군 장교로부터 "요구에 따르지 않으면 목을 잘라 죽이겠다"는 위협을 당하고…, 탈주(脫走) 낌새를 채고 몇 번이나 불에 달군 쇠꼬챙이에 찔리는 고문을 받았다. 다른 위안부는 말을 듣지 않는다고 해서 다들 보는 앞에서 나무에 매달아 참살했다… 등. 이 자리에 적는 것이 주저될 만한 내용들이었다.

과장(誇張), 소문, 지어낸 이야기 등 여러 가지를 뒤섞었을 텐데, 그것이 당 기관지 노동신문에 대서특필(大書特筆)되었다.

그리고 그녀에 의하면, 어느 날 일본군이 붙잡아온 중국인의 목을 잘라 "솥에 삶은 다음 목을 기다란 장대 끝에 매달아 다들 쳐다보게 하더니, 삶은 국물을 조선 여성(위안부)들에게 억지로 먹였다"는 것이다.

인간의 목을 삶아 그 국물을 미시게 했다?

그녀의 이야기에서는 이 대목이 가장 위화감(違和感)을 느끼게 해주었다. 황당무계(荒唐無稽)함과 동시에, 일본인의 감각으로서 "그건 아니지 않나?" 하는 직감(直感)이 들었다. 목을 자르는 것까지야 그렇다 치더라도, 그걸 삶아 국물을 먹였다는 것이 너무 터무니없었다.

단적으로 말해서 "사람의 목을 삶아 국물을 마시게 한다"는 발상이 일본 문화에는 없는 일이다. 직감적으로 이것은 중국적(的), 혹은 코리아적(的)이 아닐까 하는 의문이 들었다.

일본인들도 태평양전쟁 도중, 뉴기니 전선(戰線) 등 극한적인 굶주림 속에 시신(屍身)을 먹었다는 이야기가 남아있다. 하지만 다른 사람을 협박하느라, 본보기로 사람 목을 삶아 국물을 마시게 했다는 것과는 전혀 유(類)가 다른 차원이다.

그리고 증언에 나오는 '만행(蠻行)'의 수법이 어딘가 감각적으로 익숙한(?) 측면이 있는 것이다. 그 수법이 어쩐지 요리적인 느낌이 들었다는 말이다. 다시 말해 고기와 뼈, 혹은 가축의 머리를 삶아 국물을 우려내는 것은, 이 땅의 육식 문화에서는 아주 일상적인 요리법인데, 그 연장선상의 발상이라는 느낌인 것이다.

이야기가 다른 곳으로 튀지만, 한국 요리에 관해 일본에서는 불고기가 대표적인 이미지가 되어 있다. 물론 한국에서도 등심, 삼겹살 등을 죄다 포함하여 고기구이 종류를 많이 먹는 것은 사실이다.

하지만 전통적이라는 의미에서는 반드시 그렇지는 않다. 전통적인 육류 요리는 삶은 고기와 그 국물이다. 대륙의 유목민 계열 육식 문화의 기본은 삶은 고기라고 들었다.

즉 고기는 삶아서 먹는 것과 동시에, 그 국물도 남김없이 먹는 것이다. 그렇게 함으로써 보다 많은 사람이 고기를 맛볼 수 있다. 고기구이로는 이렇게 되지 않는다.

한국에서 고기 국물을 사용한 요리로는 설렁탕, 곰탕, 갈비탕, 도가니탕 등 여러 종류가 있고, 거기에 육편(肉片)도 들어있다. 갈비탕의 경우 살코기가 붙은 뼈가 들어있어서 호화롭다.

이렇게 '탕'이 붙은 요리 중에는 닭과 생선도 있다. 반드시 국물 요리가 아니더라도 그런 경우가 있다. 대구탕, 닭도리탕, 감자탕 등이 그렇다.

한국인은 국물을 아주 좋아하여 국물이 없으면 밥을 먹지 못한다.

나는 1971년에 처음 관광 여행으로 한국을 찾았고, 1977년에는 한 달 동안 취재를 위해 장기 체류했다. 장기 체류에서는 부산에서 민박(民泊)을 하면서, 평범한 한국인들의 일상적인 가정생활을 리포트했다.

그것을 '잠입 취재 리포트'라는 이름으로 보도한 것이다. 내가 묵었던 곳은 서민풍의 주상(住商) 복합 아파트 3층인데, 1층에는 조그만 상점들이 있었다.

상점들 가운데에는 온갖 식료품을 파는 곳 외에, 간단한 식사를 파는 밥집과 간이 술집도 있었다. 식재료는 밥집이나 술집 가리지 않고 육류가 압도적으로 많아서, 언제나 소고기나 돼지고기를 삶거나 끓이고 있었다.

당연히 거기서는 고기 냄새가 충만했는데, 3층까지 냄새가 퍼져 올라왔다. 나는 한 달 동안 그런 냄새 속에서 살았다. 그래서 엑조틱하게 실감했던 것이 "이거야말로 한국의 냄새다!"는 것이었다.

김일성이 건국 목표, 인민에 대한 공약으로 쌀밥과 더불어 고깃국 제공을 되풀이해서 말해온 것에는 이유가 있었던 것이다. 그들에게는 그것이 '식사' 그 자체였으며, 식사의 상징이었기 때문이다.

북한 위안부의 증언으로 돌아가자면, 그 황당무계한 국물 이야기를 들먹일 필요는 없겠다. 그러나 그런 발상이 나오는 데는 나름대로의 배경이 있었던 것으로 짐작된다. 거듭 말하지만, 그 문화적 배경은 한반도와 만주 등 중국대륙 음식에서의 '고깃국'을 비롯한 육식 문화다.

따라서 증언을 한 그녀나 증언을 시킨 북한 당국자는, 반드시 있지도 않은 거짓을 꾸며낸 것이 아니었다. 위안부나 일본군과는 상관없이, 별건(別件)으로서의 터무니없는 고깃국 전문(傳聞)과 소문, 혹은 경우에 따라서는 목격 등이 있어서, 그것들을 재료로 삼아 증언을 꾸며냈을지 모른다.

즉 엉뚱한 고깃국이라는 발상은, 꾸며내려고 해도 육식 문화가 아닌 일본의 음식 문화에서는 나오지 않는다. 하지만 육식 문화의 사회에서는 있을지 모르는, 아니 아무런 위화감 없이 가능했으리라는 점이다.

혹 어쩌면 어딘가 다른 곳에서 다른 사건으로서, 그 같은 풍경이 있었을지 모른다. 그리고 증언이 완전히 꾸며낸 거짓이었다손 쳐도, 그런 거짓을 창작하여 발표한 사람으로서는 그게 자연스러운 감각이었을지 모른다는 사실이다.

그러나 거짓이든 사실이든, 이런 이야기를 듣고서야 독자들로서는 식욕 따위를 운운하지 못하리라. "이게 무슨 음식 이야기야!" 하고 야단을 맞을 것 같다. 입안을 헹구는 뜻으로, 이제부터는 제대로 된 음식 이야기로 돌아가고 싶다.

한국인의
강장(强壯) 신앙

북한의 소위 궁정(宮廷) 요리랄까, 이제까지 전해지고 있는 김일성과 김정일의 식사를 소개한다.

우선 김일성이 즐긴 것으로 기억에 남아있는 쏘가리회에 관해서이다. 쏘가리는 한반도 고유종(固有種)으로, 남쪽에도 있다. 이 지역을 대표하는 담수어(淡水魚)이다. 갈색의 얼룩이 있어서 바다의 도미와 같은 정한(精悍)한 생김새로, 강이나 호수의 자갈밭에 서식한다.

낚시가 취미인 나도 몸길이 40센티미터짜리의 큰 녀석을 잡은 적이 있다. 별미(別味)로 소문이 나 있으며, 한국에서는 거의 매운탕으로 끓여 먹는다. 내가 "쏘가리를 낚았다"고 하니까 한국인 대다수가 "그래서, 어떻게 했어요?"라고 물으며 입맛을 다셨다. 그만큼 맛있는 물고기다.

덧붙이자면, 나는 낚은 물고기는 가져가지 않는다. 모두 잡은 다음 다시 놓아준다. 그렇게 이야기하면 한국인들은 반드시 "아깝다, 아까워!" 하면서 아쉬워한다.

김일성의 쏘가리회는 1990년대 초, 일본의 가네마루 신(金丸信) 대표단이 평양을 방문했을 때 환영연에서 등장했다. 당시 김일성이 아주 좋아한다고 해서 화제가 되었다. 가네마루의 이야기로 그 뉴스가 일본으로부터 전해져 오자, 한국에서 쏘가리 값이 갑자기 치솟았다. 왜 그런가?

한국인에게 김일성은 침략 전쟁의 원흉(元兇)으로, 증오스러운 악인이자 독재자였다. 그렇지만 한편으로는 당연히 두려운 존재이기도 했다. 그래서 "저 극악한 독재 파워의 원천이 쏘가리회였단 말인가?" 하여 수요가 급증했던 것이다. 한국인은 음식에서 파워를 찾는 강장 신앙이 강하다. 그러니 김일성의 파워를 닮아보려는 심리였다고 할까.

어느 날 시골로 가서 쏘가리 낚시를 하고 있으려니까, 한국인 낚시꾼이 "산 쏘가리 쓸개는 강장, 정력에 효과가 있으니까 비싸게 팔려요"라고 했다. 값을 물어보니 크기에 따라 다르지만, 10만 원 가량 나간다는 것이다.

쏘가리는 한국에서도 회로 쳐서 먹는 경우가 있다. 시골 강변의 민물고기 식당에서 시험 삼아 맛본 적이 있다. 다른 생선회처럼 얇게 회를 뜬 것이 아니라, 잘게 썰어서 고추장이나 기름장에 찍어 먹었다. 살이 희고 담백한 맛이었으나, 이런 식으로 먹는 것은 그리 내키지 않았다.

역시 쏘가리는 매운탕이 제격이지 회는 아니라는 기억만 남았다. 북한의 '궁정'에서 김일성의 쏘가리회는 어떤 모양으로 차려지고, 무엇을 찍어서 먹었는지 지금도 여전히 신경이 쓰인다.

김정일이 뽐내는
'대동강 숭어'

김일성 다음의 2대째 김정일에게도 자랑하는 음식이 있었다. 김대중과 최초로 남북 수뇌회담(2000년 6월)을 할 때, 환영연에서 나온 '숭어국'을 그가 자랑했다는 뉴스가 들렸다. 숭어는 일본에서는 그다지 먹지 않는 생선이어서 인상에 남았다.

단지 숭어라고 해도 예사 숭어가 아니다. '대동강(大同江) 숭어'였다는 것이다. 대동강은 평양 시내를 흐르는 큰 강으로, 그 주변에는 북한이 뽐내는 '기념비적 건조물'들이 늘어서서 풍광(風光)이 뛰어난 관광지로 꼽힌다. 숭어는 산란기에는 하구(河口)에서 강을 거슬러오기도 한다.

김정일이 으스대며 뽐낸 숭어가 대동강에서 잡힌 진짜 자연산인지, 아니면 '대동강'은 이름뿐으로 사실은 양식(養殖)이었는지는 분명치 않다. 그런데 나는 '숭어국'이 의외로 맛있다는 사실을 한국에 와서 처음 알았다. 회나 초밥용으로도 일반적으로 쓰이지만, '냄비 요리'로도 뜻밖에 들어맞았던 것이다.

내가 처음 한국에 왔던 1970년대에, 남부의 마산항(馬山港) 해물집에서 난생 처음 맛본 숭어의 맛은 결코 잊을 수 없다. 한국의 항구에 있는 해물 식당답게 수조(水槽)에서 활어(活魚)를 잡아올려 손님이 보는 앞에서 회를 뜨고, 냄비에 넣어 '지리'로도 끓여 내주었다. 나는 회보다 생선 기름기가 떠도는 국물이 기가 막히게 맛있었다.

물론 매운탕으로도 해준다. 하지만 나로서는 일본어 그대로인 '지리'의 말갛고 짭짤한 쪽이 더 나았다. 숭어를 뭉텅뭉텅 썰어 넣고, 내장이나 뼈다귀가 들어가기도 한다. 김정일의 경우 연회의 VIP용이어서, 만약 국물이었다면 냄비가 아닌 국그릇에 숭어 살코기가 약간 들어갔으리라. 국물도 붉지 않고 고급스럽게(?) 말간 '지리' 스타일이었음에 분명하다.

그러나 김일성의 쏘가리나 김정일의 숭어나 양쪽 다 물고기인 점이 흥미롭다. 북한의 초대를 받아 '김정일의 요리사'가 된 일본인 셰프의 수기에 의하면, 김정일은 참치(다랑어) 뱃살로 된 것을 비롯하여 초밥을 좋아했다고 한다. 그래서 그와 연관된 에피소드가 되풀이해서 나온다. 그 일본인 셰프는 김정일의 명령으로 식재료 구입을 위해 자주 일본을 찾았다고 하는데, 그 대부분이 참치나 성게와 같은 수산물이었다.

나의 한국 체험으로 말하자면 주로 수산물을 사용한 요리, 즉 일본 요리는 지금이야 대중화되어 일상적으로 누구나 먹는다. 하지만 예전에는 기본적으로 기득권층(=권력층)의 음식이라는 이미지가 강했다. 앞서 소개했지만 한때는 정치가들 모임에서의 식사 풍경은 거의 '일식', 즉 일본 요리였다. 일본 요리는 비싸고 청결하여 고급스러운 느낌이 들었기 때문일까?

고깃국을 이야기할 때에도 밝혔듯이 이 땅에서 먹을거리의 주류는 육류 문화다. 그럼에도 북의 권력자(독재자)는 어째서 생선 요리를 즐기고, VIP 연회에서 손님에게 그것을 뽐낸 것일까? 육식 계통은 흘러넘치니까 희소성, 혹은 차별화의 관점에서 그렇게 된 것일까?

그런 의미에서는 앞서 나온 평양에서의 남북 수뇌회담 당시, 두 수뇌가 수산센터에서도 식사를 했다는 게 아주 흥미롭다. 이것은 문재인의 희망에 따른 것이었다고 하는데, 최근 오픈한 수산센터 자체가 김정은 시대가 자랑하는 체제(體制) 선전물이었다.

센터에는 대규모 수조(水槽)가 있어서, 활어를 그 자리에서 먹을 수 있도록 해놓았다는데, 이야말로 기득권층의 세계이다. 신선한 생선 요리는 이제 '권력의 맛'인 것이다.

다만 2000년의 김대중·김정일의 수뇌회담 환영연에서는 중화요리의 계란탕이나, 이탈리아식 당나귀 스테이크도 등장했다. 김정일은 이런 요리의 맛에 대해서도 한바탕 너스레를 떨었을 텐데, 물론 이야말로 '권력의 맛'이었다.

금강산의
송이버섯 구이

나는 북한에서 직접 흥미로운 음식을 맛본 적이 있다. 북으로 보자면 나는 기본적으로는 '바람직하지 않은 인물'이어서 입국 금지된 지 오래다. 하지만 개성 공업단지나 금강산 관광 등 한국과 공동사업을 하는 곳에는, 한국 측에서 떠나는 취재 여행으로 자주 찾아갔다. 금강산 관광에는 모두 세 차례 갔는데, 그 가운데 일본인 기자들만의 여행이 있었을 때 재미있는 음식을 경험했다.

금강산은 멋진 암산(巖山)의 절경(絕景)으로, 이 땅의 사람들은 예로부터 "죽기 전에 한 번은 가보고 싶다"고 말해왔을 정도다. 산기슭에는 호텔과 홀, 온천, 식당, 매점 등 각종 리조트 시설이 갖추어져 있다. 우리 일행은 자작나무 숲속에 있는 VIP 레스토랑이란 곳으로 초대를 받았다. '금강원(金剛苑)'이라는 이름으로 기억하는데, 거기서 점심을 먹게 되었다.

초대를 받았다고는 했으나, 제법 비싼 밥값은 달러로 우리가 각자 지불

했으므로 그런 장소로 안내해준 것뿐이었다.

차려진 메뉴는 점심이었지만 흑돼지 구이, 방어회, 송이버섯 구이 등 호화로운(?) 것이었다. 가을이었던지라 우리가 "송이버섯 맛을 볼 수 있을까?" 하고 주문했기 때문인지 모르지만, 실로 알찬 메뉴였다. 그리고 방어회를 포함하여 요리는 전부 일본 스타일이었다.

요리도 그랬지만 여성 종업원들의 사근사근함이 지금껏 인상에 남아있다. 다들 키가 크고 호리호리한 예쁜 몸매로, 검정색 타이트 스커트에다 빨간색 계통의 블라우스로 꾸며진 제복 차림이었다. 아주 조용하고 산뜻한 풍정(風情)이었으며, 목소리가 참으로 사근사근했다.

우리 일본인 기자들은 "이걸 두고 남남북녀(南男北女)라고 했던가…?"라며 넋을 놓았다. 덧붙이자면 "북에서는 여성 종업원을 어떻게 부르면 되는가?" 하고 물었더니 '의례원(儀禮員) 동무'였다.

고요한 자작나무 숲의, 고요한 산장(山莊) 같은 레스토랑에서, 고요한 의례원 동무와 일본식 요리…. 북한에서나 대할 수 있는 권력 주변의 식사 풍경이었다.

탈북자 레스토랑에
정치적 여파(餘波)

　'북한 음식'이라는 점에서 소위 탈북자들이 들여온 한국 내의 북한 요리에도 언급해두고자 한다. 개중에는 제2장의 평양냉면에서 잠깐 소개한 이애란 씨가 경영하는 서울 중심가 종로3가의 '능라밥상'이 가장 북한 요리다운 요리를 내놓는다. 왜냐하면 그녀는 평양의 대학에서 발효학(醱酵學)을 공부한 전문가이기 때문이다.

　추천하는 메뉴는 우선 감자만두를 먹은 다음, 메인으로는 양념이 듬뿍 들어간 호쾌한 족발(豚足) 조림, 그리고 마지막은 북한 요리의 정석(定石)이라할 온반(溫飯)으로 끝낸다.

　이 가게에 관심을 가진 이유는, 주인인 이애란 씨가 북한 체제 타도를 위한 반북(反北) 운동을 펼치는 대북 인권 운동가이기도 했기 때문이다.

　그리고 블로그나 잡지 집필 등을 통한 대북 정치(!) 비판을 꾸밈없이 공개하고 있다는 사실이 내 마음에 들었던 것이다.

그녀가 펼치는 '정치'의 일환으로서 '김정은 암살 현상금 1억 달러 모금'에 관한 이야기는 이미 소개했다. 나는 그녀의 식당에 갈 때마다 만 원짜리 지폐 한 장을 기부한다.

이 같은 이벤트라고 할까 퍼포먼스는, 1억 달러라는 까마득하게 먼 숫자가 특징적이다. 따라서 모금은 반드시 리얼리즘 세계의 이야기는 아니다. 단지 북한 문제의 핵심이 북한 체제의 변화와 변혁이라는 사실을 계속 어필하고 싶었던 것일 뿐이다.

문재인 정권 아래서의 남북 융화·평화 공존 무드 속에서 그녀의 정치적인 의지는 무척 어려운 환경에 놓였다. 한편으로는 사회적으로 북한에 대한 관심이 높아지면 '북한 음식'에 대한 관심도 높아질지 모른다. 마치 판문점 냉면을 계기로 평양냉면을 파는 식당으로 날마다 손님들로 장사진(長蛇陣)을 쳤던 것처럼 말이다.

지금까지 그녀의 가게에서는 북한 체제에 비판적인 손님이 기염을 토하면서 '북한 음식'을 먹는 풍경이 흔했다. 하지만 앞으로는 어쩌면 대북 융화·공존파 손님이 늘어날지도 모르겠다.

다만 설령 그렇게 되더라도, 그녀로서는 그걸 막을 수야 없으리라. 먹을거리에는 죄가 없으니까! 남북 정치와 얽혀 한동안 '능라밥상'의 고객 동향에 신경이 쓰인다.

탈북자의 음식 비즈니스와 관련하여 또 한 가지 기억에 남아있는 이야기가 있다. 북한에서 권력자들의 별장이나 외국 VIP 손님의 숙소로 사용하는 특별 시설에 '초대소(招待所)'라는 게 있다. 그곳에서 접대역으로 일하던 여배우 출신의 탈북 여성이 경영하는 가게가 서울 근교에 있었다.

한국으로 온 탈북자는 3만 명이 넘지만, 한국 내에서의 정착을 위해 악전고투(惡戰苦鬪)한다. 과제(課題)의 하나는 취업이다. 그런데 이 가게는 탈북자를 고용하기 위해 문을 열었다고 하는지라 취재하러 찾아갔다.

옥호는 '대동강'. 기본적으로는 비어홀이다. 안주로 간단한 북한 요리를 낸다고 했다. 인터뷰를 한 다음, 그냥 돌아오기도 다소 멋쩍어서 무얼 시켜서 먹기로 했다.

서둘러 "무언가 금방 되는 걸로 부탁해요" 하고 주문했다. 그래서 나온 것이 '오이냉채'였는데, 정말 맛있었다. 오이에다 당근, 양파, 사과, 훈제(燻製) 닭고기를 넣은 샐러드 풍(風)으로, 고춧가루와 소금으로 살짝 맛을 내어 깔끔했다.

"참 맛있네요!"를 연발하자 여주인이 반색을 하면서 "그렇죠? 장군님(김정일) 맛이니까요!"라면서 초대소 출신답게 자랑했다. 맛있는 것을 독차지하고 있는 독재자의 혓바닥은 어느 누구보다 세련되어 있다!

비어홀인 가게의 '세일즈 포인트'는 탈북자인 젊은 여성들의 때묻지 않은 서빙이었다. 유니폼 차림을 한 '남남북녀'의 북한 여성들이 다들 웃음 띤 얼굴로 카메라 앞에 줄지어 서주었다.

그 '장군님의 오이냉채'가 안겨준 상쾌함이 지금도 기억에 남아있다. 이번 장(章)에서는 뒷맛이 나쁜 엽기적인 이야기를 쓰고 말았다. 이걸로 입가심이 되었으면 좋겠다.

12

반미(反美)와 무관한
굴욕의 부대찌개

미군이 남긴 음식에서
생겨나다

한국의 대중 요리인 부대찌개에는 불가사의한 역사가 있다. 그걸 알게 되자 그토록 자존심이라느니, 체면이라느니 하면서 민족적 긍지를 요란하게 따지는 한국인들이 "지금도 그런 음식을 어찌 그리 잘 먹을까?"라고 은근히 비꼬아주고 싶어진다.

본래 부대찌개는 전형적인 변두리의 B급 메뉴에 속하는 음식이었다. 그런데 지금은 서울 도심의 빌딩에 당당하게 전문식당까지 있다. 일본인 관광객들에게도 제법 인기가 있어서 일본의 코리아타운에도 진출했다고 들었다.

찌개 가운데 가장 한국적인 것은 된장을 사용한 된장찌개, 김치가 들어간 김치찌개다. 그렇다고 해서 부대찌개에 '부대'가 들어갈 리는 없다.

부대찌개에는 햄, 소시지에다 미트볼, 야채, 두부, 떡, 면(麵) 종류가 들어간다. 얼마 전부터는 치즈를 비롯한 온갖 식재료를 다 넣기도 한다. 그것을 고춧가루로 빨갛게 하여 끓인 냄비요리다.

찌개는 일반적으로는 극히 서민적인 음식이어서 보통 가정에서는 거의 날마다 밥상에 오른다. 그러다 보니 가령 정치가가 선거에 나와 선거 홍보물에 '좋아하는 음식'이라는 항목이 있다면, 대개는 된장찌개나 김치찌개라고 적는다. 둘 다 대단히 전통적인 음식이니까 '서민적이고 애국적인 정치가'로 PR할 수 있기 때문이다.

그렇지만 거기에다 부대찌개라고 쓰는 정치가는 우선 없다. 전통적인 음식이 아니며, 보통은 가정에서 끓여 먹지도 않기 때문이다. 게다가 B급 메뉴로 서민적이기는 하나, 햄과 소시지에다 각종 탄수화물이 잔뜩 들어가니까 고(高) 칼로리여서 어딘가 경조부박(輕佻浮薄)한 젊은이 취향의 음식인 것이다.

문제는 '부대'이다. 한자로 적으면 '部隊'다. 그러니 군대와 연관이 있는 음식인 것이다.

서두에서 지적한 것처럼 그 유래랄까, 역사가 엄청나다. 역사라고 해도 조선시대니 하는 그런 오랜 이야기가 아니다. 1950년대 6·25전쟁 이후의 일이다.

주지하다시피 6·25전쟁은 북한이 느닷없이 쳐들어오자 미군을 중심으로 한 유엔군이 침략 저지를 위해 참전했다. 나중에는 북한을 지원하느라 중국군이 참전하는 바람에 전쟁은 도중에서부터 미·중(美中)전쟁이 되어버렸다.

쌍방이 밀고 당기면서 전쟁이 길어졌는데, 결국에는 현재의 남북 군사 분계선에서 휴전이 이뤄졌다. 그러나 북의 위협에 대비하기 위해 미군은 휴전 후에도 한국에 주둔하게 되었고, 지금도 그대로 이어지고 있다.

그 결과 한국의 미군 주둔지 주변에는 기지촌이 생겨났다. 현재 서울의 대표적인 관광지가 되어 있는 이태원도 원래는 주한 미군사령부 주변이어서, 미군 상대의 환락가로서 발전한 곳이다. 그 외에도 휴전선에서 가까운 최전선에 전투부대 기지가 있어서, 그런 곳마다 기지촌이 생겼다.

그런 미군부대 주변의 기지촌에서 등장한 것이 부대찌개였다고 한다. 사용되는 식재료를 보면 그 유래를 알 수 있다.

부대찌개의 핵심 식재료는 햄과 소시지 등 가공육(加工肉) 제품이다. 이런 종류는 원래 한국에는 없었다. 그걸 들여온 것이 미군이었다.

미군에는 C레이션이라고 부르는 국방색 깡통에 담긴 군대식(軍隊食)이 있다. 나도 전후(戰後) 일본에서 "미군 부대에서 흘러나왔다"는 물건들을 목격한 적이 있는데, 거기에도 그런 가공육 제품은 반드시 끼어 있었다. 그 같은 미군용 식품이 빼돌려져 기지촌으로 흘러나왔고, 그걸로 만든 찌개가 한국인의 음식이 되었던 것이다.

보다 구체적으로는 미군 부대에서 먹다 남은 것, 다시 말해 미군 기지에서 나오는 잔반(殘飯)을 받아와서 식재료로 삼은 것이 시발이었다는 유력한 설(說)도 있다. 아직 가난했던 당시의 한국인으로서야 미군 부대에서 나오는 음식은 귀중한 단백원(蛋白源)이었던 것이다.

어쨌든 부대찌개의 '부대'의 유래는, 식재료의 출처가 미군 부대라는 것이다. 또한 최초로 등장한 곳이 미군 부대 주변이었기 때문에 그런 이름이 붙었던 것으로 여겨진다.

그러나 부대찌개는 그 후 한국군 부대 주변으로 퍼져갔고, 휴가 등으로 외출하는 젊은 병사들의 안성맞춤인 영양보급식(營養補給食)이 되었다. 현재 부대찌개에 반드시 투입되는 식재료의 하나인 라면은 일본에서 도입된 것이 1960년대였고, 1970년대에 대중화되었다. 따라서 라면의 부대찌개화(化)는 그 이후의 일이다.

군대 시절 젊은 병사들로서는 휴가나 외출을 나와, '부대 바깥에서 먹은 부대찌개'의 진한 맛은 제대 후에도 잊을 수 없는 것이었다. 그런 향수(鄕愁)도 있어서 부대찌개 식당은 기지촌 이외의 지역으로 확대되어 전국구로 바뀌어갔다. 지금은 외국인 손님들에게도 알려질 만큼, 한국을 대표하는 음식의 하나이다.

반미·애국을 압도한
음식 문화

　그만큼 유명해지고 인기가 오르자 이번에는 그 이름에 신경이 쓰인다. '부대'가 좋지 않다는 것이다.

　지금부터 10여 년 전, 요리 명칭을 바꿀 수 없을까 하는 이야기가 나왔다. 이유는 두 가지였다. 하나는 앞서 지적한 것처럼, 그냥 이대로는 이 요리의 식재료가 미군 부대에서 흘러나온, 혹은 잔반(殘飯)이라는 이미지가 떠돌기 때문이다. 또 하나는 역시 '군대 밥'의 이미지가 강하여 재미가 없다는 것이다.

　뒤쪽 이유에 대해서는 1990년대 이후, 한국은 과거 군사정권 시절을 부정하는 이른바 민주화 시대가 되었다. 그래서 사회적으로 탈(脫) 군사 무드가 퍼졌다는 배경도 있다.

　그렇지 않아도 요리 이름이 '부대 국'이라든가 '부대 냄비'여서는 지나치게 농담처럼 들리고 아마추어적이다. '한국 요리의 세계화'를 내세워 한국 요리를 국제적으로 알리려는 마당에, 외국인들로부터 "그게 무슨 뜻이냐?"는 소리를 듣게 되면 대꾸할 말조차 마땅찮다.

그래서 '부대찌개 발상지(發祥地)'를 자처하는 의정부의 요식업계에서 새로운 명칭으로 '의정부 찌개'가 어떠냐는 의견을 내놓았다. 의정부 시내에는 '원조(元祖)'라고 자랑하는 부대찌개 전문점이 있고, 부대찌개 식당들이 밀집한 '부대찌개 거리'도 생겨났다. 나도 오래 전 그 원조 전문점을 찾아간 적이 있다.

그런데 그 전문점의 이름이 '오뎅식당'이었다. '오뎅'은 생짜 일본어다. 부대찌개의 원조가 오뎅이라니?

상냥한 주인 할머니에게 곡절을 물었더니 이렇게 대답하면서 웃었다.

"맨 처음 오뎅을 팔기 시작했는데, 영 손님이 들지 않아서 부대찌개로 바꿨더니 잘 팔렸어요. 그래도 성가셔서 식당 이름은 그냥 그대로 두었어요."

뭐야, 그럼 미·일(美日) 합작인가? 1960년대 초에 개업했다니까 50년 이상의 역사를 자랑한다.

'의정부 찌개'로의 개칭(改稱)은 한때 화제가 되었다. 그로 인해 서울에도 그런 옥호의 식당이 등장했으나 결국은 뿌리내리지 못했다. 중심이 되어야 할 의정부에서조차 널리 퍼지지 못하고, 다들 예전 그대로 '부대찌개'라고 한다.

어쩌면 제대로 명칭이 바뀌지 않은 것이 당연한 결과일지 모른다. 왜냐하면 곰곰 생각해보니 '의정부 찌개'라고 했을 경우 누군가가 "왜 의정부인가?"라고 묻게 되고, 그걸 설명하자면 거꾸로 미군 기지촌의 이미지가 강해져버리고 만다. 그냥 '부대찌개'라면 보통은 한국군 부대를 떠올릴 테니까, 오히려 이쪽이 더 '탈(脫) 미군'이다.

서두에서 미군 잔반 기원설(起源說)을 염두에 두고 "민족적인 자존심은 괜찮으려나?" 하고 살짝 비꼬았다. 하지만 반세기나 세월이 흐르고, 대중요리로서 완전히 정착했으며, 그 유래도 모르는 세대가 늘어났으니 그까짓 비꼼이야 알 바 아니다!

다음 장(章)에서 언급하겠지만, 요리의 일본어 명칭에는 집요하게 거부 반응을 보이는 '애국적인 언어 사냥'도, 반미·애국의 찬스가 있는 부대찌개에는 침묵으로 일관한다. 서민의 음식 문화가 반미와 애국, 민족적 자존심을 압도한 셈이다.

주한 미군사령부 스테이크는 권력의 맛?

그런데 한국인의 음식에 대한 미국의 영향은 어떨까? 해방 후 미국과 소련에 의한 남북 분단으로 한국은 미국의 영향 아래 놓였고, 6·25전쟁을 거치면서 그 영향력은 더욱 깊어졌다. 미군 주둔에 더하여 미국계 기독교가 속속 들어왔고, 미국 문화는 한국 사회에 커다란 영향을 끼쳤다.

앞서 소개한 폭탄주의 뿌리도 그렇지만, 나는 한국에 왔을 당초, 한국인들이 위스키를 스트레이트로 단숨에 벌컥 마시는 것을 보고 놀랐다. 지금이야 일본의 영향(?)을 받아 물에 타서 마시는 모습이 목격되곤 한다. 하지만 예전에는 전혀 그렇지 않았고, 그랬다간 바보 취급당하기 일쑤였다.

듣자 하니 한국인이 양주(洋酒)를 스트레이트로 마시는 것은 미국 문화, 특히 미군의 영향이라고 한다. 미군 병사들이 값싼 버본(Bourbon) 위스키를 이태원 등지에서 단숨에 잔을 비우는 모습을 본 뒤 "양주는 저렇게 마시는 거로군!"이라고 여겨 본받았다는 것이다.

약간 옆길로 새지만, 술이라면 떠오르는 일이 있다. 나의 한국 체험 초기인 1970년대의 일이다. 당시 텔레비전보다 아직 라디오가 일반적이던 무렵, 라디오 CM에서 '보드카'라는 소리를 자주 들었다.

당초에는 '포드카'로 들려 미국 자동차 선전이라 여겼다. 나중에 가서야 술 종류인 보드카라는 사실을 알았다. 그래서 머리를 긁적이면서 수긍했는데, 미국 영향 아래의 한국에서 왜 러시아의 보드카를 선전하는지 의아스러웠다.

진상은 아직도 밝혀지지 않았다. 그러나 당시 귀동냥한 가설적(假說的)인 이야기는 이랬다. 1945년의 해방 후, 분단과 전쟁을 계기로 소련 지배하의 김일성 체제가 싫어서 남쪽으로 탈출해온 대량의 '난민(難民)'이 있었다. 보드카는 바로 그들에 의해 반입된 기호(嗜好)가 아닐까 하는 설이었다.

그러나 술이든 음식이든, 한국에는 미국 브랜드가 의외로 적어서 금방 떠오르지 않는다.

그런 가운데 거의 유일하게 '스팸'이 있다. 이것은 부대찌개의 식재료로도 쓰이기 때문인지 한국인의 식생활에 깊숙이 파고들었다. 요즈음도 명절 선물로 인기가 있는데, 나로서는 이 또한 어딘가 미군 이미지가 드는 걸 어찌지 못한다.

한국 속의 미국 음식이라면 햄버거도 있다. '한바가'로 발음하는 일본인들에게 '햄버거'는 대단히 이국적(異國的)으로 들린다. 그만큼 미국 음식이라는 이미지인 것이다.

게다가 한국에서는 런치든 디너든, 각종 모임에서의 음식이 대부분 스테이크라는 사실도 미국의 영향이라고 할 수 있을지 모른다. 육식 문화의 한국이니까 서로 통한다고 할까? 하지만 생선 문화권에서 온 나는 지금도 언제 어디를 가든 스테이크여서 질리고 만다.

돌이켜보면 내가 어학 유학을 마친 다음, 서울 주재 기자로서 활동하기 시작한 것은 1980년 가을이었다. 당시의 전두환 정권이나 그 다음의 노태우 정권은 미군과 인연이 깊은 군사정권이었으므로 스테이크는 어쩔 도리가 없었다.

하지만 그 후 현재까지도 마찬가지다. 서울외신기자클럽(SFCC)에서는 요인(要人)들을 초청한 오찬 회견이 종종 열린다. 그런데 이 자리에서의 런치 메뉴도 예나 지금이나 거의 스테이크이다.

그리고 한국의 지배층(?)들에게 미식(美食)이라면, 이전에는 주한 미군 사령부 내에 있는 '8군 식당'의 스테이크였다. '8군'이라는 것은 미군 8사단을 가리키는데, 그 사령부로의 출입 허가증을 가진 한국인만이 사령부 식당을 이용할 수 있었다. 물론 한국군 장성이나 요인들은 OB(예비역)를 포함하여 출입이 자유로웠다.

'8군'에서 먹을 수 있는 것 역시 항상 스테이크로, 한때는 그것이 서울에서 가장 맛있는 스테이크로 통했다. 기지 안이니까 시중에 비해 값도 싸다. 나도 초대를 받아 몇 번인가 먹어본 적이 있는데, 고기가 엄청 컸을 뿐 맛이 있다고는 생각하지 않았다.

단지 미군사령부 안이라는 장소에서 오는 '부가가치(附加價値)'가 알지 못할 쾌감을 주었다는 사실은 분명하다. 그러므로 '8군 스테이크'를 먹고 싶다는 것은, 어쩌면 소고기 맛보다 '미군'이라는 권력(?)의 맛을 보기 위한 것이 아니었을까, 문득 그런 생각이 들었다.

　지금도 나이 든 한국인 예비역 장성인 지인(知人)으로부터, 옛날의 향수 때문인지 "8군에 밥 먹으러 가자"는 연락이 온다. 나는 항상 "거기 밥은 맛이 별로입니다"면서 사양하고 있다. 스테이크야 이제 미군을 찾지 않아도 될 터이건만…. 맛이 목적이라면 맛있는 스테이크는 서울 시내에도 널려 있다.

하숙집 밥상에 올라온
카레라이스의 감격

스테이크는 소위 양식(洋食)이다. 그런데 한국이랄까 서울에서는 오랫동안 외국인들에게는 '양식 사막(砂漠)'이었다. 그것이 최근 10여 년 사이에 급속히 나아졌다. 파스타를 비롯한 이태리 음식은 하나의 붐을 이루고 있을 정도이다.

유럽 또는 일본에서 돌아온 젊은 셰프들이 늘어났고, 분위기 있는 양식 레스토랑이 속속 들어서고 있다. 이렇게 양식 레스토랑 개점(開店) 붐이 일어나면서 맛도 훨씬 좋아졌다.

'한국인의 음식'에 관한 나의 관찰은 1970년대부터였다. 그런데 양식에 관해서는 외식(外食)뿐만 아니라 가정에서도 전혀 존재감(?)이 없을 지경이었다.

1970년대 후반, 어학 유학으로 서울의 연세대학 앞에서 아침과 저녁 식사 두 끼를 포함하여 하숙을 할 때에도, 밥상에 '웨스턴 스타일'의 음식이 차려지는 경우는 없는 것이나 마찬가지였다. 1년 동안 머물면서 6개월씩 두 군데의 하숙을 경험했는데, 딱 한 번뿐이었다.

그만큼 그 한 번의 양식은 지금도 뚜렷하게 기억이 난다. 두 번째 하숙집에서 어느 날 카레라이스가 나왔던 것이다. 놀랍고도 감동스러워 어찌 된 영문인지 주인아주머니에게 물어보았다.

그랬더니 신혼(新婚)인 그 집 아들의 아내, 그러니까 젊은 며느리가 하숙생들 식사 준비를 도우면서 만들었다는 것이다. 당시 하숙집에서는 대개 주인집 가족은 1층에서 살고, 하숙생을 2층에 들였다. 식사는 1층 식당에서 각자 형편대로 먹었다.

며느리는 아직 20대로, 신세대의 신혼생활이라고 해서 카레라이스를 만들어보았다는 것이다. 그 무렵 카레라이스는 빛깔만 노랗고 야채가 들어있을 뿐 맛없는 것이 '군대 밥'처럼 나올 정도로, 시내에 카레라이스 전문점은 없었다. 서울에 전문점이 등장한 것은 일본계 카레라이스가 진출한 1980년대 이후의 일이다.

하숙집 며느리가 만든 카레라이스는 소고기와 반듯하게 자른 감자, 당근 등이 들어있었다. 노란 빛깔은 났으나 향신료가 충분치 않아 어딘가 박력(迫力)이 모자랐다. 그래도 하숙집 식사에 양식은 이례(異例) 중의 이례여서, 며느리에게 감동과 격려의 인사를 보내주었다.

그 후 바로 그 며느리와 40년 만에 길거리에서 딱 마주친 적이 있었다. 옛 하숙집이 있던 신촌 로터리의 횡단보도에서 신호를 기다리고 있었는데, 옆에 서 있던 아주머니 풍의 여성이 "구로다 기자님 아니세요?" 하고 말을 걸어왔다.

나는 한국에서 텔레비전 토론 프로그램 등에 출연했던지라 길거리에서 가끔 이런 경우가 있었다. "그렇습니다만…" 하고 대답하면서 누군지 고개를 갸우뚱하고 있으려니까 "며느리입니다"고 하지 않는가!

순간 나도 몰래 '앗!' 하는 감탄과 더불어 이내 기억이 떠올랐다. 마주친 곳이 하숙집이 있던 근처였던지라 퍼뜩 생각이 났던 것이다. 이제쯤 환갑을 넘겼을 텐데, 얼굴에는 당시의 모습이 그대로 남아있었다.

신호가 파란색으로 바뀔 때까지의 짧은 시간에 서둘러 대화를 나누었다. 철도원이었던 시아버지는 타계했고, 시어머니는 건재하다고 했다. 하숙은 그 후 러브호텔로 변한 모양이었다. 신호가 바뀌는 바람에 카레라이스 이야기는 하지 못한 채 헤어졌다.

그 우연한 만남은 기적적이면서도 감동적이었다. 서울 인구가 1000만 명을 넘는데, 세상은 실로 좁다?

일본제 양식인
'경양식(輕洋食)'의 대유행

한국 음식에 대한 미국의 영향은, 스테이크를 제외하면 의외로 보잘 것 없었던 것으로 여겨진다. 카레라이스도 그렇지만 오히려 일본의 영향이 압도적이었다. 그것도 해방 이전부터⋯. 다시 말해 한국에서는 일본을 거쳐서 들어온 양식이랄까, '화제(和製)' 즉 일본제 양식이 오랜 세월 영역을 넓혀왔던 것이다.

가령 그 상징으로 떠오르는 것이 '경양식'이다. 한자로는 '輕洋食'이라고 쓴다. 나는 한국어로 '경양식'이라는 소리를 들었을 때, 가슴이 쿵하고 울리는 것 같았다. 나의 '서울 원체험(原體驗)'이라고 해야 할 1970년대 유학 시절의 생활 풍경이 뇌리를 스쳐갔기 때문이다.

요리의 이름이 아니라 가게 스타일 자체를 '경양식'이라고 불렀다. 커피숍 비슷한 공간을 커튼이나 칸막이로 구분해놓고, 한복판에 2인용 혹은 4인용 테이블이 놓여 있다. 그런 곳에서 먹거나 마시거나 잡담을 나누곤 했던 것이다. 실내는 약간 어두웠고, 더구나 칸막이가 있는지라 특히 젊은 남녀에게 인기를 끌어 젊은이의 거리에서 대유행했다.

'경양식'이라는 명칭에서 알 수 있듯이, 본래는 식사를 하거나 차를 마시는 레스토랑이다. 술은 식사와 함께라면 오케이였다. 그러나 이 땅은 빈틈이 많은 융통(融通) 사회여서, 저녁이 되면 종업원 여성이 합석하여 오로지 술만 마시는 자리로 변했다. 자주 다니다 보면 대접도 융숭해진다. 우리들 유학생은 낮에는 학교에 다니고, 밤은 밤대로 그 같은 '야간대학'에서 한국어 공부에 열중했던 것이다.

그런데 이 '경양식'에서 나오는 양식 메뉴의 대부분이 일본제 양식이었다. 기억을 더듬어 보면 돈가스, 비프가스, 오므라이스 등에다 이따금 멕시칸 샐러드라는 것도 나왔었지!

그중 돈가스가 가장 인기를 끌었다. 그것은 훨씬 훗날에 가서 대유행하여 정착하게 된다. 두텁게 튀겨 잘게 썬 다음, 된장국과 공깃밥을 곁들여 젓가락으로 먹는 순(純) 일본식은 아니었다. 고기가 두껍지 않아 나이프와 포크로 먹으며, 반드시 하얀 스프가 곁들여지는 '웨스턴 스타일'이었다. 밥은 접시에 담겨 나왔다. 그것을 '포크커틀릿(pork cutlet)'이라고 부르지 않고 일본어 그대로 '돈가스'라고 했다.

두 번째로 인기를 끈 것은 오므라이스였다. 일본의 나이 든 세대에게는 아득한 그리움을 안겨준다. 케첩으로 붉어진 볶음밥을 얇게 편 계란프라이로 둘러싸고, 거기에 다시 케첩을 친 일본 전통 스타일(?) 그대로였다.

바로 그 1970년대의 '경양식' 이래 나는 오므라이스 팬이 되어 요즈음도 자주 먹는다. 그것은 라이스가 들어간 오므라이스가 아니면 안 된다. 그러므로 요즈음 유행하는 오믈렛(omelette)은 먹지 않는다.

한국 오므라이스의 계란프라이, 얇게 편 그 솜씨는 예술적(?)이다. 그런 것으로 푸짐한 밥을 터지지 않게 싸는 것이다. 지금도 1970년대 그대로 전혀 변하지 않은 것이 여간 기쁘지 않다.

일본에서는 태평양전쟁 이후, 대도시를 중심으로 빵과 밀크가 학교 급식으로 퍼졌다. 그것은 미국에서 수입하는 밀가루의 양을 늘리기 위한 것이었다는 모략설이 있다. 이 학교 급식이 일본인의 음식에 커다란 영향을 끼쳤다는 해석도 있다. 미국식(美國食)이랄까 양식(洋食)이 일본에서 더욱더 보급, 침투되는 데 크게 한몫했다는 것이다.

그렇지만 한국에서는 그 같은 빵과 밀크의 학교 급식이 없었다. 그 바람에 결과적으로 사람들의 먹을거리에 대한 미국의 영향도 줄어들었을지 모른다.

일본의 전후(戰後) 밀가루 문화에 관해, 내 어린 시절 '간사이(關西)'(=오사카를 중심으로 한 지역. 옮긴이)에서의 개인적인 체험을 돌이켜보자. 당시의 '오코노미야키'도 그 뿌리는 양식이었다. 그래서 처음에는 분명히 '요쇼쿠(洋食)야키'나 '소스야키'라고 불렀으며, 단순히 반죽한 밀가루를 평평하게 펴서 구운 것으로 기억한다. 당시 일본인에게는 밀가루와 소스가 양식의 심벌이었다.

무엇보다 '오코노미야키'라고 하면, 한국에서는 밀가루를 사용한 비슷한 음식으로 앞서 소개한 전통적인 '전(煎)'이 있다. 재료로 파를 썰지 않고 긴 그대로 넣으면 파전, 오징어와 문어 등의 해산물을 넣으면 해물전, 생선을 사용하면 생선전이라는 등 여러 종류가 있다.

여러 식재료를 채워 넣고 구운 듯한 일본의 '오코노미야키'와 달라서, 식재료의 종류별로 나누는 것이 '전'이다. 이것은 정통 한국 요리의 하나로, 양념간장에 찍어서 먹는다.

외국인들에게도 인기가 있어서, 음식 관련 세미나 등이 열리면 나는 꼭 "한국 요리의 세계화 후보로 좋다"고 추천해왔다. 각종 '전' 가운데 내가 제일 좋아하는 것은 굴전이다. 튀긴 굴보다 부드럽고 눅진한 것이 마음에 든다. 다만 굴전은 계절이 맞아야 한다.

한국에는 원래 이런 훌륭한 음식이 있었기에 미국 이미지가 풍기는 '요쇼쿠야키'나 '소스야키'와 같은 것은 필요 없었을지 모른다.

앞서 한국에서는 오랫동안 '양식 사막'이었고, 근년 들어 이태리 계통이 인기를 끌면서 맛도 나아졌다고 썼다. 그러나 그런 가운데 피자는 비교적 일찍부터 먹어왔다. 왜 그런가?

요즈음의 이탈리안 붐은 파스타 인기다. 하지만 이제까지는 스파게티 등 파스타는 한국에서 인기가 없었고, 맛도 없었다. 똑같은 이태리 계통임에도 파스타가 아닌 피자가 일찌감치 받아들여졌던 것은, 한국 고유의 '전'이 있었기 때문이다. '전'의 이미지로 인해 피자는 쉬 다가올 수 있었던 것이다.

미국 문화가
한국과 일본에 미친 영향

　여기서부터는 '식(食)'을 벗어난다. 한국에서의 미국 영향이라는 이야기로, 정치·외교·경제 등 큰 이야기가 아니라 일상 세계의 일이다. 음식에 관해 글을 쓰는 사이에 새삼 '한국 속의 미국'이랄까, '한국 사회에서의 미국 그림자' 같은 것을 찾아보고 싶어졌다.

　나는 지금까지 일본의 영향이니 일본 그림자니 하는 것들만 추적해왔던지라, 이제 와서는 미국이 마음에 걸리는 것이다. 이것이 또한 일본과 비교하면 상당히 흥미롭다.

　앞서 펫인 개를 이야기하면서 썼지만, 가령 일본의 전후(戰後) 사회를 떠올리면 집에서 기르던 개의 이름이 더불어 생각난다.

　이제 아무도 기억하지 않을지 모르나, 전후 일본의 어느 시기에 개 이름으로 미국 이름이랄까 영어 이름이 유행한 적이 있었던 것이다. 우리 집으로 말하자면 '존'과 '톰', '메리'가 있었다. 이 이야기를 일본 지인(知人)에게 했더니 "그거 미국을 슬쩍 비꼰 심리였던 거 아냐?"고 했다. 미국을 개에 견주어 조롱했다는 것이다.

그러나 이건 전혀 들어맞지 않는다. 시대를 앞서가는 멋진 이름으로서, 미국에 대한 동경(憧憬) 심리의 표출이었다. 소위 '기브 미 초콜릿' 시대의 미국 숭배 심리의 일환이었다고나 할까.

내가 초등학생 시절에는 그것이 시대의 유행이었으므로, 우리 집에서도 깊이 생각하지 않고 그렇게 지은 것으로 여겨진다. 그런 현상이 언제까지 이어졌는지에 대한 기억은 확실치 않다. 그렇지만 그 후 국산 이름으로 옮아가, 가령 '타로'나 '시로'가 새롭게 등장하기에 이르렀다. 그 경계는 1950 년대 중반 무렵이 아니었을까?

1956년에 일본 정부가 발간한 『경제백서(經濟白書)』는 '이미 전후(戰後) 가 아니다'는 문구(文句)로 유명하지만, 우리 집의 개도 그 무렵 전후가 끝났던 것이다. 이게 한국에서는 어땠을까?

한국의 경우 미국 문화의 유입이라는 의미에서의 전후는, 일본의 전후 보다 5년 뒤인 1950년에 일어난 6·25전쟁 후이다. 듣자 하니 한국에서도 틀림없이 개를 영어 이름으로 부른 것이 유행한 적이 있었다고 한다.

'메리'나 '존'은 일본이나 마찬가지인데, 그 외에 '도그'가 있었던 모양이 다. 개가 영어로 도그이니 딱 들어맞아 웃음이 나온다. 그와 비슷한 맥락 에서 영어 이름이면서 한국적이라는 의미에서 '캐리'가 흥미롭다. 수적으 로도 많았다고 하는데, 왜 '캐리'를 선호(選好)했을까? 개의 된소리가 '캐' 였기 때문이다.

한국에서는 이 같은 전후 현상이 언제 끝났는지 분명치 않다.

내가 한국과 인연을 맺기 시작한 1970년대 초, 한국의 초등학교 1학년 국어 교과서에 개에 관한 글이 실려 있었다. 예전의 일본에 빗대자면 '피었다 피었다 벚꽃이 피었다'는 식으로, 배움의 길을 열던 문구였다. 한국 교과서에서는 개를 부르는 장면에서 '바둑아 바둑아 이리 오너라'고 되어 있었다.

이것은 흰 돌과 검은 돌로 승부를 가리는 바둑에서 나온 것으로, 하얀 털과 검은 털이 섞인 얼룩 강아지를 '바둑'이라고 불렀다고 한다.

물론 순(純) 국산 이름이다. 국어 교과서에 영어 이름을 쓸 수야 없었겠지만, 듣자 하니 한국에서도 1960년대에는 영어 이름이 사라진 듯하다고 했다.

한국의 시대 상황으로 보자면, 1950년대는 친미(親美) 색채가 강했던 이승만 정권이었다. 1961년의 쿠데타 다음은 군인 출신인 박정희 정권이 되어, 1970년대까지에 걸쳐 교육이나 매스컴 등 사회 전반에 애국·민족주의가 강해졌다. 개를 영어 이름으로 부르면 비(非) 국민 취급을 당했으리라.

영어 이름은 아니지만, 한국에서는 사람에게 미스터, 미스 등 영어 경칭(敬稱)을 붙이던 시절이 있었다. '미스터 박'이나 '미스 김'처럼…. 이건 꽤 오래 이어져 그렇게 부르지 않게 된 것이 20년밖에 되지 않는다.

한국은 유교적 영향 탓인지 연공서열(年功序列)이나 상하질서(上下秩序)가 강조되는 사회였다. 따라서 서로가 사용하는 경칭도 직책 중심이었지 수평적인 경칭은 없었다. 그 바람에 새로운 산업화 시대에 직장 등에서 미스터, 미스가 곧잘 쓰였다. 물론 거기에는 미국 스타일이랄까, 서양 스타일의 '멋'이 있었다.

일본에 35년 동안 지배를 당하여 일본 문화가 한국 사회에 깊이 침투했다. 그런데도 일본의 경칭 문화인 수평적인 경칭 '상(さん)'은 끝까지 한국 사회에서 받아들여지지 않았다. 그럼에도 불구하고 미국식의 미스터, 미스는 즉각 받아들이다니….

나는 1970년대 초 처음으로 한국을 찾아왔을 때, 그런 경칭 풍경이 실로 신선하고 이국적으로 느껴졌다. 일본인과 비슷한 풍모(風貌)에다 비슷한 문화를 가진 한국인들이 서로 미스터, 미스라고 부르는 것을 보면서 "앗, 한국은 외국이다!"는 사실을 깨달은 셈이었다.

바로 그 미스터, 미스가 1990년대 이후의 민주화 풍조(風潮) 아래 순식간에 사라져버렸다. 특히 여성들 사이에서 반발이 일어나, 성(姓)뿐이고 이름은 없는 '미스 김'은 인격 무시이고 차별적이라는 주장이었다. 직책 중시 사회니까 직책이 있는 남성의 미스터는 적고, 여성에 대한 미스는 많았기 때문이다. 민주화는 여권(女權) 확대를 뜻한다.

이제는 연장자(年長者)가 '미스 김!' 하고 부르면 돌아보지도 않는다. 경우에 따라서는 '흥!' 하고 콧방귀다. 예전의 일만 아는 일본인이 괜찮으리라 여겨 '미스터 박!' 하고 불렀다가는 영락없이 험상궂은 표정을 지으며 노려보리라.

그런데 일본에서는 미국식이랄까 영어 호칭인 파파, 마마가 아무 저항 없이 가정과 사회에 뿌리를 내렸으나, 한국에서는 전혀 받아들여지지 않았다. 그토록 미국의 강한 영향을 받고, 미스터와 미스도 한때는 사회를 석권했음에도 파파, 마마만은 애초부터 거부되었던 것이다.

부모의 호칭은 인간관계의 기본 중의 기본이다. 특히 유교적인 가치관과 가족관이 짙은 한국에서는 부모의 존재가 절대적이다. 거기에는 외래(外來)의 호칭이 끼어들 여지가 없었을지 모른다. 한국 문화는 뜻밖에도(?) 완고하다.

음식도 그렇지만, 문화는 어디서나 외래와의 갈등, 반발, 융합, 재창조…이다. 수용(受容)이 있으면 거부도 있다. 거기에는 시대상(時代相)이 얽히고, 정치도 얽힌다. 한국도 당연히 문화적으로 크게 고생하고 있는 셈이다.

13

반일(反日)·애국에 흔들리는
음식 문화

한국은
닭고기 요리 왕국이다

한국 음식이라면 지금까지 대외적으로는 고기구이의 이미지가 강했다. 그것도 갈비나 불고기 등 소고기 요리가 주류였고, 근년 들어 여기에 삼겹살을 위주로 한 돼지고기가 합세했다.

그런데 나아가 이번에는 닭고기의 인기가 급상승하여, 요즈음 일본에서 찾아오는 손님 중에도 닭고기 요리를 원하는 사람이 제법 늘어났다. 한국은 이제 닭고기 왕국인 것이다.

닭고기는 값이 싸고, 부담 없는 느낌이 있어서 다가가기 쉽다. 실제로 이 땅에서 살다 보면 한국은 확실하게 닭고기 붐이다. 구이나 튀김 정도가 고작인 일본보다 한국 쪽의 메뉴가 다채롭다.

튀김의 경우, 한국에서는 옛날부터 한 마리를 통째 튀기는 '통닭'이 인기였다. 그런데 최근에는 프라이드치킨이 대유행이어서 가는 곳마다 전문점이 생겨났다. 다른 육류에 비해 싸니까 젊은이들에게 인기가 있다.

그래서 젊은이들 동네에서 살고 있는 내 원룸 맨션에는 날마다 치킨집 전단지가 들어온다. 그러다 보니 이런 곳은 프라이드치킨의 격전구(激戰區)여서 경쟁이 치열하다. 24시간 영업에다 전화 한 통이면 즉각 배달해 준다.

여름철이면 치킨에 생맥주를 세트로 한 '치맥'이 등장, 가게 앞이나 길가에 테이블을 놓고 시끌벅적해진다. '치맥'은 어찌 된 영문인지 중국인 단체 관광객들이 좋아하는 메뉴가 되어 중국에서도 유명하단다.

튀김에 비해 구이는 비교적 새로운 메뉴다. 요즈음은 일본식 이자카야(居酒屋)가 붐을 이루어 닭고기 구이가 일본 요리로 널리 알려지고, 포장마차에서 내놓는 곳도 점점 늘어나는 추세다.

예로부터 통닭이 있었음에도 불구하고 어째서 지금까지 닭고기구이가 없었던지 신기한 일이다. 궁금해서 한국인에게 물어보았더니 "닭고기는 옛날부터 귀하여 축하할 일이 생기거나 명절에 먹는 음식이었다. 그런 날 닭고기를 토막 쳐서 꼬치구이로 내놓는 것은 영 볼품이 없다고 여겼지 않을까?"라고 했다.

과연! 한국인의 음식에는 '볼품'이 필요한 것이다. 특히 경사스런 날의 식사인 경우에는 더욱 그렇다.

그러고 보면 이미 소개한 '밥상 위에 빈틈없이 접시를 가득 올리는' 바로 그 '견각(見覺)' 역시 그 같은 흐름에서 충분히 이해가 된다. 최근의 닭고기구이 등장은 닭고기 소비가 일반화, 대중화된 결과인 것이다. 다시 말해 삶이 풍족해졌으므로 거꾸로 조그맣게 잘라서 먹게 되었다?

닭고기 대중화는 닭고기 요리의 다양화를 낳았다.

그중 하나, '닭 한 마리'는 대중적으로 인기가 있다. 이것은 외국인들에게는 아주 이국적이다. 그러나 한국인들로서는 처음부터 뭉텅뭉텅 잘라서 주는 편이 먹기 쉬운지라, 그렇게 내놓는 식당이 많다. 이건 통째로 먹기를 기대하는 외국인들의 요주의(要注意) 사항이다. 본래는 한 마리를 통째 목격하는 것이 '닭 한 마리'니까, 뭉텅뭉텅 썰어서 나오면 먹었다는 기분이 나지 않는다고 할까?

먹을 때는 양념장에 찍어 먹는다. 전문점들은 이 양념장의 맛을 '비법(秘法)'으로 서로 경쟁한다.

대중적인 요리로서는 '닭갈비'가 젊은이들 세계에서 인기를 끈다. 명칭에 왜 '갈비'가 붙어 있느냐고 하면, 뭉텅뭉텅 썬 닭고기에 뼈가 붙어 있기 때문이다. 일본에서는 '갈비'를 고기로 생각하지만, 진짜 뜻은 갈빗대이다.

그래서 한국에서는 사람도 미끄러져 구르면 '갈비가 부러졌다'고 하고, 시골에서는 이따금 '공룡의 갈비뼈'가 발견되기도 한다.

다만 닭고기 갈비라고 하면 소고기의 이미지가 있어서, 맛있고 호화스럽게 들리기도 한다. 이 요리는 이름이 좋아서 히트를 쳤다고 본다.

닭갈비는 아주 간단한 요리다. 듬성듬성 썬 닭고기에 양배추, 양파, 당근 등을 넣고 고추장으로 빨갛게 버무려 볶을 뿐이다. 단 아주 맵다. 나도 후후 불어가면서 맥주나 냉수로 혀를 식혀야 제대로 맛을 볼 수 있다.

군부대가 많은 춘천(春川)이 발상지라고 하니까, 이 역시 처음에는 휴가나 외출 나온 병사들을 위한 '영양 보급식'으로 고안된 것인지 모른다. 그리고 그 매운 맛에 길들여지니까 제대한 젊은이들의 향수를 자극하여, 대학가(大學街)나 젊은이들 거리에 퍼진 모양이다.

일본에서는 춘천이 '욘사마' 드라마인 '겨울 연가'의 무대인지라, 춘천 명물 닭갈비 역시 의외로 지명도가 높다는 이야기를 들었다.

또 한 가지, 찜닭이 있다. 이건 훨씬 더 맵다. 한반도 남동부의 오래된 도시인 안동(安東)에서 시작되었다는데, 메뉴로서는 비교적 새롭다. 찜닭은 요리다워서 값도 비싸다. 젊은이보다는 중년 남성용으로, 다소 격조가 있는 회식에서 인기가 있었다. 한때는 서울에서 제법 먹혔으나 최근에는 붐이 식어가는 듯하다.

아주 매운 것 중에는 '불닭'이라는 것이 있다. 불이 붙듯이 엄청 매운데, 요리라고 할 만한 것은 아니다. 젊은이들 사이에서의 '아이디어 음식'이었던 것이 이름 덕으로 화제를 불러 매스컴을 탔다. 누가 더 매운 걸 잘 먹느냐는 것으로 사내다움을 과시하려는, 군대 다녀온 젊은이들이 즐긴다는 이야기다.

'개의 날'에는
닭고기를!

아, 중요한 닭고기 요리를 잊고 있었다! 한국을 대표하는 그야말로 가장 전통적인 음식을…. 삼계탕이다.

일본에서도 최근에는 덥히는 것만으로 먹을 수 있도록 팩에 담은 것이 수입 식품으로 팔리고 있을 만큼 알려져 있다. 따라서 상세한 설명은 생략한다.

본래는 귀중한 강장식(强壯食)이었으나, 닭고기가 대중화되고 생활이 넉넉해짐에 따라 일상식(日常食)으로 일반화되었다. 일본에서 한여름 복날에 먹는 강장식인 장어에 상당하는 한국의 강장식으로 뿌리내렸다.

한국에서는 복날에 전통적으로 더위를 먹지 않기 위해 보신탕을 먹었다. 그게 전형적인 강장 요리였다.

그런데 여성들은 개고기에 거부감이 있다. 보신탕을 즐기는 여성은 거의 없다. 그렇다면 여성들은 더위를 먹지 않기 위해 무엇을 먹느냐고 하다가, 삼계탕을 점찍게 된 것이다. 근년 들어 복날이 되면 점심시간에 삼계탕집 앞에는 장사진(長蛇陣)이 생겨난다.

광화문처럼 직장인이 많은 곳에서는 여성 손님 쪽이 오히려 두드러진다. 앞서 말했듯이 사회적으로 개고기에 대한 거부 무드가 번져나가고 있는지라, 남성 쪽도 지금은 거의 삼계탕이다.

내가 단골로 가는 광화문의 빌딩 지하에 있는 삼계탕집은 조그만 가게임에도 복날에는 300마리, 400마리나 나간다. 해마다 "올해는 몇 마리나 팔렸어요?"라고 나중에 물어보는 것이 즐거움이 되었다.

삼계탕은 고(高) 칼로리여서 한 마리는 버겁다면서 다이어트 지향의 여성들이 꽁무니를 빼기도 한다. 그래서 닭을 절반으로 나눈 '반계탕'이라는 메뉴도 개발되어 있다.

나도 나이가 나이인지라 점심에는 '반계탕'을 택하는 경우가 있다. 그럴 때 "오늘은 1.5계탕으로 주세요!" 하고 주문한다. '삼(參=3)'의 절반은 1.5이니까. 나는 재미 삼아 그렇게 말하는데도, 식당 아주머니는 대개 시큰둥하여 아무 반응이 없다.

반일(反日) 언어 사냥의
희생이 된 '닭도리탕'

왜 정치 이야기가 나오지 않지?

지금까지 소개한 닭고기 요리는 대부분이 비교적 새로운 것으로, 반드시 전통 스타일은 아니다. 그래서 마지막으로 전통 스타일을 소개할까 한다. 한국의 닭요리 가운데 내가 가장 좋아하는 것이다. 정치가 관계되어 있는지 어떤지는 잘 모르지만….

'닭도리탕'이다. 닭고기를 뭉텅뭉텅 썰어서 감자와 파 등을 넣어 달착지근하게 삶은 것으로, 그리 맵지는 않다. 일본인들이 좋아할 만한 요리다. 건더기를 먹은 다음에는 남은 국물에 밥을 비벼 먹어도 좋다.

극히 평범한 냄비 요리로, 다들 잘 알고 모두 좋아한다. 더구나 아주 맵지 않은지라 닭고기의 맛을 차분하게 음미할 수 있다. 대개 너무 매우면 이마에서 땀이 쏟아지고, 콧물이 나며, 머리가 띵해져서 맛을 보고 자시고 할 계제도 못 된다. 하지만 닭도리탕은 색깔이 붉은 것 치고는 부드럽게 맛볼 수 있다.

그렇다면 뭐 그리 신기할 것도 없겠다고 여길지 모르나, 문제는 이 요리의 이름이다. 예전부터 물의를 일으켜 왔고, 근자에 와서도 아무튼 시끌벅적하다.

이름의 무엇이 문제인가? '탕'이야 일반적인 '탕'이니까 상관없고, 그 앞에 붙은 '닭도리'라는 명칭에 있다. 여기서 '도리'가 무엇인가? 이걸 둘러싸고 한국 사회에서 오래 논쟁이 벌어져왔던 것이다.

짐작하다시피 이 '도리'가 닭을 가리키는 일본어가 아니냐는 점이다. 즉 닭도리탕은 일본 통치 시절에 일본어를 붙여서 생겨난 이름이 아닌가, 그런 이름을 이렇게 계속 써도 괜찮은가, 빨리 이름을 고쳐야 하지 않은가… 등.

말하자면 애국자들이 "자존심에 상처를 입었다!"고 문제 제기를 하면서, 개칭(改稱)을 주장하고 나섰던 것이다. 만약 '도리'가 일본어라고 한다면, 그건 결국 '닭닭탕'이란 말인가?

아니, 그러니까 그건 일본어가 아니라는 설(說)도 나와서 논쟁이 벌어졌다. 무어라고 하는 요리에 사용하는 동사(動詞)가 있고, 그 변형(變形)으로서의 '도리'이리라는 것이다.(='닭고기를 도려내다'의 도려내다가 도리로 바뀌었으리라는 설이 있음. 옮긴이).

나중에는 국어 전문가까지 나서서 이리저리 머리를 굴렸지만, 좀처럼 결론이 내려지지 않았다. 어쨌거나 이 또한 "일본어가 아니었으면 좋겠다"는 애국 심리에서 출발한 것이다.

결국 어떻게 되었느냐고 하면, 역시 그건 일본어라는 목소리가 우세하여 일본어 설로 굳어졌다. 그러면 '닭닭탕'을 어떤 식으로 설명해야 하나?

그건 가령 일본어에서도 곧잘 '주목(注目)'을 모으다'는 식으로 말하듯이, "똑같은 뜻의 단어를 겹쳐서 예사롭게 쓰는 경우도 있을 수 있다"로 매듭지어졌다. 닭도리탕의 경우는 일본 통치시대에 일본인을 포함하여 누군가가 그렇게 부르기 시작했으리라. 아니, 업자(業者)가 일본인을 상대로 알기 쉽게 그리 부른 게 시작이었을지도 모른다.

게다가 '닭탕'보다 '닭도리탕' 쪽이 부르기 쉽고 맛도 더 있어 보이지 않은가? 한국인들은 발음상으로도 경쾌(?)하게 '닭도리탕'이라고 한다.

그러나 일본어였다고 한다면 당연히 개칭론(改稱論)이 재연(再燃)된다. 그리고 실제로 개칭이 이뤄졌다. 새로운 명칭은 전문가와 매스컴 등의 논의를 통해 '닭볶음탕'으로 정해졌다.

그 말을 듣는 순간 나는 "응? 그게 어째서 볶은 거야?" 하는 의문이 들었다. 실제로도 우선 물을 붓고 삶는 것이지 볶는 게 아니다. '미운 일본어'는 배제(排除)했건만, 그래서야 도리어 요리로서 오해를 불러일으키지 않을까? 지금으로부터 불과 몇 해 전에 일어난 일이다. 그래서 새 이름이 제대로 보급되었을까?

주위를 살피면 '닭볶음탕' 간판도 꽤 걸려 있다. 식당에 따라서는 그것이 무슨 새 메뉴인 것 같은 신선한 느낌으로 PR한다는 인상까지 던진다. 하지만 내 주변 한국인들의 음식 이야기에서는 거의 들은 적이 없다. 많은 사람들이 "저건 사실 닭도리탕이야!"라고 여기는 것이다. 식당 간판에서도 아직 '닭도리탕'이 압도적으로 우세하다.

나는 '닭볶음탕'이라고 쓴 가게에는 가지 않는다. 먹고 싶을 때에는 '닭도리탕' 쪽으로 간다.

"그건 거꾸로 편협(偏狹)된 일본어 애국주의가 아닌가?" 하는 소리가 들려올 것 같은데, 그렇지 않다. 그건 결코 '볶음'이 아니라는 믿음과, 또 하나는 뭐니뭐니 해도 '닭도리탕' 쪽이 부르기에도 편하다. 더구나 이쪽이 훨씬 맛있게 들리지 않는가?

이상이 '닭도리탕'의 정치학(?)이다. 다시 말해 음식 명칭이 일본과 얽히면, 한국인들은 반드시 애국심을 발휘하여 이러쿵저러쿵 투덜거리며 물의(物議)를 일으킨다. 이런 것을 한국에서는 '일제(日帝)시대의 청산'이니 '역사 청산'이니 하고 말한다. 하지만 나는 예전부터 이것을 '반일·애국 언어(言語) 사냥'이라고 불러왔다.

반일에 이긴
'낫토'와 '와사비'

이 같은 '반일 증후군(症候群)'이라고 해야 할 사례는 무수하다. 이미 소개한 부산에서의 '회 EXPO'에서의 에피소드도 그 하나였지만, 특히 음식과 관련된 것이 많다. 그럴 때 불을 지피는 것은 대개 매스컴이다. 한국의 매스컴이 얼마나 관념적이고, 현실에서 동떨어져 있는가를 잘 드러내는 일이다.

가령 '와사비 논쟁'은 그 전형(典型)이다.

한국인은 본래 회를 고추장에 찍어서 먹었다. 그러나 '일식(日式)'이라는 생선 요리집에서는 별도로 '와사비'를 내놓는다. 당초에는 '가루(粉) 와사비' 계통의 색깔만 짙은 녹색으로, 뒷맛이 없는 '와사비'였다. 그러던 것이 회와 초밥을 중심으로 일본 요리가 인기를 끌자 일본에서 수입한 진짜 '와사비'가 쓰이게 되었다.

'와사비' 소비의 증대는 초밥 붐에 의한 영향이 크다. 그 결과 일본에서 수입하는 것 외에 국내에서도 다소 재배를 하기 시작했다. 이제는 한국인도 회를 먹을 때에는 거의가 간장에 '와사비'다. 고추장보다 이쪽이 맛있다는 사실을 알게 된 것이다.

이 또한 하나의 '와사비' 붐으로, 가는 곳마다 다들 '와사비' '와사비'라고 외친다. '와사비'는 일본어다. 일본어이니까 당연히 그걸 듣기 거북하게 느끼는 인간도 나타난다. 그래서 애국심을 자극하여 "왜 일본어야! 우리나라에도 '와사비'를 뜻하는 단어가 없을 리 없어!"로 나아갔다.

찾아보니 확실히 있었다. '고추냉이'라고 한다. 내가 가지고 있는 『일한사전(日韓辭典)』에도 그렇게 나온다.

서둘러 캠페인이 시작되었다. 선두에 선 것은 텔레비전으로, 음식 화제가 단골로 등장하는 아침의 '주부 프로그램'이다. "이제부터는 고추냉이라고 부릅시다"면서 거듭 강조한다. 때는 김영삼 정권 시절(1993~1998년)이었던 것 같다.

당시 군사정권이 막을 내리고 '첫 문민정권'이라고 하여 어깨에 힘이 들어가 있었다. 그리고 자신들이야말로 진짜 애국 정권이라고 으스대듯이, 예컨대 '역사 바로 세우기 운동' 등의 캠페인을 정부 주도로 전개했다.

마침 시기도 일본 지배에서 해방된 지 꼭 50년이었다. 그래서 1995년에는 해방 후 오랫동안 정부 청사와 국립 중앙박물관으로 사용해온 옛 총독부 건물을, 8월15일의 기념 이벤트로 파괴·철거하는 일도 있었다. 이런 것이 '역사 청산'이다.

그런 시대적 분위기 속에 '애국 언어 사냥'으로서 일본 통치시대로부터 사용해온 일본어의 부정(否定)과 추방도, 매스컴이 주도하여 끊임없이 행해진 것으로 기억한다. '와사비'의 부정과 개칭 역시 그 일환이었다.

이 '와사비' 추방론은 벌써 20년 전의 일인데, 그 후 어떻게 되었을까?

당초 매스컴에서는 고추냉이가 자주 등장했었다. 그런데 지난 20년은 거꾸로 한국 사회에 본격적인 일본 요리, 와쇼쿠(和食)가 침투하여 정착이 이루어진 시절이었다. 특히 초밥은 회전초밥까지 널리 도입되어 초밥 붐을 불러일으켰다.

그 바람에 '와사비'는 역시 '와사비'라고 하여, 고추냉이는 존재감을 상실하고 말았다. 아니, 거의 스며들지도 못했다고 할까. 텔레비전을 비롯한 매스컴이 억지로 고추냉이를 밀어붙여도, 그동안 들어본 적이 없는 이름인지라 정작 소비자들에게는 먹혀들지 않았던 것이다.

지금까지 나는 서울에서 초밥집을 비롯하여 여러 일본 요릿집을 다녔으나, '와사비'를 고추냉이라고 부르는 한국인 손님을 목격한 적이 없다. 오히려 내가 요리사에게 "고추냉이를 좀 더 넣어주세요" 하고 놀리긴 한다.

따라서 고추냉이는 진즉 잊어버리고 있었는데, 얼마 전(2018년 연말) 서울의 중급 호텔 뷔페에 갔더니 '와쇼쿠' 코너에 놓인 '와사비' 앞에 '고추냉이'라는 표찰이 붙어 있는 걸 보고 실로 반가웠다. 이렇게 잘 버티고 있는 것이다. 그건 그것대로 흐뭇한 광경이었다.

'와사비' 추방론 다음으로 이번에는 '낫토(納豆)' 논쟁도 있었다. 이 또한 텔레비전의 '주부 프로그램'이 주도했는데, '낫토'도 일본어이니까 쓰지 말자는 내용이었다.

우선 어째서 '낫토'가 등장한 것인가? 한국 사회도 풍족해짐에 따라 건강 지향(志向)이 강해졌다. 그래서 음식에 관해서도 질(質)을 따지게 되었다. 건강에 좋은 것, 몸에 좋은 것을 찾다 보니 식물성 식품이나 발효 식품 등 전통 식품에 대한 재평가 움직임이 생겨난 것이다.

일본의 '낫토'에 대한 관심도 그 흐름을 탔다. 지금은 길거리 슈퍼마켓에서도 '낫토'라는 표기를 붙여서 팔고 있지만, 당초에는 내셔널리즘으로 애국심을 자극하여 판매 실적이 저조했다.

일본어 명칭도 그랬지만 '낫토' 소개에서 먼저 제기된 한국의 반응은 "우리에게도 있지 않은가?" "왜 일본 물건에 사족을 못 가누나?"였다.

여기서 말하는 '우리 것'은 '와사비'의 경우에 나온 생소한 고추냉이와는 달리, 한국인이 예로부터 즐겨온 낯익은 전통 식품을 뜻했다.

그것은 '낫토'와 마찬가지로 콩을 사용한 발효 식품인 청국장으로, 제조 방법 역시 거의 같다. 단지 '낫토'보다 발효가 더 진행되어 끈기가 없다. '낫토'처럼 그냥 그대로 먹거나 밥에 얹어 먹는 게 아니라, 끓여서 된장국처럼 먹는다.

식당 메뉴에는 '청국장'이라고만 적혀 있다. 요리로서는 항상 국물의 형태로 나온다. '낫토'처럼 먹는 방법이 다양하지 않은 것이다.

발효가 많이 된 탓으로 냄새가 강하다. 따라서 그 냄새로 인해 싫어하는 사람은 먹으려 들지 않으나, 좋아하는 사람은 병적(病的)으로 즐긴다. 냄새가 강하니까 식당 밖으로까지 냄새가 퍼져 나온다. 그 바람에 가정에서는 주변에 신경을 쓴다. 특히 아파트에서는 요주의(要注意) 음식이다. 좋게 말하면 '시골의 맛', '어머니의 맛'일런가? 아이들은 질색하는 어른들 음식이다.

이렇게 말하자니, 어른이나 아이들이나 여성들이나 노인이나 다들 가벼운 마음으로 먹는 일본의 '낫토'와는 꽤 이질적(異質的)인 느낌을 던진다. 어쨌든 '낫토'가 한국에서 높은 평가를 받고, 권장하는 건강식품으로 화제에 오르내리자 애국주의자(?)의 배알이 틀린 것이다. 상대가 '일본'이면 항상 반발심이 생겨난다. "우리에게도 있지 않으냐!"면서….

그 결과 어떻게 되었느냐고 하면, '낫토'가 청국장보다 발효가 덜 이뤄진 것이니까 '생(生)청국장'이라고 불러도 되지 않겠느냐는 주장이었다. 어디까지나 '낫토'라는 일본어가 싫은 것이다.

하지만 이건 숨이 찬다. '낫토'의 설명으로는 괜찮겠지만, 그걸 대신할 명칭으로서의 '생청국장'은 한국인으로서도 발음하기 쉽지 않다.

한때 텔레비전을 비롯한 매스컴에서 '생청국장'이라고 불렀으나, 그렇게 바꿔 불러도 현실에서는 그걸 '낫토'로 연상하는 사람이 아무도 없었다. 그러는 사이에 전혀 귀동냥하지도 못하게 되었다. 처음에는 일본에서 수입했지만, 지금은 한국 내에서도 생산하여 널리 유통되고 있다. 양쪽 다 '낫토'이다.

이상, '와사비'와 '낫토'는 한국의 '반일 언어 내셔널리즘'이 도리어 지고만 사례이다.

'정종(正宗)' 사라지고,
'사케(酒)' 뜨다

　이렇게 음식 이름을 두고 문제 제기가 되거나 갈등을 빚은 결과로서가 아니라, 자연스런 흐름으로서 '한국산 이름'이 후퇴한 예가 초밥이다. 초는 한자로 '酢', 밥은 한자로 '飯'이니까 굳이 적자면 '초반(酢飯)'이다. 그렇다면 '스시'의 어원(語源)이 '스시메시'라는 사실을 감안할 때, 한국어 초밥이 어원 그대로여서 대단히 정확한 단어인 셈이다.

　그러나 최근에는 초밥이 후퇴하고 '스시'라고 부르는 한국인이 많아졌다. 특히 젊은 세대일수록 그렇다. 초밥집도 지금은 '스시집'이라고 한다. 집은 가게를 뜻하니까 한일 합성어라고 할 수 있다.

　바로 이 초밥에서 '스시'로의 이행(移行)은 진짜 지향(志向)의 결과이다. 앞서 지적한 일본 요리를 가리키던 '일식'이 바뀐 것이나 같은 맥락이다.

　단지 일본어 '와쇼쿠(和食)'는 한국어로 읽으면 '화식'인데, 이건 아직 퍼져 있지 않다. '일식'과 어감(語感)이 닮았으므로 이 이름은 먹혀들지 않을지 모른다. 차라리 앞으로 '와쇼쿠' 그대로가 유행할 가능성이 있다. 진짜 지향에는 그쪽이 더 어울리지 않을까?

일본 음식과 연관된 한국인의 이 같은 진짜 지향의 배경은 한국 사회가 풍족해졌다는 사실과, 연간 700만 명이 넘는 일본 방문자의 급증(急增)에 있다. 본고장 음식을 경험하고 돌아온 그들로서는, '일식' 이미지를 풍기는 낡은 초밥이란 이름으로는 더이상 식욕이 생기지 않는다. '스시'라야 본고장의 맛이 난다.

따라서 회와 초밥, 김치, 죽, 생마늘에서부터 풋고추에 이르기까지 요란스럽게 차려지는 '일식'은 이미 일본 요리가 아닌 것이다. 다만 나처럼 오래된 '한국 관찰자'의 입장에서는, 그건 그것대로 한국화 된 독특한 일본 요리로서 정겨운 느낌이 든다. 꼭 오래 남아있으면 좋겠다.

음식 이름이 한국어에서 일본어로 바뀐 이야기를 적고 있는데, 마지막으로 또 하나 소개해두고 싶다. 일본술(日本酒=淸酒) 이야기다. 이게 참으로 흥미진진하다. 한국에서도 일본술은 예전부터 있었다. 일본 통치시대의 유산(遺産)이기도 하지만, 한국인의 기호(嗜好)에 맞기도 했고, 양조(釀造)회사도 나름대로 오래 사업을 이어갔다. 나로서는 마산(馬山)의 술로 여겨지는 '수복(壽福)'이 기억에 남아있다. 단지 극히 대중적이고 값싼 막걸리와 소주 사이에 위치하여 일본술을 즐기는 사람은 소수파였다.

뭐랄까, 일제시대에 대한 향수가 남아있는 늙은 세대의 '푸념'이 섞인 술인데, 그들은 그걸 정종이라고 불렀다. 한자로 적으면 '正宗'이다.

지금도 일본에는 '기쿠마사무네(菊正宗)'를 비롯하여 '마사무네'라는 이름이 붙은 일본술이 많다. 필경 일본 통치시대에 '무슨 무슨 마사무네'라는 상표의 일본술이 유명하여, 한국인에게도 인기가 있었을지 모른다. 그 결과 '마사무네'가 일본술의 대명사가 되었고, 한국인들은 그걸 한국어로 '정종'이라고 부르면서 해방 이후에도 마셨던 것이다. 최근에 와서 그것이 한국 사회에서 사라져가고 있다.

그런 변화의 배경으로는, 세월의 흐름과 더불어 일본 통치시대의 생활 체험을 가진 늙은 세대가 점점 세상을 떠나고 있다는 점을 들 수 있겠다.

그러나 일본술 그 자체의 인기는 젊은 세대를 중심으로 오히려 높아지고, 그래서 수입량도 급증하는 추세다. 이자카야(居酒屋) 붐과 더불어 일본술 전문점도 유행하고 있다.

한국에서도 일본의 민관(民官)이 합동으로 주최하는 일본술 캠페인이 종종 열린다. 그 시음(試飮) 이벤트에는 젊은 세대가 몰려든다. 그런데 어째서 정종은 사라진 것일까?

간단하다. 한국인이 일본술을 일본어 그대로 '사케'라고 부르게 되었기 때문이다. 최근 한국에서의 일본술 붐을 지탱하는 젊은 세대를 비롯하여, 현대 한국인으로서 일본술은 더이상 한국어 정종이 아니라 일본어 '사케'인 것이다. 이것만 본다면 한국 사회는 분명히 '과거에서 현재로'이다. 그 같은 '과거 벗어나기'가 정치·외교·매스컴 등에서의 한일관계에 왜 반영이 되지 않는지 항상 안타까워진다.

음식 이야기로 돌아가자. 일본 음식은 그 외에도 오뎅, 돈가스, 샤브샤브… 거의가 일본어 그대로이다. 일본 음식이니까 당연하다고 하면 당연한 일인데, 한편에서는 '반일 언어 내셔널리즘'에서 일본어를 추방하자는 주장도 여전히 존재하니까 불가사의한 일이다.

북에서는 '벤또',
남에서는 '도시락'

한국 사회에 존재하는 일본어의 문제라는 점에서 생각나는 것이 있다. 북한과 연관된 것이니까 '북의 음식'을 다루면서 소개했어야 옳았을지 모르나, 이 자리에서 언급하고자 한다. '벤또'에 관한 것이다.

한국에서는 1970년대 이후 국산 명칭인 '도시락'으로 바뀌어 정착되었으나, 북한에서는 아직도 '벤또'이다.

그런 사실은 1990년대에 판문점으로 취재를 하러 갔을 때, 북한에서 온 기자들과의 잡담 가운데 확인했다. 그 이래 줄곧 신경이 쓰였는데, 최근 한국으로 망명해온 북한 외교관(전 영국 주재 공사)의 회고록에도 그렇게 적혀 있었다. 또 한국의 텔레비전에서 방송되는 탈북자들의 토크쇼에서도, 어느 청년이 북한에서의 추억담으로 그렇게 말했나.

그토록 '주체(主體)'니 '자주(自主)'니 '조선 제일주의' 등 애국·민족주의를 부르짖는 북한에서 아직도 여전히 '벤또'라니? 실로 뜻밖이었지만, 그래도 반갑지 않은가? '벤또'는 이 땅에는 원래 없었던 외래문화니까, 그렇게 불러온 것에 지나지 않았을지 모르겠다.

그걸 억지로 '우리 식'으로 바꾸려고 하는 언어 내셔널리즘이 '벤또'의 경우, 의외로 북보다 남에서 강했다는 신기한 예이다. 그러나 한국은 기본적으로는 개방 사회이다. 부정하거나 지우거나 바꿔 말하는 한편으로, 새로운 외래어가 꼬리를 물고 유입되고 있다.

북한은 문화적으로는 폐쇄 사회니까 그만큼 갈등도 적을지 모른다. 그런 의미에서는 남(南), 즉 한국의 언어적 고생은 북에 비할 바가 아니다.

그렇다면 이번 장(章)에서 파고든 닭도리탕의 명칭 문제도, 다른 각도에서의 논의가 가능해진다. '도리'가 일본어라고 해서 이름을 바꾸고 싶다는 바람을, 반드시 나쁘게 볼 수도 없을지 모른다. 소중한 한국 전통 음식이니까 일본어를 쓰지는 말자는 심정은 이해하고도 남는 것이다.

이토록이나 일본 음식이 일본어 그대로 유통되고 있는 만큼, 한국 고유의 음식에까지 일본어가 '침입'해서야 그들도 설 자리가 없지 않을까? 대안(代案)인 닭볶음탕은 지금도 마음에 들지 않는다. 하지만 닭도리탕의 '도리'를 둘러싼 한국인들의 논쟁 그 자체는, 음식에 관한 한국의 언어적 노력이어서 하등 이상할 게 없다고 생각을 고쳐먹었다.

나는 몇 해 전, 한국 어느 대학의 의뢰를 받아 '현대 일본 이해'라는 제목의 강의를 한 적이 있었다. 그 가운데 음식에 관한 이야기도 나와서, 명칭의 유래에서 일본 문화의 특징을 소개했더니 학생들이 꽤 재미있어했다. 외래종인 덴푸라, 돈가스로부터 순수 일본산인 오뎅, 샤브샤브에 이르기까지.

한국에서 완전히 뿌리를 내려 이제는 일본에서 유래된 것이라는 사실을 모르는 사람까지 있는 오뎅, 샤브샤브의 유래를 밝히자 다들 놀라기도 했다. 오뎅의 어원이 '뎅가쿠오도리(田樂踊り)'라는 이름의 일본 민속놀이이고, '샤브샤브'는 냄비 안에서 뜨거운 물에 고기를 담갔을 때 나는 소리에서 나왔다는 이야기는, 그들로서는 상상을 초월하는 것이었다.

무엇보다 오뎅이 한국에서 뿌리를 내리면서 원형이 변화되어 갔다는 사실은 이미 소개했다. 샤브샤브도 한국에서는 푹 삶아 먹는 스타일로 변하고 말아, 고기나 야채를 냄비에서 집어내도 '샤브샤브'라는 소리는 나지 않는다. 이 모두가 한국인에게는 그렇게 하는 편이 입맛에 맞았기 때문이다.

변형(變形)하거나 개조(改造)하더라도, 거기에 익숙해진 다음에는 원형(原形)에 신경이 쓰인다. 진짜 지향이 나오는 이유이다. 그것으로 충분하다.

외래문화는 그 나라의 기호(嗜好)에 맞춰 제 마음대로 변용(變容)시켜야 수용되고 대중화하여 정착된다. 문화 교류란 원래 그런 것이다. 그게 가장 두드러진 분야가 음식 문화이다.

14

김치도 비빔밥도
어깨의 짐이 무겁다

김치와 비빔밥은
한국인의 혼(魂)이다!

　한국인의 음식과 정치를 이야기하자면 역시 김치와 비빔밥을 빠트릴 수 없다. 김치와 비빔밥은 한국인으로서는 단순한 음식이 아니다. 좀 부풀려서 거창하게 말하자면 그것은 한국인의 혼과 정열이고, 한국·한국인 그 자체인 것이다.

　아니, 그 위대함(?)을 믿고 그것을 세계에 알리느라 이론(異論)이나 비판을 인정하지 않는 모습에서는, '종교(宗敎)'나 다름없다는 느낌을 갖게 된다. 그래서 마지막으로 김치와 비빔밥을 다루기로 한다.

　학자에 따르자면 '문화란 전승(傳乘)이다.' 인간에게 최대의 전승은 생활이며, 그 생활의 핵심이 음식이다. 그렇다면 음식이야말로 최대의 문화라고 할 수 있다.

　한국인은 스스로의 음식 가운데 김치와 비빔밥에 유난히 애착과 긍지를 갖고 있다. 김치와 비빔밥을 말하는 것은, 한국과 한국 문화를 말하는 것과 마찬가지다.

우선 김치는 일본에서 한국을 이미지하는 최대의 키워드가 된 지 오래되었다. "한국이라면 무엇이 떠오릅니까?"는 여론조사에서 항상 김치가 으뜸을 차지해왔다.

한국이 경제적으로 크게 발전하여 국제적으로 존재감이 커짐에 따라, 한국의 이미지에도 변화가 생겼다. 역사적으로는 1988년의 서울올림픽이 전기(轉機)였다. 그 후 일본에서는 한때 소위 한류(韓流) 붐으로 '밝은' 엔터테인먼트 이미지가 떠올랐다.

그것이 최근에는 한국에서의 집요한 반일 현상이 깊은 인상을 던져, 다시 '어두움'으로 되돌아가고 있는 모양이다. 그럴 때의 키워드가 '위안부'인가? 어쩌면 이 이미지는 김치를 능가할지 모른다. 한국으로서는 다소 불행한 일이지만….

서울올림픽 이전, 특히 1970년대로부터 1980년대에 걸친 이야기를 하자면, 일본에서의 대중적인 한국 이미지는 '3K'라고 했다. 그게 무엇이냐고 하면, '기생' '긴다이추(金大中)' '김치'였다.

기생은 한자의 '妓生'. 술자리에서 손님을 상대해주는 여성이다. 전통적으로는 공식 행사에서 빈객(賓客)의 섭내 요원으로서 격이 높았는데, 그 후 대중화되었다.

일본식으로는 '게이샤(藝者)'이고, 요정에서의 호스티스다. 치마저고리의 전통 의상 차림으로 등장하므로, 일본인으로서는 한국 여행이 일반적이지 않았던 시절의 한국 관광 심벌이었다.

당시의 한국 관광은 남성 중심으로, 기생은 '밤놀이'의 대상과 같은 인상이었다. 그것은 국가의 이미지로서는 그다지 좋지 않았다는 뜻이다. 일본인의 한국 여행에서 남녀 비율이 여성 우위로 뒤바뀐 것은, 한류 붐이 일어난 2000년대에 들어선 다음부터다.

'긴다이추'는 나중에 대통령이 된다. 하지만 당시에는 야당의 반정부 투사였다. 일본에서 머물던 중, 한국의 정보기관에 의해 본국으로 무리하게 연행된 '김대중 납치 사건'으로 일약 국내외에서 유명해졌다.

사건은 정치·외교적으로 내외에 큰 소동을 불러일으켰고, 일본에서의 뉴스는 날마다 '긴다이추, 긴다이추'였다. 그 이미지 역시 한국의 정치와 얽혀 좋은 것이 아니었다.

다음이 김치. 이제야 일본에서도 익숙한 식품으로, 새삼스러운 저항감이나 거부감이 없어졌다. 그렇지만 당시에는 그 색깔, 매운 맛, 냄새 등으로 인해 식품으로서는 예사롭지 않은 특이한 이미지였다. 이 또한 반드시 플러스 이미지는 아니었다.

이 같은 '3K' 이미지가 서울올림픽을 계기로 변화하기 시작하여, 나중에 한류 붐이라는 새로운 '3K'가 더해져 마이너스 이미지는 사라졌다.

김치가 일본 사회에서 받아들여지게 된 이유는 무엇일까? 아마도 서울올림픽과 한류 붐, 그리고 한국 관광의 대중화에 따른 현지에서의 음식 체험 등으로 한국 이미지가 개선된 결과였지 않을까?

따라서 왕년의 '3K' 가운데 김치만은 지금도 한국 이미지를 대표한다. 그것은 이미 옛날 같은 부정적 이미지가 아니다.

고이즈미 준이치로와
김치

일본에서의 김치에 관해서는 이런 감동적인(?) 풍경을 목격했다.

몇 해 전, 잠시 귀국하여 집이 있는 도쿄 조후(調布)의 역(驛) 근처를 지나가는 중이었다. 그곳 소고기덮밥집 간판에 '새 메뉴 등장!'이라면서 '기무가루돈'이라고 적어 놓았다. 일순 '?' 하여 그 자리에 서서 간판에 함께 걸린 사진을 보고 알았다.

덮밥 위에 김치와 갈비가 얹혀 있었다. 갈비를 일본어로는 '가루비'라고 하니까 김치, 즉 '기무치'의 '기무'에다 '가루비'의 '가루', 그리고 덮밥의 일본어 '돈부리'의 '돈'을 합성했던 것이다.

물론 순서는 갈비 위에 김치가 놓여 있었다. 고기가 진짜 갈비인지 어떤지는 확실치 않았으나, 일본에서는 갈비가 소고기구이의 상징이니까 갈비라고 해도 무방하리라.

나는 이 아이디어 메뉴에 감동했다. 일본 음식 문화의 파워라고 할까?

한국 계열이든 다른 어느 계열이든, '먹힌다!'는 판단이 서면 받아들여서 상품화해버리는 그 흡수력과 유연함이란!

한국에서는 돼지고기와 김치가 궁합이 잘 맞는다고 하여, 요즈음은 삼겹살을 김치와 함께 구워서 먹는 스타일이 유행하고 있다. 그러나 소고기구이에는 보통 김치를 쓰지 않는다. 그런데도 거기에 구애받지 않고, 코리아 이미지로 도킹시킨 감각이 대단했던 것이다.

이런 건 재빨리 한국에서 역수입하면 어떨까 싶다. 하지만 밥공기를 손으로 들고 먹는 일본식 덮밥에 대한 저항감이 남아있어서인지, '기무가루돈'의 역상륙(逆上陸)은 아직 목격한 바 없다. 전통적인 한국의 식사 예법으로는 밥그릇을 손에 들고 먹는 것이 상스러운 행위인 것이다.

김치를 에워싼 '정치'로 떠오르는 것은 고이즈미 준이치로(小泉純一郎, 2001~2006년 총리 재임)의 "김치는 싫다"는 발언이다.

일본의 역대 총리 가운데 한국에서 인상이 남아있는 사람은 나카소네 야스히로(中曾根康弘, 1982~1987년 재임)와 고이즈미다. 아마 현재의 아베 신조(安倍晋三)도 앞으로 분명히 그렇게 되리라. 이유는 다들 장기 집권했다는 사실과, 일본의 입장이랄까, 자기 주장이 명확한 지도자였기 때문이다.

고이즈미의 경우, 당당히 야스쿠니신사(靖國神社) 참배나 집단적 자위권을 주장함으로써 '일본 우경화(右傾化)'의 기수처럼 비쳤다. 한편으로는 일본인 납치 문제에서의 '전격(電擊) 평양 방문' 등 결단력이 인상적이었다. 즉 '마음에는 들지 않지만 몹시 신경이 쓰이는 존재'였다.

그가 총리에 취임했을 때 한국 매스컴에서는 그 같은 우경화 이미지와 더불어, 하나의 에피소드로서 일본에서 과거에 그가 행한 발언 가운데 "김치는 싫다"는 것을 픽업하여 전했다. 그러니 우경화에다 김치도 싫어한다고 해서, 고이즈미는 한국 매스컴에 의해 절묘한 '반일 비즈니스'의 먹이가 되었다.

당시 여론으로는 우경화보다 김치를 싫어한다는 쪽이 더 화제에 올랐다. 바로 이럴 때의 한국인적 반응이 "자존심에 상처를 받았다"이다. "고작 김치를 가지고…"라고 하지 마시라! 김치는 한국인의 혼(魂)이고 자존심인 것이다.

고이즈미 자신은 총리 취임 전에 이미 일본에서 "아니, 나는 절인 음식을 싫어할 뿐이지 특별히 김치가 싫다는 건 아니다"고 해명했었다. 그렇지만 한국에서는 "변명이다. 김치를 싫어하는 게 본심이다"고 믿었다. 그게 고이즈미가 마음에 들지 않았던 하나의 원인이었음은 분명하다.

고이즈미는 취임했던 2001년 가을 이후 몇 차례 한국을 방문했다. 첫 방한에서는 사전에 미리 "절인 음식을 싫어할 뿐"이라고 말하여 한국인의 자존심에 배려함으로써, 과거 발언은 없었던 일이 될 수 있었다.

그런데 방한했을 때, 김대중 대통령 주최 환영 오찬회에 어김없이 김치가 나왔다. 물론 김치가 메인은 아니었다. 어디까지나 반찬의 하나로 곁들여졌던 것이리라. 고이즈미가 이때 젓가락을 가져다 댔는지 어떤지는 확실치 않다. 그러나 일본인 기자들은 "싫어하는 줄 뻔히 알면서 내놓은 한국도 끈질기군. 이건 자존심 밀어붙이기네!"라고 쓴웃음을 금치 못했다.

김치는 종교니까 그 포교(布敎)를 위해서는 상대의 형편 따위야 아무 상관없다?

단지 당시의 데라다 데루스케(寺田輝介) 주한 일본대사가 나중에 들려준 이야기에 의하면, 고이즈미가 "나는 절인 음식이 싫어서 다쿠앙(=단무지)도 김치도 먹지 않는다"고 한 것에 비해, 김대중은 "나는 다쿠앙도 김치도 좋아한다"고 했단다. 이렇게 주거니 받거니 한 걸 보면 명백한 김대중의 승리다.

일본 대사(大使)와
미국 대사의 차이

주한 일본 대사 가운데 고이즈미 정권 당시의 다카노 도시유키(高野紀元, 2003~2005년) 대사가 있다. 그는 부임 후 한국 매스컴과의 인터뷰에서 일부러 "한국 요리 중에서 김치찌개를 아주 좋아한다"고 말했다. 앞서 소개한 것처럼 김치찌개는 아주 평범한 서민들의 음식이다. 김치와 궁합이 잘 맞는 돼지고기를 잘게 썰어 넣어 의외로 아주 맛있다.

당시 다카노의 발언은 고이즈미의 김치 문제를 염두에 둔 한국 국민용 립서비스였다.

그러나 김치에서는 이토록 신경을 쓴 다카노였음에도, 임기 마지막에는 얄궂게도 반일의 폭풍에 휩쓸려 톡톡히 경을 치르게 된다.

서울 외신기자클럽의 오찬 회견에 초대를 받았을 때, 질의응답에서 두 나라 사이에서 영토 분쟁이 벌어지는 독도(일본명 다케시마) 문제에 관한 질문이 나왔다. 당시는 일본의 시마네현(島根縣)이 '다케시마의 날'을 제정함으로써 한국 여론이 흥분되어 있을 때(2005년 2월)였다.

그는 "그 섬은 역사적으로도 국제법적으로도 일본 고유의 영토라는 것이 일본 정부의 입장이다"고 답변했다. 덧붙여서 "단지 이 문제가 두 나라 관계 전반에 영향을 미치지 않기를 바란다"고 외교관답게 응수했다.

질문을 받았으니 종래의 공식 입장을 설명했을 뿐이었다. 나라를 대표하는 사람으로서야 지극히 당연한 발언이다. 이런 것은 뉴스거리조차 되지 않는다. 일본을 비롯하여 대부분의 외국 매스컴에서는 당연히 보도하지 않았다. 그런데 그 자리에 동석했던 한국 국내 통신사가 이걸 물고 늘어져 '일본 대사, 서울 한복판에서 망언!'이라고 자극적으로 보도한 것이다.

이것이 한국의 모든 매스컴으로 단숨에 퍼져나가 '일본 또다시 침략 야욕!' 등으로 여론의 흥분을 부채질했다. 이렇게 반일 무드가 고조(高潮)되고, 대사는 외출조차 제대로 할 수 없는 지경에 이르렀다. 변함없는 반일 풍경이었다.

대사가 임지(任地)에서 자국(自國)의 공식 입장을 말하지 못한다면, 정상이 아니다. 한국에서는 일본이 상대일 경우, 그런 일이 예사롭게 벌어진다. 지금껏 이어지고 있는 국제적인 비상식인데, 그것을 매스컴이 앞장서서 선동한다. '독도'도 종교화 되고 있는 것이다.

다카노는 '김치찌개 발언'에 담은 우호와 친선을 완전히 배신당한 모양새가 되어, 얼마 뒤 서울을 떠났다. 결과적으로 김치찌개는 아무짝에도 쓸모없는 것이 되고 말았다. 그런 형편인지라 한국으로 부임해오는 외국 대사들은 한국인의 '자존심'이라는 이름의 내셔널리즘(애국주의)'에 항상 신경을 곤두세우지 않을 도리가 없다.

당시를 떠올리다 보니 나도 모르게 어깨에 힘이 들어가고 말았다. 여기서 김치 이야기로 돌아가고 싶지만, 기왕 주한 일본 대사가 화제에 오른 김에 하나만 더 대사의 에피소드를 소개하기로 한다.

극히 최근의 일로, 새 주한 미국 대사로 2018년 여름 서울에 부임한 해군 출신의 해리 해리스 전(前) 미 태평양사령관에 관해서이다. 어머니가 일본인으로, 요코스카(橫須賀)에서 태어난 일본계 2세여서 한국에서는 플러스알파로 주목을 받았다. 지금까지 한국계 주한 대사는 있었지만 일본계는 처음이었기 때문이다. 한국인들로서는 "한국에 일본계를 보내다니!"라는 뜻밖의 느낌이었으리라.

그래서 그는 서울 부임 전 한국 매스컴과의 인터뷰에서, 자신의 한국에 대한 관심과 친근감의 표시로서 "비빔밥과 안동소주를 아주 좋아한다"고 말하여 한국인을 즐겁게 해주었다. 한국에서는 때로는 술도 먹는다고 하니까 식(食)의 영역이다.

안동소주는 경북 안동이 산지(産地)인 명주(銘酒)로, 40도가 넘는 강렬한 술로 잘 알려져 있다. 한국인들은 그것을 스트레이트로 꿀꺽꿀꺽 마시니까 나로서야 당할 재간이 없다. 요즈음에 와서 수요를 늘리고자 도수를 낮춘 것도 함께 내놓아 대중화를 꾀하고 있다. 하지만 이미지로서는 사내다움을 과시할 수 있는 '마초 술'이라는 인상을 던진다.

군인 출신의 해리스 대사가 안동소주를 들먹인 것은 히트였다. 그 강렬한 토속주에 빗댄 사내다움과 친근함으로 인해, 일본계임에도 한국인들은 안심했으리라. 해리스를 위시하여 서울의 미국대사관에서는 그런 것을 다 계산한 다음의 '안동소주 발언'이었을 것임에 분명하다.

김치 애국주의의
편협(偏狹)

여기서 간신히 김치로 돌아왔다.

오랜 '김치 관찰'의 결론으로 말하자면, 최근에 와서 한국에서의 김치 애국주의가 약간 진정된 것으로 여겨진다. 왜냐하면 요즈음은 텔레비전을 비롯하여 매스컴 등에서 음식 문화에 관한 사회적인 관심과 평가가 높아져, 김치의 존재가 상대적으로 낮아졌기 때문이다.

국내의 미식(美食) 붐에 실려, 미국을 위시한 해외에서의 한국인 셰프들의 활약상이 경쟁적으로 전해지고 있다. 그들이 현지에서 내놓는 한국 요리는, 김치로 상징되는 빨갛고 강렬한 이미지와는 거리가 멀다. 차분하고 소프트하며, 세련된 분위기인 것이다. 그것이 하나둘 국내로도 피드백되고 있다.

이것이 무엇을 의미하느냐고 하면, 한국 요리의 다양화와 탈(脫) 김치이다. 다시 말해 한국 요리에 대한 관심이 이제는 김치가 아니라도 상관없어진 것이다. 한국 음식에 대해, 특히 대외적으로 이야기하는 경우가 늘어나, 이제까지처럼 "가장 한국적인 것이 가장 세계적이다"는 식으로 어깨에 힘을 넣어 김치에 얽매일 필요가 없어졌다는 뜻이다.

그러나 이래서는 재미가 없다. 여기에 오기까지의 김치 내셔널리즘의 족적(足跡)을 일단 더듬어 보기로 하자.

한국인 스스로가 쓴, 한국에서의 까닭 모를 반일 감정을 자기비판한 평론집에 『김치 애국주의』(崔碩榮 지음, 2010년 발간)라는 타이틀이 붙은 책이 있다. 김치를 논한 책은 아니지만, 한국의 '배타적 애국주의'를 비판하면서 김치를 예로 들었다.

"어느 결에 좋은 점만 있고 나쁜 점은 아무것도 없다는 김치가, 한국 사회에서는 비판할 수 없는 금기(禁忌)의 대표가 되어 버렸다"고 뒤표지에 선전 문구가 적혀 있다.

지금까지의 김치 애국주의에는 세 가지 관점이 있었다. 하나는 김치 그 자체에 대한 과잉 평가. "이런 훌륭한 식품은 세계 어디에도 없다" "세계가 높이 평가하는 최고의 발효 식품" "세계가 인정하는 항암(抗癌) 효과"… 등의 자화자찬(自畵自讚)이 넘쳐났다. 몇 년 전에 세계를 발칵 뒤집었던 'SARS(중증급성호흡기증후군)'가 유행했을 때에는, 'SARS 예방에 김치가 최적(最適)'이라는 보도가 매스컴을 장식하기도 했다.

두 번째는 김치를 '가장 한국적인 것이 가장 세계적'이라는 보편 지향. 실제는 반드시 그렇지 않음에도 그래야 한다, 그랬으면 좋겠다는 한국인 특유의 논리로 김치를 보편적인 평가의 대상으로 추어올렸다.

세 번째는 예의 그 대일(對日) 내셔널리즘. 즉 민족적 우월감을 과시하여 쾌감을 얻기에 이르렀다.

그리고 이 세 가지에 공통된 것은, 김치의 고유성에 대한 집착이다. 그 결과 발효 식품으로서 중국 기원설을 주장하는 중국 측의 논리에는 "절대로 인정할 수 없다"고 격렬하게 반발했고, 일본제 김치에 대해서는 이상하리만치 적대감을 분출시켰다. 특히 일본제 김치에는 민관(民官)이 함께 손잡고 '가짜' 논리를 펼치면서 비난에 열중했다.

일본을 상대로 하면 항상 힘이 솟구친다. 일본을 비판, 비난하면 애국자가 된다. 김치 애국주의에는 일본이 빠질 수 없는 대상이다.

일본제 김치에 대한
집요한 공격

여기서 가장 공격을 당한 것이 일본제 김치였다. '기무가루돈'도 그랬지만, 일본의 음식 비즈니스는 팔릴 것으로 여겨지면 무엇이든 받아들인다. 소비자들 사이에 김치에 대한 인기가 높아진다면, 즉시 국산화에 덤벼든다.

그럴 때 우선은 일본인의 입에 맞도록 연구하여 상품화한다. 김치의 경우 매운 맛과 냄새, 색깔을 억제한 소프트한 것으로 손본다. 그 결과 발효를 억제한 '겉절이 야채' 식이 된다.

한국에서 오래 생활한 나로서는 그건 맛이 없다. 김치를 먹었다는 기분이 나지 않는다. 그러나 어쨌든 일본인을 겨냥한 것이니까 그건 그걸로 괜찮은 것이다. 무슨 일이건 현지화와 대중화를 위해서는 궁리하고 고치는 것이 불가결하다.

한국의 김치는 대부분 일본으로 수출된다. 그럼에도 김치의 일본화는 괘씸하다고 하는 셈이다. 바로 그 "자존심에 상처를 입혔다"는 것이다.

한국의 김치 애국주의는 일본화를 인정하지 않는다. 인정하지 않는 정도가 아니라 "그것은 가짜다!"고 하면서 비난 캠페인까지 펼쳤다. 저작권 침해, 특허 무시라고 하는 듯이…. 종교로 치면 '이단(異端)'이나 '사교(邪敎)'에 대한 공격은 엄청나게 격렬하다.

그러면서, 다른 장면에서도 종종 있는 일이긴 하지만, 일본 비판으로 일본을 바보 취급한다고 할까, 일본을 우스갯거리로 삼아 심리적인 우월감을 즐기는 수법을 드러내는 점이 흥미롭다.

예컨대 김치를 둘러싸고는 일본인의 발음이 항상 놀림감이 된다. 일본어 발음은 기본적으로 모음(母音)이 붙어 있으므로, 일본인은 '기무치(KIMUCHI)'가 될 수밖에 없다. 이게 우스꽝스럽다면서 끊임없이 기무치의 '무'를 강조하면서, 일본제 김치는 엉터리이고 가짜라고 주장한다.

그 결과 국제적으로는 '국제식품규격위원회(CODEX)'라는 것이 있는 모양인데, 한국 정부가 김치의 표준 규격을 설정하여 등록했다고 한다. 그런 다음 기준에 맞지 않는 일본제는 가짜라고 주장하는 것이다. 하지만 '다쿠앙'이건 '오싱코'(=소금에 살짝 절인 야채. 옮긴이)이건 본고장의 그것과는 달리 여러 가지가 있으니까, 일본 스타일의 김치가 있어도 상관없지 않을까?

그러나 김치 애국주의는 그걸 용납하지 않겠다고 한다. 거듭 말하지만 국제화, 세계화란 현지화다. 일본제 김치는 오히려 감사를 받아야 마땅할 텐데, 상대가 숙적(宿敵) 일본이다 보니 비판과 비난의 대상이 되는 것이다.

일본제 김치가 해외로도 수출된다는 뉴스가 전해져, 한때는 '한일 김치

전쟁'이라면서 매스컴이 더 흥분하여 애국심을 선동했다. 최근 일본에서도 일본 전통 '와규(和牛)'를 두고 세계 시장에서 오스트레일리아와 경합(競合) 관계가 되었다고 한다. 경쟁이 벌어지면 지지 않도록 더 노력하는 수밖에 없지 않은가? "우리 것이 진짜다!"고 상대를 비난한다고 해서 해결될 일이 아니다.

그렇지만 그 같은 김치 내셔널리즘도 최근에는 다소 진정되었다는 사실을 이 항목 서두에 썼다. 한국 스스로 국제화의 진전, 한국인의 해외 체험 확대로 '한국=김치'라는 집착이 어딘지 촌스럽다고 느끼게 되었기 때문이리라. 한국 음식에서의 김치의 존재가 점점 상대화(相對化)되어 가는 것이다.

그건 당연한 일일지 모른다. 옛날 한국인은 김치가 없으면 밥을 먹지 못했으나, 이제는 김치 없이도 잘 먹는다. 김치 아니라도 맛있는 것이 많이 있기 때문이다. 게다가 김치를 아예 먹지 못하는 사람도 나온다. 김치를 싫어한다고 해서 비(非) 국민 취급을 하는 것 같지도 않다.

비빔밥의
세계화와 테러

다음은 비빔밥이다. 이걸 이야기하려면 이명박 정권(2008~2013년)에서의 '한국 요리 세계화 캠페인'을 빠트릴 수 없다. 그동안 엔터테인먼트의 해외 진출인 '한류 붐'을 맛본 한국이, 한 걸음 나아가 '음식'에서도 붐을 일으키자고 하여 국책(國策)으로 들고 나선 것이다.

그리고 세계화 후보 제1호로 선정된 것이 비빔밥이었다. 민관 합동의 '한국 요리 세계화 추진단'이라는 조직이 만들어져, 대통령 부인이 명예 회장으로 취임했다.

그런데 '음식에도 한류를!'이라는 발상에는 이번에도 역시 일본이 얽혀 있다. 국제화된 일본의 '스시'를 염두에 두고 "한국도 할 수 있지 않을까?" "아니, 일본이 하는데 우리가 못할 리 없다"는 투였던 것이다.

그 후보가 비빔밥이었다. 가장 대중적인 서민의 음식이고, 평소 별생각 없이 먹던 음식이 별안간 세계화 요리의 대표로 지명되면서 '어마어마한 요리'가 되어버렸다.

아니, 비빔밥이 한국인의 '혼'이랄까 애국의 '덩어리'처럼 대단한 요리가 된 것은, 반드시 정부를 선두로 한 캠페인의 결과는 아니다. 그 '세계화 후보 비빔밥'에 관해 내가 쓴 기사가 계기가 되었다. 거기에 관한 상세한 전말(顚末)은 졸저(拙著)『한국 반일 감정의 정체』에 수록했으므로, 이번에는 비빔밥이 얼마나 '신격화(神格化)'되었느냐는 점에 포커스를 맞춰서 소개하고자 한다.

비빔밥은 원래 가정에서 식사 후 남은 음식을 모아 손쉽게 만드는 간단한 메뉴다. 삶거나 굽거나 할 필요 없이 금방 만들어 먹을 수 있으므로, 요리라고 할 것까지도 없었다. 그것이 나중에 상품화되고, 살림살이가 풍족해짐에 따라 식재료도 다양해졌다. 일본으로부터 역수입되었다는 설이 유력한 '돌솥비빔밥' 같은 고급도 탄생했다.

비빔밥이라는 이름 그대로 이 요리는 비벼서 숟가락으로 먹는 것이 커다란 포인트이다.

내가 쓴 문제의 기사(2009년 12월26일자 칼럼)는 당시 세계화 캠페인으로 미국 뉴욕타임스에 광고로 게재된 비빔밥의 컬러 사진을 기삿거리로 삼은 것이었다. 핵심은 비빔밥은 먹기 전에는 참으로 에쁜데, 먹을 때에는 비벼서 범벅이 되니까 그 사진을 본 외국인에게는 양두구육(羊頭狗肉)으로 여겨질지 모른다는 것이었다.

칼럼이었던지라 다소 빈정거린 면이 있긴 했다. 하지만 요컨대 세계화를 겨냥한다면 겉모양을 잘 살리는 것과, 먹는 방법을 좀 더 궁리할 수 없을까 하는, 외국인이 보내는 조언이었다.

그런데 이것이 "한국의 음식 문화를 바보 취급했다"며 큰 소동이 벌어져 '구로다 망언'으로 비난이 쇄도했다. 부풀려서 말하는 게 아니다. 사무실로는 '죽여버리겠다' '폭파하겠다' '집 주소가 어디냐?'는 등 테러나 다름없는 것을 포함하여 협박 전화가 꼬리를 물었다. 한때는 경찰 당국이 경호를 위해 달려왔을 정도였다.

세계화 캠페인에 관해 친절하게(?) 의견을 제시한 것이니까 감사를 받아도 될 터인데, 도리어 비난이 퍼부어지고 죽을 뻔(!)했던 것이다.

한국 매스컴에서는 '비빔밥 소동'이라고 하여 나를 향해 무지(無知), 단순, 오만 등으로 비판하고 비난하는 논평을 앞다투어 게재했다. 그 내용은 결국 비빔밥 옹호로 수렴(收斂)되어 가, 급기야는 '비빔밥 예찬론'이 넘쳐흐르기에 이르렀다. "비빔밥은 훌륭하다!" "우리의 음식 문화가 최고다!"라고 하는 문화 내셔널리즘이었다.

지금도 또렷하게 기억하지만, 비빔밥 예찬론의 전형(典型)을 소개해두자. 제1장에서도 언급했으나, 한국 최고의 지성(知性)으로 일컬어지며, 초대 문화부장관을 지낸 이어령 선생의 비빔밥론(論)이다.

일본통이기도 하여 비빔밥 소동에서는 여기저기 매스컴에 다 등장했는데, 그의 "비빔밥은 교향곡이다"는 '신탁(神託)'이 호평을 받았다.

그에 의하면 "비빔밥에는 다양한 색과 맛을 지닌 다양한 식재료를 혼합하여 생성해내는 조화의 미(味)가 있어서, 음악으로 치자면 교향곡이다"는 것이었다. 또한 비빔밥은 야채, 계란, 소고기, 고추장 등 식재료의 다양함으로 해서 '문명의 모든 과정'이 담긴 통합적 요리이고, 거기에는 이질적(異

質的)인 것을 조화시키는 혼합의 사상이라는 철학이 있다고도 했다.

철학과는 전혀 관계가 없었던 비빔밥으로서는 엄청난 일이 되고 말았다.

그 무렵 일본에서 고등학교 수학 여행단을 인솔해온 내 친구의 증언을 들었다. 한국인 가이드가 학생들에게 문화를 소개하면서, 비빔밥에 대해 '풍수(風水) 사상에 근거한 궁중 요리'라고 해설했다는 것이다.

'풍수'란 지리적인 조건 등 자연환경에서 사람이나 나라의 운세(運勢)를 점친다는 사상이다. 그런데 비빔밥에 관해 "식재료로 나오는 계란은 태양이고, 야채는 산이나 나무, 고기는 토지를 상징한다. 그것이 잘 들어맞아 건강과 행복을 안겨주는 음식이다"고 설명하더라는 것이다.

이어령 선생이건 가이드이건, 다 흥미롭고 좋은 이야기다. 반론하거나 부정할 필요가 없다. 단지 그것은 한국인들끼리의 이야기여서, 비빔밥의 세계화와는 전혀 관계가 없다. 외국에서 비빔밥을 먹을 때, 영어 해설을 하면서 내놓지는 않을 테니까 말이다. 외국인에게 비빔밥을 철학, 즉 머리로 먹기를 바라는 것은 무리한 요구다.

비빔밥 소동은 결국, 본래 논의되어야 할 비빔밥의 세계화를 위한 방법론으로 흐르지 않고, 비빔밥 예찬이라는 자화자찬의 문화 내셔널리즘이 되어버리고 말았다. 일본인 기자의 비빔밥 비판(?)에 흥분하여, 정색하면서 비빔밥 예찬론으로 열을 올린 셈이다.

그러나 그 결과, 내부적으로는 철학, 사상, 문명론까지 동원하여 비빔밥의 가치를 올렸다. 그러니 뜻밖의 성과가 있었다고 할 수 있을지 모르겠다.

그런 생각을 하노라면, 계기를 제공한 구로다 기자에게도 감사해야 하지 않을까?

게다가 문제의 비빔밥에도 그 후 변화가 생겨났다. 내가 자주 가는 비빔밥 전문점이 서울 중심부인 '서울역사박물관' 앞의 LG 광화문 빌딩 지하에 있다. 된장과 간장 등 식재료 메이커가 운영하는 조그만 '안테나숍'인데, 그곳의 메뉴에는 붉은 고추장이 아닌 간장 비빔밥이 있다.

고추장으로 비비지 않으니까 야채를 비롯한 식재료의 색깔이 그대로 남아있다. 맛이나 때깔도 상큼하다. 오직 점심에만 나오는데, 런치에다 교향악이니 철학이니 하는 것은 너무 무겁다.

가게에 물어보니 판매 비율이 고추장과 간장이 10대 7이라고 했다. 구로다 기자가 문제 제기한 효과가 있었던 게 아닌가?

'비빔밥과 위안부' 합작의
수수께끼

비빔밥의 정치학으로는 그 후 이런 불가사의한 풍경도 있었다. 그것이 뜻밖에도 '비빔밥과 위안부'인 것이다. 그 수수께끼를 풀자면 이런 이야기가 된다.

미국 뉴욕의 타임스 스퀘어는 기업이나 상품을 비롯한 옥외(屋外) 광고의 무대로 잘 알려져, 각종 의견 광고가 자주 등장한다. 돈만 내면 오케이니까, 요즈음은 한국인에 의한 반일 선전의 명소처럼 되어 있다. 거기에서의 반일 퍼포먼스는 한국 매스컴에도 수시로 전해진다.

당시의 보도에 의하면, 그 광고탑에 한국의 민간단체가 비빔밥의 컬러 사진과 함께 "당신은 기억하고 있습니까?"라는 영문 메시지가 흘러나왔다고 한다. 메시지에는 일본군에 의한 '한국인 성 노예'라느니, "일본의 사죄를 기다립니다"는 표현도 나온 모양이었다.

비빔밥과 위안부는 어디서 어떻게 이어지는 것일까? 현대 한국인에게는 둘 다 '애국 내셔널리즘'의 심벌인 것이다. 일본인으로서는 한숨이 새어나올 것 같은 이야기다. 하지만 민간단체나 매스컴이나 다들 태평스러웠고, 오히려 의기양양한 것처럼 비쳤다.

아무리 그렇더라도 위안부 할머니를 비빔밥과 결부시키는 것은 너무 실례가 아닌가? 비빔밥으로서도 음식의 이미지로서는 곤혹스러우리라. 그렇게까지 애국이니 반일이니 하는 덤터기를 씌워서야. 비빔밥도 마음이 무겁지 않을까?

이명박 정권의 '한국 요리 세계화 캠페인'이 벌어진 지 꼭 10년이 된다. 국책(國策)으로서의 그 캠페인은 결국 어떻게 되었을까? 비빔밥은 세계화되었나? 지금은 누구도 아무 말도 하지 않으니 신기한 노릇이다.

그런 한편으로 이명박은 박근혜와 함께 문재인 정권에 의해 구속되고 말았다. 이명박의 정치적 몰락으로 비빔밥도 버려지고 만 것일까?

비빔밥도 괴롭다. 비빔밥에는 아무 죄가 없으련만….

책을 매듭짓는 이 글을 쓰고 있을 때, 한국 신문에 '대통령의 혼밥은 위험 신호'라는 제목의 특집 기사가 실렸다(2019년 2월2일자 조선일보). 김대중 대통령 비서실장을 지낸 원로 정치인인 김중권(金重權) 씨와의 인터뷰 기사로, 임기의 절반인 집권 3년째를 맞는 문재인 대통령의 정치에 관해 이야기한 것이었다.

그 가운데 문재인은 임기 600일 동안 1800회의 식사를 했는데, 그 가운데 회식은 겨우 100회에 지나지 않는다는 것이다. 어느 정치연구소의 조사 결과라고 했다.

이것은 대통령의 정치적인 인간관계가 협소하다는 것을 드러내는 일이다. 이대로는 민심 파악도 불충분하고, 다양한 의견을 폭넓게 들을 찬스가 없으므로 독선(獨善)에 빠지기 쉽다. 그러니 정치적으로는 앞으로 위험 신호라는 것이었다.

거기에 대해 인터뷰를 한 기자가 "식사도 정치이니까요…"라면서 맞장

구를 쳤다.

본문에서 소개한 '박근혜의 혼밥'이라는 한국 정치의 트라우마(?)가 꼬리를 끌고 있다는 느낌이 든다. 문재인으로서는 권력을 쥐니까 이번에는 비판의 화살이 자신을 겨냥하는 셈이랄까?

밥을 함께 먹지 않더라도 민심 장악은 얼마든지 가능하다고 나는 생각한다. 그걸 밥을 핑계로 삼는 언저리가 한국에서의 '음식과 정치'의 밀착, 또는 '음식의 정치적 이용'을 말해주고도 남는다.

정권이 후반부에 들어가면 '다음 정권'을 향하여 한국 사회는 움직이기 시작한다. 그러면 한국인의 식사 풍경도 한층 떠들썩해진다. "한국인은 귀로 먹는다"는 이야기가 있듯이, 그 식사는 정치 논쟁으로 넘친다.

'요상한 모양(=異形)'인 문재인 정권의 행방도 그렇지만, 김정은의 북한도 변수(變數)가 넘쳐나고 있어서 예단(豫斷)하기 어렵다. 한반도 관찰자들로서야 질리지도 않을 풍경이다.

이 책에 등장한 한국 음식 소개는, 소비자로서 내 일상적인 체험 레벨의 지식에서 나온 것에 지나지 않는다. 전문적으로는 오해나 불충분한 점이 많으리라 생각한다. 지적해주시면 고맙겠다.

2019년 2월, 설날을 앞두고 서울에서
구로다 가쓰히로

문재인의 혼밥 박근혜의 혼밥

한국의 역사는 밥상에서 이루어진다!
최고참 駐韓 외국기자가 파헤친 '밥'과 '한국정치'

지은이 | 구로다 가쓰히로
옮긴이 | 조양욱
펴낸이 | 趙甲濟
펴낸곳 | 조갑제닷컴
초판 1쇄 | 2019년 7월 24일

주소 | 서울 종로구 새문안로3길 36, 1423호
전화 | 02-722-9411~3
팩스 | 02-722-9414
이메일 | webmaster@chogabje.com
홈페이지 | chogabje.com

등록번호 | 2005년 12월 2일(제300-2005-202호)
ISBN 979-11-85701-66-0 03340

값 18,000원